Ukrainian Through its Living Culture

Ukrainian Through its Living Culture

ADVANCED LEVEL LANGUAGE TEXTBOOK

Alla Nedashkivska

The University of Alberta Press

Published by

The University of Alberta Press
Ring House 2
Edmonton, Alberta, Canada   T6G 2E1

Library and Archives Canada Cataloguing in Publication

Nedashkivska, Alla
    Ukrainian through its living culture : advanced level language textbook / Alla
Nedashkivska.

Includes index.
ISBN 978-0-88864-517-3

    1. Ukrainian language—Textbooks for second language learners—English speakers.
2. Ukrainian language—Grammar—Textbooks. 3. Ukrainian language—Readers—Ukraine—
Civilization. 4. Ukrainian language—Readers—Ukraine—Intellectual life. 5. Ukrainian
language—Readers—Ukraine—Social life and customs. I. Title.

    PG3823.N43 2009   491.7'982421   C2009-902143-9

The University of Alberta Press gratefully acknowledges the support received for its publishing
program from The Canada Council for the Arts. The University of Alberta Press also gratefully
acknowledges the financial support of the Government of Canada through the Book Publishing
Industry Development Program (BPIDP) and from the Alberta Foundation for the Arts for its
publishing activities.

I dedicate this book to my daughters, Yustyna and Melania, who will be, in years to come, proud students of Ukrainian.

Contents

Зміст

Acknowledgements

Ukrainian Through its Living Culture is the product of my teaching and research over several years.

First, I would like to thank my students, who, over the years, were a true inspiration for this project as well as unaware "assistants" in bringing this project to fruition.

Data collection for this book was made possible in part by the American Council for International Education (ACTR/ACCELS), a grant from the National Council of Organizations of Less Commonly Taught Languages (Small Grant competition), as well as funding from the Government of Alberta under the Alberta-Ukraine Special Recognition Award.

The realization of this textbook would not have been possible without the significant financial support from various Canadian Ukrainian organizations: specifically, the Alberta Foundation for Ukrainian Education Society, the Ukrainian Commemorative Society of Alberta, the Ukrainian Canadian Foundation of Taras Shevchenko, the Canadian Foundation for Ukrainian Studies, and the Ukrainian Foundation for College Education Trust. The publication was also partially supported by the Dr. Natalka Horeczko/CEESA Aid to Publications fund. Thank you for your generosity!

Special thanks are in order to the three anonymous reviewers for their detailed comments and invaluable input for improving the manuscript. I tried to incorporate as many suggestions as possible into this edition.

I also thank my graduate students Oksana Babenko, Svitlana Krys, and Serhiy Kozakov: Oksana and Svitlana for their review and use of portions of the manuscript in their own teaching, Svitlana for her boundless dedication and thorough proofreading of the text, and Serhiy for his timely and invaluable technical assistance with the manuscript.

I would also like to express my sincere appreciation to my colleagues, Natalia Pylypiuk and Oleh S. Ilnytzkyj, who have given professional support to my teaching endeavours at the University of Alberta and whose advice was priceless during the publication process of the textbook. I am grateful to Dr. Andrij Hornjatkevyč for his important advice on the orthographic conventions outlined in Appendix V.

To the staff at the University of Alberta Press, I express my deep appreciation for their invaluable role in the publication process of this textbook; specifically, for their counsel, guidance, and professionalism.

I am grateful to my sister, Lada Tsymbala, who developed the initial design concept for the textbook and my niece, Yulia Tsymbala, who, with her youthful enthusiasm, helped me collect illustrations in Ukraine.

Finally, I extend my deepest gratitude to my husband, Bohdan Horich, for years of moral support, confidence in me, and patience from the very inception of this project, and, notably, for his considerable help with successful fundraising for this project.

I assume exclusive responsibility for the text and any errors it might contain and welcome feedback from all who use the textbook, as I intend to revise and update it in the future.

Introduction

Welcome to *Ukrainian Through its Living Culture*, an advanced language textbook for colleges and universities.

The goal of this textbook is to build proficiency in all four language skills—reading, speaking, writing, and listening—and to enhance the student's knowledge of contemporary Ukrainian culture and society. The book incorporates a variety of Ukrainian socio-cultural information. Through the readings and cultural materials presented in the texts, students not only learn "real" Ukrainian, but also encounter various registers, styles, idioms, slang, and jargon used in today's Ukraine. Learners will also become acquainted with the ideas, interests, and values of Ukrainians.

The task-based approach used in the textbook is designed to develop critical-thinking skills and provide students with guided opportunities for reading, speaking, listening, and writing. Grammatical points intertwined in the text go hand in hand with the communicative and functional orientation of the textbook.

To the Instructor

[1] Cf. ‹http://www.sil.org/ lingualinks/languagelearning/ OtherResources/ ACTFLProficiencyGuidelines/ contents.htm›

This textbook adheres to the Proficiency Guidelines of the American Council on the Teaching of Foreign Languages (ACTFL),[1] and is intended for use by students who have achieved, or are close to achieving, the "intermediate-high" language proficiency level.

The textbook has nine thematic units, each one consisting of two parts: Student life; Personal life: character, appearance and style; Housing and employment; Leisure; Restaurants, fast food, and nutrition; Healthy lifestyle; Travel and tourism; Music and entertainment; and Sports. The instructor is given the opportunity to use units selectively, either covering both parts of each unit or structuring a course only around Parts I or II. The flexibility is intentional since the textbook targets various university settings, ranging from 13 to 40 weeks of instruction. Parts I and II differ with respect to the levels of difficulty. Upon completion of Part I, students will have attained the "advanced" level (according to the ACTFL scale). The goal of Part II, used either in combination with Part I or separately, is to bring students to the "advanced-plus" level of language competence. In an ideal situation, students should achieve the "advanced-plus" level—and in some instances may even progress to a "superior" level—if Part II is used in a study-abroad or immersion setting. It is recommended that Part I be used in the third year (i.e., fifth or sixth semester) of instruction and Part II either as a complement or at the fourth-year level (i.e., seventh or eighth semester). However, the decision will always depend on course objectives, which vary greatly among programs.

In general, when structuring each unit, the ACTFL guidelines were taken into consideration. The principle determining the overall content of each chapter was the following: at advanced levels, the following language functions must be mastered in progression: narrating and describing in present tense; narrating and describing in past tense; narrating and describing in future tense; making comparisons, and hypothesizing (for details, see the ACTFL website). While targeting these skills, each unit also contains one or two of the following, more specific goals: expressing one's own opinion; supporting one's own opinion; summarizing information; presenting someone else's point of view; describing a process; and citing the opinions of others. In addition, each unit contains information and practical activities related to language-culture etiquette functions: politeness factors in language; inviting, offering, proposing a toast; showing surprise; giving a compliment; agreeing and disagreeing; giving advice; conducting an interview; and making a complaint. Lastly, the textbook contains activities targeted at using the technical elements of the language—such as connecting phrases and punctuation marks (according to the ACTFL guidelines, students at the advanced levels should be able to produce connected texts).

For the sake of flexibility, the textbook also includes some "superior" level functions such as hypothesizing. These are best used during study-abroad or immersion programs; however, there is no reason why an instructor cannot adapt them to a regular classroom.

Part I of each unit incorporates the following elements, not necessarily in the following order: introduction to the topic; main reading (dialogues, conversations, interviews, or authentic texts such as horoscopes); discussion questions on the topic; exercises; supplementary reading(s); conversational activities; writing assignments; general discussion of the topic; language and culture (i.e., idioms, slang, anecdotes related to the topic); and vocabulary. The objective of Part I is always to work with a set of thematically related vocabulary that is first used in a text and then reinforced in various types of activities. In particular, students are presented with opportunities to use specific vocabulary items in various functions, such as describing, narrating, comparing, giving advice or a compliment, expressing surprise, conducting an interview, making a toast, and others. Besides having a specific functional focus, each unit also presents certain grammatical structures that are reinforced in various exercises and activities. Texts and visual cultural elements throughout the unit serve as conversational stimuli and as the foundation for short writing activities. Therefore, Part I presents students with diverse opportunities to practice reading comprehension, speaking, and writing skills.

Part II of each unit is structured around specific readings. These readings consist of authentic texts that were written for Ukrainian readers. Some of the texts were shortened to improve accessibility. Readings correspond thematically to topics discussed in Part I of each unit and are accompanied by exercises and activities. Each unit contains task-oriented activities. Pre-reading activities assist students in brainstorming about the content of the text. Reading activities are of two types: (1) a set of questions related to the text; and (2) grammatical and/or stylistic assignments. These activities are designed to facilitate extraction of necessary information from a text and then to use it in a task-oriented manner. Post-reading activities are structured around the linguistic aspects of each text (relevant grammatical structures, syntactic patterns, set phrases, etc.) and serve to reinforce vocabulary used in the text. Such activities also include some conversational and writing assignments. Vocabulary II completes the second part of each unit. Therefore, task-oriented activities in Part II provide a range of materials for students to practice reading comprehension, speaking, and writing skills.

Listening comprehension skills may be practiced through the use of an electronic supplement, available from the author upon request. This electronic supplement consists of nine chapters, each focusing on various facets of life in today's Ukraine: contemporary cultural life (including cinema, music, and mass media); issues pertinent to Ukrainian youth; the Ukrainian educational system; and sports. Each unit is structured around a video segment and includes a variety of interactive exercises and activities, which students can use either under the instructor's supervision or on their own. Grammatical structures as well as functional activities in each unit are related to those presented in the respective units of the textbook. Although the focus is on listening comprehension skills, activities structured around video segments also allow students to practice reading, speaking, and writing skills. Reading skills may be practiced through scripts that accompany video segments. Both visual/oral and scripted texts serve as springboards for the speaking and writing activities presented in each unit. The electronic supplement may be used with either Part I, Part II, or both, and suggested activities should be tailored accordingly.

The textbook contains five appendices: I – How to take part in discussions; II – How to discuss books, articles, films and various topics: orally or in writing; III – Language etiquette; IV – Grammatical notes; and V – Orthographic conventions. Throughout the text, students are referred to certain appendices, especially for speaking and writing activities. The following markings should be interpreted as follows: (див. Додаток I) means "consult Appendix I," and (див. Додаток IV 1.1) denotes "consult Appendix IV, section 1.1."

In addition, the textbook contains two indexes and a glossary. Index A (in Ukrainian) offers an alphabetical list of grammatical structures and language functions discussed in the textbook. Index B presents the same material as Index A, but in English. The Ukrainian-English Glossary references vocabulary items that are used in the textbook.

Ukrainian Through its Living Culture is designed to provide optimal flexibility to those instructors who desire it. It may be used on its own, but it could also be combined with other materials, such as readings, films, television programs, and other cultural language materials.

This book seeks to depict Ukrainian as it is spoken today and as it appears in print in most publications in Ukraine. For this reason the textbook observes the orthographic convention prevalent in Ukraine today. Nonetheless, instructors and students are encouraged to become acquainted with the so-called Kharkiv Orthographic Standard, which is used among many diasporic communities and which has been adopted by a few scholarly publications in Ukraine, including the prominent journal of literary and social critique, *Krytyka*. A chart summarizing the differences is provided in the Appendix V. As can be easily ascertained, these differences are not terribly complex.

To the Student

At this point, you probably have already completed a few years of studying Ukrainian, but you may still have some weaknesses, especially with respect to grammar. Trust me, you know more than you think you do. Now is the time to put into practice your knowledge and skills through real language use.

This textbook is designed to help you master Ukrainian on several levels and become better acquainted with contemporary Ukrainian culture and society. Each unit will explore a different area: student and personal lifestyles; job search; leisure; restaurants and bars; health; travel; music and entertainment; and sports. Moreover, the textbook will help you use Ukrainian in a variety of situations. You will learn how to give someone a compliment, how to complain about things, how to argue, how to express your opinion (not just by saying "я думаю"—there are many other ways of expressing this), how to propose a toast, how to conduct an interview, how to agree or disagree and much more. You will also improve your writing skills and you will see how your sentences are well connected and flow together nicely! You will be able to improve your grammatical knowledge, as each unit is structured around a certain grammatical point (you may not notice this at first as they are not presented overtly; however, you will be able to practice those grammatical points in a real context). Most importantly, you will enjoy authentic texts with valuable cultural information and examples. It is my hope that you will also find interesting information on using Ukrainian youth slang, jargon, and idiomatic expressions, and will have a few laughs when reading Ukrainian anecdotes.

Appendices at the end of the textbook will assist you in learning various commonly used Ukrainian expressions for agreeing, disagreeing, conveying an opinion, supporting an argument, and describing a book, article, or film. You will also find information on which language constructions to use in formal or informal situations, how to address people, and which language to use in a formal or informal letter. In Appendix IV some grammatical information is provided for quick reference to guide you through the material in the units.

Best of luck!
Багато успіхів!
Alla Nedashkivska
University of Alberta, Edmonton

Some Notes on Using *Словник (Vocabulary)* Effectively

— Each section of each unit ends with *Словник I, II (Vocabulary I, II)* that lists, in alphabetical order, new words and phrases used throughout the unit. Some units have sections of *Додатковий словник (Additional vocabulary)*, which contain items not necessarily used in that unit, but which are relevant for the topic being discussed. When appropriate, some slang and jargon items are also presented.

— Please note that almost all verbs are presented in aspectual pairs: the imperfective variant is first and the perfective variant occurs second (review verbal aspect, Appendix IV, 2.1). For instance, the entry

відпочивати, відпочити 'to rest, vacation'

would signal that the *відпочивати* is an imperfective and *відпочити* is a perfective variant of this verb.

— Often, a verb is presented with a set of pronominal forms of *хто/що (who/what)* in parentheses. This information is given in order to show with which case a verb is used, when relevant (review Appendix IV, 1.1):

Nominative	*хто/що*
Genitive	*кого/чого*
Dative	*кому/чому*
Accusative	*кого/що*
Locative	на, в *кому/чому*
Instrumental	*ким/чим*
Vocative (address form)	----------

Therefore, when a verb is presented with (*кого/чого*), this signals that this verb is used with the Genitive case.

— Some verbs are presented with the prepositions with which they are normally used.

Therefore the following marking:

жалкувати, пожалкувати (за ким/чим) 'to regret'

would mean that this particular verb could be used either without a preposition, or with the preposition *за (for)* which would be followed by a noun in the Instrumental case, signalled by (*ким/чим*).

— If the marking is such that a preposition immediately follows the verb; that is, it is not in parentheses, as in:

залежати від (кого/чого) 'to depend on'

then this particular verb requires this preposition (and the Genitive case). In other words, this preposition is not optionally used with the verb. With respect to this particular verb, please note that *залежати* has to be used with the preposition *від*, whereas its English counterpart *"to depend"* could be used without any prepositions, such as in *"it depends."* In Ukrainian one must explain, "what does it depend on"; that is, *Залежить від погоди, настрою і т.д.* (It depends on the weather, mood, etc.).

— Some vocabulary items are presented under *Вирази (Expressions)*:
знаходити, знайти вільну хвилину (на кого/що) 'to find a free minute (for someone/something)'

отримувати, отримати задоволення (від кого/чого) 'to receive pleasure/ satisfaction (from someone/something)'

This type of presentation displays particular vocabulary items already in context, which eases an understanding of their usage.

— Finally, most vocabulary items are used repetitively throughout a relevant chapter: either in readings, discussion questions, exercises, conversational activities, or writing assignments. Therefore, when memorizing vocabulary, students are encouraged to consult the use of vocabulary items in context.

1   Студентське життя

Частина I   Студентське життя

Будинок Головного («Червоного») корпусу університету збудований у 1837–42 рр. у формах класицизму за проектом архітектора Вікентія Івановича Беретті. Будівля являє собою величезний замкнений корпус із внутрішнім двором, довжина фасаду сягає 145.68 м. Стіни корпусу пофарбовано у червоний колір, чавунні бази та капітелі колон — у чорний. Це відповідає кольорам стрічок ордену Святого Володимира (заснований у 1782 р.), чиє ім'я носив університет, тому девіз ордену «Користь, честь і слава» був і девізом університету. http://www.univ.kiev.ua/ua/gallery/

Київський національний університет імені Тараса Шевченка.

Сьогодні на вулицях Києва багатолюдно. Студенти повернулися в свої вузи: університети, академії, коледжі, інститути. Сьогодні перше вересня — перший день навчання у більшості з навчальних закладів. Юрба студентів зібралася біля Київського університету. Лунає музика, чути студентські пісні та жваві розмови. Студенти обговорюють своє життя. Хто розповідає про літній відпочинок, хто жалкує за літом, хто вже говорить про навчання, а хто просто жартує. Ось одна розмова, яку ми почули у цей день.

Вуз = вищий учбовий заклад, також вищий навчальний заклад (ВНЗ).

У вузах професори і студенти звертаються один до одного на ВИ.

📖 **Розмова**

1. Прочитайте розмову.

Богдан: Ти вчишся у цьому університеті?

Андрій: Так, а ти?

Богдан: Я також, на першому курсі. З якого ти факультету?

Андрій: З факультету журналістики. А ти?

Богдан: Я поступив на економічний факультет. Вирішив стати економістом, бо **цікавлюся** міжнародною економікою та бізнесом, зокрема. До речі, я також колись **захоплювався** журналістикою, але потім вирішив **займатися** економікою.

Андрій: **Отже**, ти майбутній бізнесмен. До речі, як ти називаєшся? Я Андрій.

Богдан: А я Богдан. От і познайомились. А коли ти **складав** свої вступні **іспити**?

Андрій: На нашому факультеті вступні **іспити проходили** в середині липня. У вас, напевно, в той самий час, так?

Богдан: Майже так, я складав свої іспити з 18 липня до 15 серпня. Іспити були нелегкими, але, на щастя, я всі склав на відмінно.

Андрій: Мені також було нелегко, але два іспити склав на «добре», три на «відмінно» і **поступив**. До речі, який був конкурс на вашому факультеті?

Богдан: **Мені здається**, що троє осіб на одне місце, але, можливо, **я помиляюся**. Та що це ми! Все про навчання та про навчання. Давай змінимо тему. Ти **цікавишся** спортом?

Андрій: **Час від часу** я дивлюся футбол, дуже рідко — баскетбол. Мене більше **цікавить** музика і мистецтво. А ти чим цікавишся?

Богдан: **Як на мене**, то спорт — це важливе для здоров'я заняття. Я отримую багато задоволення від цікавих спортивних передач і від заняття спортом. А в музиці **мені подобаються** сучасні українські співаки, наприклад, група «Океан Ельзи». Андрію, а ти любиш каву?

Андрій: Кава — це святе, без неї **не можу існувати**. Давай підемо на добру каву. Я знаю тут одну **досить непогану** кав'ярню. Там варять чудову каву.

Богдан: Добре. **Ходімо**. Я б теж зараз випив кави.

Львівський національний університет імені Івана Франка — один із найстаріших у східній Європі. Його засновано в 1661 р. Історичну довідку читайте на сайті http://www.lnu.edu.ua/general/aboutu.htm

Львівський національний університет імені Івана Франка. Головний корпус.

Дискусія

Де зустрілись Андрій та Богдан?

Чи вони раніше знали один одного?

Як Ви думаєте, де вчаться хлопці?

Чим вони займаються?

На які факультети вони поступили?

Як вони складали свої вступні іспити?

Чи вони склали всі свої іспити?

Чим вони цікавляться?

Що їм подобається робити?

Чи є у них спільні захоплення?

Куди хлопці вирішили піти?

Як Ви вважаєте, вони стануть друзями?

А чим цікавитеся Ви з друзями?

Згадайте свій перший день в університеті чи в іншому навчальному закладі. Чим Вам цей день запам'ятався і чому? Поділіться своїми враженнями з одногрупниками.

Факультети:

біологічний	бізнесу
географічний	дизайну
геологічний	журналістики
гуманітарний	іноземних мов
історичний	культурології
математичний	менеджменту
фізичний	міжнародних відносин
філологічний	права
філософський	соціології і психології
хімічний	сучасної лінгвістики
юридичний	

Гуманітарно-педагогічний факультет:

Кафедра екології

Кафедра іноземної філології

Кафедра педагогіки і психології

Кафедра перекладу

Кафедра права

Кафедра фізичного виховання

Кафедра філософії та політології

Кафедра української філології

2. **Знайдіть у тексті 'Розмови' прийменники і поясніть, з якими відмінками вони вживаються. Накресліть таблицю і позначте у ній кожен відмінок і прийменники, які з ним вживаються.**

3. **Підберіть синоніми до фраз та виразів, які виділені у тексті шрифтом.**

4. **a) Перегляньте вирази, подані нижче. Вони допоможуть Вам у розмові про освіту.**

вона вчиться у Львівському університеті

він навчається в коледжі

я вчуся на першому курсі (другому, третьому, четвертому, п'ятому)

ми вчимося на математичному факультеті

я вчуся на гуманітарному факультеті, на кафедрі філології

Школа: початкова, середня/ середньоосвітня. Початкові/молодші, середні, старші класи. Варіанти школи: колегіум, гімназія, ліцей; профільний клас (математичний, правовий, гуманітарний і т.п.) у школі: вчитель, вчителька, вчителі, учень, учениця, учні	Академія Наук; університет; академія/ інститут; коледж/технікум; ПТУ (професійно-технічне училище) (відповідно до ступеня акредитації) в університеті і т.д.: викладач, викладачі, професор, професори, студент, студентка, студенти

б) У групах або в парах обговоріть наступні питання.

В якому навчальному закладі Ви вчитеся?

На якому курсі Ви вчитеся?

На якому факультеті Ви вчитеся?

На якій кафедрі Ви вчитеся?

Ви задоволені своїм навчанням?

Якими предметами Ви цікавитеся найбільше? / Які предмети Вам найбільше до вподоби?

Які курси Ви слухаєте?

Які курси Вас найбільше цікавлять?

Чи багато часу Ви проводите в університеті, коледжі і т.д.?

5. Впишіть необхідні прийменники у текст вправи (див. Додаток IV 1.3).

Сьогодні студенти повертаються _____ свої університети. _____ нашій країні багато людей вчиться _____ вищих учбових закладах. Нам вдалося поговорити _____ декількома студентами _____ їхнє навчання _____ університеті. Один студент розповів _____ свій факультет. До речі, він вчиться _____ другому курсі. Інший студент розповів _____ те, як він складав свої вступні іспити. Його іспити проходили _____ 15 липня _____ 13 серпня. Цьому студентові було не легко _____ іспитах, але він їх склав і поступив _____ університет. Він також розповідав _____ конкурс _____ їхньому факультеті. За його словами, конкурс був троє осіб _____ одне місце. Третій студент нам розповідав _____ своє захоплення спортом. Він казав, що час _____ часу дивиться футбол і отримує багато задоволення _____ цього виду спорту. Цікаво було послухати _____ те, що йому дуже смакує кава і він _____ неї не може існувати. Після нашої розмови ми всі вирішили піти _____ каву.

6. **Прочитайте уривки зі статті «Скромна чарівність платного диплому», яку написала Галина Демченко для газети «День» № 35, четвер, 27 лютого 1997 (http://www.day.kiev.ua/283947/).**

Система державної вищої освіти **крок за кроком** поступається позиціями вже достатньо розгалуженій і зміцнілій недержавній системі освіти. Багатий вибір вузів, перспективні спеціальності, практична спрямованість навчання, допомога в працевлаштуванні — все це **досить привабливо** для тих, хто має можливість платити.

Отже, можна сказати, що в Україні система недержавної освіти розширюється. Платних вузів стає більше з кожним днем. Ціни у платних вузах варіюються **залежно від** форми та термінів навчання, від ступеню престижності фаху, можливостей вузу. **У середньому** навчання в коледжі коштує приблизно 500 доларів на рік, в інституті — 1000 доларів.

Жорстка конкуренція і з державними вузами, і між собою висуває на передній план **престиж** недержавного вузу. А престиж, попри зростаючу роль реклами, все ж **досягається** високою якістю освіти. Держсистема освіти сьогодні змушена **конкурувати** з молодими й фінансово забезпеченими вузами. Це стимулює створення й розширення платних форм навчання в державних навчальних закладах. Дедалі менше залишається можливостей отримати безплатну вищу освіту. Та й сам диплом державного зразка, схоже, починає втрачати **авторитет**. Випускники вузів, що є членами Міжнародної кадрової академії (їх близько 20 в Україні), отримують, наприклад, окрім державного диплома, ще й сертифікат, який підтверджує міжнародну кваліфікацію його власника.

Йде до того, що дуже скоро наші найкращі платні вузи зможуть отримувати міжнародну акредитацію й видавати випускникам євродиплом. Більше того, більшість з цих вузів видають диплом двомовний — українсько-англійський.

То чи варто прагнути одержати державний диплом, якщо 40% випускників держвузів не знаходять **роботи за фахом**?

Нелегко, звісно, зібрати потрібну суму, аби заплатити за цілий семестр. **За статистичними даними**, близько половини студентів недержавних вузів **вчаться за кошт** підприємств і організацій, які їх направили.

Але, попри зростаючу кількість вузів недержавної форми власності, кількість студентів у цих вузах **становить** лише 5–6% від тих, хто навчається у вузах України. Таким чином, можна зробити висновок, що в «приватників» резерв іще є. Тим більше, якщо уряд фінансово не підтримає держсистему, котра сьогодні може забезпечити вищою освітою лише 35% випускників шкіл. У такому випадку вища освіта стане справді елітною, 700 тисяч потенційних студентів будуть **позбавлені можливості** отримати фах.

Утім, є інший варіант. Розумні податки дозволили б значно **знизити плату за навчання**. Залишається на це сподіватися.

7. **Обговоріть текст про державну і платну освіту в Україні.**

Чому платна освіта більш приваблива для сьогоднішнього студента?

Скільки коштує навчання у платному вузі?

Прокоментуйте рівень авторитету диплому з державного і недержавного вузу.

Які існують перспективи у випускників знайти роботу за фахом?

За чий кошт вчаться більше половини студентів недержавних вузів?

Що могло б знизити плату за навчання?

Які перспективи вищої освіти вимальовуються на сьогоднішній день в Україні?

8. Продовжіть речення (вирази, які використовуються у цій вправі, у тексті 6 виділені шрифтом). Обговоріть ці вирази, після чого зробіть вправу.

У нашому вузі крок за кроком…

Для сьогоднішнього студента досить привабливі такі фактори, як…

Ціни у вузах варіюються залежно від…

У середньому навчання у моєму вузі коштує…

Престиж будь-якого вузу залежить від…

Престиж досягається…

У нас конкурують…

Авторитет мають дипломи…

Чи легко після закінчення Вашого вузу знайти роботу за…

За статистичними даними,…

У моєму вузі більшість студентів вчиться за кошт…

Кількість студентів у нашому вузі становить…

Чи є такі студенти, які позбавлені можливості…

9. Проведіть інтерв'ю на тему «Освіта» (поцікавтеся, які проблеми, пов'язані з освітою, виникають у молодих людей, що їх часто турбує, як вирішуються їхні питання). Використовуйте подані нижче вирази.

Вирази для інтерв'ю:

Перепрошую, чи можна Вам поставити декілька питань?

Чи не могли б Ви відповісти на декілька запитань?

Я кореспондент газети «…», і у мене є декілька запитань.

Як Ви вважаєте, освіта в… відповідає Вашим потребам?

Як на Вашу думку, молодь цікавиться питаннями освіти?

Як Ви думаєте, чи престиж вузу впливає на вибір абітурієнтів?

Можливі відповіді:

Це досить складне запитання...

Важко одразу відповісти на Ваше запитання...

У мене існує власна думка з цього приводу...

На мою думку, сучасну молодь цікавить можливість отримати роботу за фахом.

10. Соціологічна служба газети «День» пропонує опитування на тему: «Що, на Вашу думку, є найважливішим фактором для досягнення життєвого успіху?»

а) Прочитайте результати цього опитування.

12%   Наявність «зв'язків»

16%   Добра освіта

1%   Заможні батьки

0%   Володіння технічними засобами (комп'ютер, автомобіль та ін.)

19%   Наполегливість, працелюбність

2%   Знання іноземних мов

0%   Чесність, відкритість у стосунках з людьми

1%   Приваблива зовнішність

10%   Везіння

28%   Тільки при співпаданні всіх вищесказаних факторів можна досягти успіху

7%   Інше

4%   Вагалися з відповіддю або не відповіли

Подано за даними опитування відвідувачів web-сторінки «Дня» в Інтернеті від 7 липня 2001 року (http://www.day.kiev.ua). Опитано 112 осіб. Серед респондентів: 80% — чоловіки, 16% — жінки, 4% — не захотіли повідомити свою стать. Більшість учасників опитування мають вищу освіту — 88%; вік: переважно від 20 до 30 років — 48%, від 30 до 40 років — 17%.

б) Продовжіть речення.

Найважливішим фактором для досягнення життєвого успіху респонденти вважають...

Одним із головних факторів, на думку респондентів, є...

Шістнадцять відсотків опитаних думають...

Більшість учасників опитування відповіло, що...

Фактор везіння вибрали...

У цьому опитуванні взяли участь...

11. Дискусії та обговорення

а) Обговоріть результати опитування з вправи 10а). Які фактори Ви б додали до такого опитування? Які фактори, на Вашу думку, є найважливішими для досягнення життєвого успіху?

б) Проведіть подібне опитування, «Що, на Вашу думку, є найважливішим фактором для досягнення життєвого успіху?», зі своїми одногрупниками.

в) Уявіть, що Ви працюєте для соціологічної служби газети «...».
Вам потрібно провести опитування на тему «Що, на Вашу думку, є
найважливішим фактором для... [Ваш вибір]». Підготуйте питання для
опитування, проведіть інтерв'ю зі своїми одногрупниками.

12. Напишіть підсумок результатів свого опитування із завдання 11в),
використовуючи нові слова та вирази (і також вирази з Додатку II).

13. Дискусії та обговорення

Перегляньте рекламу школи кореспондентської освіти «ЄШКО».
Спочатку підготуйте питання для Ваших одногрупників, а потім їх
обговоріть.

Прочитайте декілька виразів зі студентського жаргону, обговоріть ситуації, в яких вони могли б вживатися.

абітура = абітурієнт

відстрілятися/відмучитися/здати іспити = скласти іспити

засідати = вчитися цілу ніч

запаритися/замахатися = перемучитися, змучитися

зубрити = вчити напам'ять

кавнути, чайнути, курнути

комп = комп'ютер

ксеранути = зробити копії на ксероксі

курсак = курсова робота

лівак/халтура = додатковий неофіційний заробіток, підробіток

набрати = надрукувати на комп'ютері

нульовка = нульова пара о 8:00 або 8:30 ранку

провалитися на іспитах = не скласти іспитів

прогуляти пару = не прийти на заняття

пролетіти/запороти/завалити іспит = не скласти іспиту

проф = професор

стипуха = стипендія

студік = студент, який багато вчиться

універ = університет

хвіст (мати хвости) = мати незакінчені курсові роботи або іспити, які потрібно скласти

шпора = шпаргалка

ящик = комп'ютер

Словник I

вибір	choice
випускник	graduate
висновок	result, conclusion
вступні іспити	entrance exams
відбуватися, відбутися	to happen, take place
втрачати, втратити *(кого/що)*	to lose
вивчати/вчити, вивчити *(кого/що)*	to learn, study *(something)*
вчити, навчити *(кого/що)*	to teach *(someone)*
вчитися в *(університеті, коледжі)*	to study at *(a university, college)*
вчитися *(багато, ввечері, до іспитів)*	to study *(a lot, in the evening, for exams)*
конкурс	competition
жалкувати, пожалкувати *(за ким/чим)*	to regret
жартувати, пожартувати *(над ким/чим)*	to joke
жвавий	lively
забезпечувати, забезпечити *(кого/що... ким/чим)*	to provide for, secure, guarantee
займатися, зайнятися *(ким/чим)*	to engage in *(sports, politics)*; to study *(major)*
захоплення	admiration, hobby
захоплюватися, захопитися *(ким/чим)*	to admire, to be interested *(strongly)* in...
зацікавлення	interest
існувати	to exist
кав'ярня	coffee house
кафедра	division, section *(within the faculty)*
конкурувати *(з ким/чим)*	to compete
курс	course, year in school
навчальний заклад	educational institution
навчання	studies
обговорювати, обговорити *(кого/що)*	to discuss
освіта *(державна, платна)*	education *(state, private)*
отримувати, отримати *(кого/що)*	to receive
перспективний	prospective, having prospects, promising
плата за навчання	tuition
податки	taxes
позбавлений *(кого/чого)*	deprived of
поступати, поступити/вступати, вступити (в університет, коледж) на *(стаціонар, заочне навчання, вечірні курси)*	to enter *(university, college)* *(regular, distance, evening studies)*
прагнути *(кого/чого)*, *(щось зробити)*	to strive (for *someone, something*), (to do *something*)

практична спрямованість	practical direction, practice-oriented learning
працевлаштування	job placement
предмет	subject
престижний	prestigious
привабливий	attractive
розгалужений	multi-sided, multi-faceted
розширюватися, розширитися	to widen
становити	to be (about statistical information)
сучасний	contemporary
термін	term
уряд	government
фах	specialization, major
цікавитися, зацікавитися (ким/чим)	to be interested in (someone/something)
цікавити, зацікавити (кого/що)	to interest (someone/something)
юрба	crowd
якість	quality

Вирази

дедалі менше/більше	less and less/more and more
досягати, досягти престижу, успіху	to reach, achieve prestige, become a success
за кошт (кого/чого)	at the expense of
за статистичними даними	according to the statistical data
отримувати, отримати задоволення (від кого/чого)	to receive pleasure/satisfaction (from someone/something)
робота за фахом	work in one's area of specialization
скласти іспити на (відмінно, добре, задовільно, незадовільно)	to pass exams with a grade of (excellent, good, satisfactory, unsatisfactory)
складати, скласти іспити	to take, to pass exams
схоже	it appears that, it looks as though, it seems that
хто..., хто...	some..., others...
час від часу/часом	now and then, from time to time

Частина II   Інтернет та його використання у навчанні

Стаття «http://www... Інтернет усе частіше використовується студентами для написання наукових робіт» з газети «День» № 116, четвер, 5 липня 2001.

Перед прочитанням:

1. Подивіться на заголовок цієї статті. Які питання, на Вашу думку, обговорюються у цій статті?

2. Обговоріть значення підкреслених у статті слів.

Під час читання:

3. Прочитайте спочатку питання, а потім текст. Дайте відповіді на питання.

   Про який засіб масової інформації говориться у цій статті?

   Як і ким використовується Інтернет?

   Для чого студенти використовують Інтернет?

   Хто має доступ до Інтернету?

   Які переваги Інтернету? Висловіть свої власні думки з цього приводу.

   У чому Ви бачите проблеми Інтернету?

   Чи вважаєте Ви цей засіб інформації зручним?

   Яким способам одержання інформації Ви надаєте перевагу?

4. Граматичний аналіз.

   а) Підкресліть всі форми дієслів. Для кожної форми встановіть час, особу, число і вид. Визначте форму інфінітиву.

   б) Знайдіть прийменники та поясніть їхню функцію. Додайте ці прийменники до таблиці, яку Ви створили раніше (частина I, вправа 2).

   Стаття «http://www… Інтернет усе частіше використовується студентами для написання наукових робіт» (http://www.day.kiev.ua/63475/). Автор: Роман Якубець.

Зовсім недавно закінчилася студентська сесія в українських і європейських вузах, і ми попросили студентів «по гарячих слідах» розповісти нам про те, як вони використовують Інтернет у своєму навчанні, про різні позитивні та негативні моменти, пов'язані з отриманням інформації для студентських досліджень у Всесвітній павутині. Опитувалися в основному українські студенти (головним чином із Києво-Могилянської Академії), але ми скористалися також і можливостями, які дає Інтернет, і поставили ті ж запитання за допомогою електронної пошти ряду студентів західних університетів.

Ще декілька років тому курсові, дипломи, реферати писалися у бібліотеках і супроводжувалися довгим списком використаних книг, а нині усе частіше бібліографія, яка додається до студентських робіт, рябить символами «http://www…» Щоб отримати якусь інформацію, необхідно вільний комп'ютер і доступ до Інтернету. Легко здогадатися, що в Україні це зробити дещо складніше, ніж на Заході. Навіть у найбільших київських вузах комп'ютерів порівняно небагато, і якість зв'язку залишає бажати кращого. У Могилянці, наприклад, студенти отримують доступ до комп'ютера у порядку живої черги, і, за їхніми словами, у денні «години пік» чекати доводиться довго. Тому багато хто спеціально приходить до університету ввечері, щоб посидіти в Інтернеті. До речі, і швидкість зв'язку в цей час вища.

Отже, доступ до комп'ютера отриманий, студент увійшов в Інтернет. Більшість українських студентів каже, що звичайно вони точно знають, якого роду інформація їм потрібна, і шукають її за допомогою ключових фраз у пошукових системах на зразок «www.yandex.ru», «www.infocite. com». Цікаво, що жоден з них не згадав про українські пошукові системи. Важко сказати, чи то причина цього — у нестачі реклами, чи то у тому, що багато українських сайтів працює дещо повільніше і гірше за російські. Деякі студенти постійно відстежують інформацію на веб-сторіночках, які їх цікавлять.

Так само, як у бібліотеці, коли часто саме та книга, яка тобі конче потрібна, виявляється на руках або взагалі загубленою, й в

ВСЕСВІТ ™
ВЕСЬ СВІТ НА ЗВ`ЯЗКУ!

ІНТЕРНЕТ
ДЛЯ
СТУДЕНТІВ

Для багатьох з Вас настав час сесії - час підсумувати
знання і скласти іспити.
Цей час пов'язаний з хаотичним пошуком інформації,
зокрема, рефератів та курсових.
Торгова марка "Всесвіт" пропонує Вам скористатися
інтернетом в пошуках потрібного Вам матеріалу.
Сучасне обладнання, розширений модемний пул та
якісний трафік допоможуть зорієнтуватися у морі
інформації. А акція по обміну карток "Збери та обміняй"
додасть Вам впевненості та успіху.

Ціни на картки «Всесвіт»

Номінал картки	Ємність в годинах	Ціна картки
2 т.о	5 год. 33 хв.*	9 грн
3 т.о	9 год. 26 хв.*	15 грн
5 т.о	15 год.00 хв.*	23 грн
10 т.о	30 год. 00 хв.*	45 грн

** за тарифом бізнес-часу. В разі користування
у вечірній та нічний час кількість годин **збільшується**.*

Тарифи:

День 1,80 грн./1 год.
Вечір 1,60 грн./1 год.
Ніч 0,80 грн./1 год.
Ранок 0,40 грн./1 год.

Обираючи "Всесвіт" - Ви обираєте якість,
надійність, стабільність.
Разом до успіху!

Інтернеті досить часто потрібний сайт або якась його частина може
не завантажуватися з різних технічних причин, або не містити усіх
необхідних відомостей. Студенти, як в Україні, так і за кордоном, звичайно
звертаються за допомогою до служби технічної підтримки веб-сторінки,
якщо ж це не спрацьовує, йдуть до бібліотеки і шукають те, що їм треба,
«дідівським» методом — у книгах.

 Поява принципово нового засобу масової інформації — Інтернету —
викликала появу нових можливостей і разом з тим нових проблем. І, як
бачимо, проблеми та переваги Всесвітньої мережі приблизно однакові для
студентів у всьому світі. Поки професори та журналісти обговорюють, гарні
чи погані ті нововведення, які приніс у наше життя Інтернет, студенти просто
користуються цим новим зручним інструментом для своїх досліджень, і
скоро, напевно, важко буде собі уявити, що колись люди діставали освіту,
жодного разу не сівши за комп'ютер і не набравши «www...».

Вартість послуг Світ Онлайн

До ваших послуг – три тарифних плани, у кожного з яких є свої переваги. Основний принцип дуже простий: чим більший «розмір» тарифного плану, тим дешевше вам обійдеться перебування в інтернеті.

Тарифний план L: вартість роботи в інтернеті залежить від часу доби: тут є помірний тариф для бізнес-часу, низький тариф зранку, ввечері та у вихідні дні і дуже дешевий вночі. Термін, протягом якого ви можете скористатися карткою, необмежений.

Час доступу	Ціна за годину, долари США
0.00 – 6.00	0.15
6.00 – 9.00 у робочі дні	0.30
9.00 – 19.00 у робочі дні	0.70
19.00 – 24.00 у робочі дні	0.30
6.00 – 24.00 у вихідні* та святкові дні	0.30

Тарифні плани XL та XXL: ці плани – для тих, хто цінує інтенсивне та насичене інтернет-життя. Оскільки ви купуєте ефірний час «гуртом», час перебування в інтернеті обходиться вам значно дешевше і при цьому його вартість не залежить від часу доби. Передплачений час необхідно використати за 30 днів. Але ж то цілий місяць! Зверніть увагу на те, що для активації цих тарифних планів на вашому рахунку має бути щонайменш 10 доларів США (план XL) або 20 доларів США (план XXL).

	Тривалість доступу	Ціна, долари США	Ціна за годину, долари США
XL	20 годин	10	0.50, цілодобово
XXL	50 годин	20	0.40, цілодобово

Увага! Усі тарифи містять ПДВ.
Послуга Callback надається безкоштовно.

* Вихідними днями є субота та неділя, якщо інше не передбачено Кабінетом Міністрів України

Після прочитання:

🔍 Дискусія

Перегляньте реклами Інтернетних послуг. Обговоріть ці послуги і тарифи зі своїми одногрупниками. Висловіть свою думку про переваги або недоліки того чи іншого плану.

5. **Додайте відповідні дієслова у правильних формах.**

Студенти все частіше ____ Інтернет. За допомогою Інтернету вони ____ курсові роботи, дипломи і реферати. Можливості, які

_____ Інтернет, — безмежні. Ми провели опитування і _____ питання студентам Львівського університету. Тут студенти _____ доступ до Інтернету у порядку живої черги. У години пік _____ доводиться довго. Тому, багато хто _____ до університету ввечері, щоб _____ в Інтернеті. Студенти _____ інформацію за допомогою ключових фраз. Часто студенти _____ за допомогою до служби технічної підтримки веб-сторінки. Якщо це не допомагає, то вони _____ до бібліотеки і _____ те, що їм треба, дідівським методом — у книгах. Поява Інтернету _____ появу нових можливостей і разом з тим нових проблем. Багато нововведень _____ Інтернет у наше життя. Дуже часто студенти _____ цим новим зручним інструментом для своїх досліджень. Скоро важко буде собі _____, що колись люди отримували освіту без цього засобу.

6. Використовуючи прийменники, подані нижче, напишіть про свої перші тижні навчання. Будьте творчими!!! (див. Додаток IV 1.3)

до, в/у, на, коло, про, під, над, через, за, з, без, перед

7. Додайте необхідні прийменники у текст (див. Додаток IV 1.3).

Недавно закінчилася сесія _____ українських вузах. Ми попросили студентів розповісти нам _____ те, як вони використовують Інтернет _____ своєму навчанні. Також ми просили їх розповісти _____ позитиви та негативи Всесвітньої павутини. Ми поставили запитання _____ допомогою електронної пошти. Раніше курсові роботи, дипломи і реферати писалися _____ бібліотеках. Сьогодні необхідні вільний комп'ютер і доступ _____ Інтернету. Але _____ Україні це зробити дещо важче, ніж _____ Заході. Навіть _____ найбільших вузах комп'ютерів небагато. _____ словами студентів, у часи пік чекати доводиться довго. Багато хто спеціально приходить _____ університету ввечері, щоб посидіти _____ Інтернеті. _____ цей час швидкість зв'язку вища. Студенти шукають інформацію _____ допомогою ключових фраз _____ різних пошукових системах. Цікаво, що мало хто з них звертається _____ українських пошукових систем. Важко сказати, чи причина _____ нестачі реклами, чи _____ тому, що багато українських сайтів працює повільніше, ніж інші. На жаль, деякі сайти не завантажуються _____ різних технічних причин. Студенти, як _____ Україні, так і закордоном, звертаються _____ допомогою _____ служби технічної підтримки. А якщо це не виходить, то йдуть _____ бібліотеки і шукають інформацію _____ книжках. Переваги і недоліки, які приніс Інтернет _____ наше життя, однакові _____ студентів у всьому світі.

 8. Напишіть англійською мовою короткий підсумок статті про Інтернет, після чого перекладіть свій підсумок на українську мову.

9. Поставте слова в дужках у правильні форми (див. Додаток IV 1.1, 1.2).

Під час (зимові і літні сесії) _____ і _____ _____ студенти часто користуються (Інтернет) _____. У (багато вузи) _____ _____ студенти мають доступ до (Інтернет) _____. Про (Всесвітня павутина) _____ _____ ведеться багато розмов. Ми проводили (опитування) _____ серед (студенти) _____ Львівського університету. (Ці студенти) _____ _____ подобається користуватися цим новим засобом інформації. За його допомогою студенти пишуть багато (курсові роботи, дипломи і реферати) _____ _____, _____ і _____. У певні години якість (зв'язок) _____ краща. У (година пік) _____ _____ важко отримати зв'язок. Закордоном доступ до (Інтернет) _____ часто швидший. Переваги (Інтернет) _____ над (інші засоби інформації) _____ _____ _____ очевидні.

10. Обговоріть у групах статтю про Інтернет: про що нове Ви дізналися, які питання Вас здивували, що виявилося для Вас особливо цікавим і т.д.

11. Повторіть відмінкові форми слів *багато, декілька* і *деякі*. Поставте слова в дужках у правильні форми (див. Додаток IV 1.2.10).

В Інтернет-кафе можна побачити (багато студенти) ____ ____, які працюють на (багато комп'ютери) ____ ____. Ці студенти досліджують (багато теми) ____ ____. Вони пишуть (багато курсові роботи та реферати) ____ ____ ____ та ____. Для того, щоб поступити у Львівський університет, треба скласти (багато вступні іспити) ____ ____ ____ з (багато предмети) ____ ____. (Багато студенти) ____ ____ подобається українська система освіти.

Переважно студенти задоволені (багато предмети) ____ ____. Коли ми поступали в університет, то познайомилися з (багато студенти) ____ ____. Більшість із них задоволені (багато цікаві події) ____ ____ ____, які відбуваються в університеті.

Вчора ми відвідали (декілька цікаві курси) ____ ____ ____ в коледжі. Там ми бачили (декілька молоді люди) ____ ____ ____. Ми навіть поговорили з (деякі) ____ з них на (декілька теми) ____ ____. Після (декілька години) ____ ____ ми пішли на обід. Під час обіду ми покуштували (декілька смачні страви) ____ ____ ____ у (декілька ресторани) ____ ____.

12. Прочитайте текст. Спочатку перепишіть текст, ставлячи дієслова у минулий час. Якщо необхідно, змініть також прислівники (зараз ⋯⟩ вчора і т.д.). Після цього перепишіть текст, ставлячи дієслова у майбутній час. Якщо необхідно, змініть прислівники (зараз ⋯⟩ завтра і т.д.) (див. Додаток IV 2.2).

У цей час у Львові проходять вступні іспити. На вулицях багато студентів. Усі вони дуже хвилюються за свої іспити. Загалом, в Україні громадяни мають право на безкоштовну освіту. Будь-хто може поступати до багатьох вузів на конкурсній основі. Студенти подають свої документи на початку літа. Вони можуть поступати на такі рівні: бакалавр, спеціаліст і магістр. Отже, тепер проводяться вступні випробування, або, іншими словами, іспити. На заочне, а також на вечірнє навчання іспити проходять пізніше. Студенти складають іспити у п'ятиденний термін. Після цих іспитів студентів зараховують або не зараховують до університету. Вступні випробування з української мови та літератури є обов'язковими. Також проводиться тестування з іноземної мови. Вступні іспити проходять у Головному корпусі університету. Перед іспитами студенти проходять співбесіду. Є також студенти, які зараховуються поза конкурсом. Вступники можуть подавати апеляції.

13. Замініть дієслова в тексті на доконаний вид (тобто, на результат) подібно до прикладу, поданого нижче (див. Додаток IV 2.1).

Приклад:

Сьогодні я роблю домашнє завдання ⟶ Вчора я зробив/зробила домашнє завдання.

Прочитайте пари дієслів, які Вам допоможуть:

поступати - поступити

знати, взнавати - взнати

складати - скласти

готуватися - приготуватися

читати - прочитати

робити - зробити

запам'ятовувати - запам'ятати

подобатися - сподобатися

Цього року я поступаю до університету на стаціонар на контрактну форму навчання. Я знаю про правила прийому до університету. Вже п'ять днів я складаю вступні іспити. Щодня готуюся до цих іспитів — багато читаю різних книжок, матеріалів. Також я роблю для себе нотатки, щоб краще все запам'ятовувати. Мені подобається добре орієнтуватися в предметі, який вивчаю.

 14. Напишіть короткий твір про те, як Ви використовуєте Інтернет у своєму житті. Висловіть думки про переваги та недоліки цього нового засобу. Використовуйте вирази з Додатку I.

Словник II

використовувати, використати *(кого/що)*	to utilize
вкрай	necessarily, urgently
всесвітня павутина	World Wide Web
година пік	rush hour
диплом	diploma, degree
(кому/чому) доводитися, довестися	*(one)* has to; is in a position to
дослідження	research
доступ *(до кого/чого)*	access (to)
електронна пошта	email
жоден, жодна, жодне, жодні	no one, not any, none
завантажувати, завантажити *(сайт, інформацію)*	to load, upload *(site, information)*
засіб масової інформації	mass media
ключова фраза	key phrase
користатися, скористатися *(ким/чим)*	to utilize, make use of
користуватися *(ким/чим)*	to use
курсова робота	term paper
мережа	web, network
можливість	possibility
набирати, набрати *(адресу веб-сторінки)*	to enter *(website address)*
негативний	negative
(хто/що) необхідний *(для кого/чого)*	necessary
нестача *(кого/чого)*	lack of
нововведення	innovation
обговорювати, обговорити *(кого/що)*	to discuss
опитувати, опитати *(кого)*	to interview, to conduct an opinion poll
отже	therefore, so
отримання *(кого/чого)*	receiving
перевага	benefit, advantage
підтримка *(кого/чого)*	support
позитивний	positive
пошукова система	search engine
поява *(кого/чого)*	appearance, occurrence
причина *(у кому/чому)*	cause (is in)
проблема *(у кому/чому)*	problem (is in)
реферат	short research paper, report, essay
рябіти *(ким/чим)*	to flicker
сайт	site
саме той, та, те, ті	especially that one, that one in particular
сесія	final exam period, series of final exams
служба *(кого/чого)*	service
супроводжуватися, супроводитися *(ким/чим)*	to be accompanied by
список	list

уявляти, уявити *(кого/що)*	to imagine
швидкість	speed
шукати *(кого/що, за ким/чим)*	to search

Вирази

багато хто	many *(people)*
дещо *(складніше, легше, повільніше)*	somewhat, a little *(harder, easier, slower)*
дідівським методом	in the old-fashioned way
головним чином	mainly, for the most part
за допомогою *(кого/чого)*	with the help of
на руках *(книжка, відеокасета)*	borrowed, rented *(book, videotape)*
по гарячих слідах	immediately following, right after
порівняно *(мало, багато)*	comparatively *(few, many)*
ряд студентів	several students
ставити, поставити запитання	to raise, pose, formulate a question
(щось) залишає бажати кращого	*(something)* leaves much to be desired
у порядку живої черги	first come, first served

2 Особисте життя: характер, зовнішність і стиль

Частина I   Особисте життя: характер, зовнішність і стиль

Життя — це рух, постійний рух в оточенні інших людей. У цьому русі ми думаємо про себе, а також про тих, хто оточує нас, знайомимося з іншими людьми, знаходимо нових друзів. Коли вперше зустрічаємо когось, намагаємося визначити, чи є у нас із цією людиною спільні інтереси, адже це — шлях до взаєморозуміння. Отже, що ми цінуємо в людях — розум, чесність, надійність, доброту, щирість, урівноваженість, вихованість, стриманість чи інші риси характеру? Які риси в людях ми вважаємо негативними? Коли знайомимося з людьми, на що насамперед звертаємо увагу? Детальні риси характеру людини знаходимо у гороскопах.

 Чи Ви вірите у гороскопи? Перегляньте українські назви знаків зодіаку в тексті гороскопу нижче. Під яким знаком зодіаку Ви народились? Якщо Ви вірите у гороскопи, то яка Ви людина згідно тих гороскопів, які Ви знаєте чи читали? Поділіться думками зі своїми одногрупниками.

 Текст

1. а) **Прочитайте гороскоп.**

 Козерог (22.12 – 20.01)
Народжені під цим знаком наділені неабияким інтелектом і творчим талантом. Вони сміливі й працелюбні, їх захоплює все серйозне, чесне, добротне, постійне і правильне. Вони уникають усього непродуманого, хаотичного, імпульсивного. За природою своєю вони песимісти. Як правило, вони годувальники з сильно розвиненим усвідомленням обов'язку перед родиною.

Водолій (21.01 – 20.02)

Люди, народжені під знаком Водолія, щирі, відкриті, товариські, врівноважені, відзначаються великим розумом і чуттєвістю. Водолій цікавиться всім новим, оригінальним, таємничим. Часто наділений літературним хистом і жвавістю уяви. Домінантними рисами вдачі Водолія є почуття справедливості, вірність, прямолінійність і поблажливість. Основні недоліки — це марнотратство, певна нестійкість характеру, підкорення чужій волі.

Риби (21.02 – 20.03)

Люди, народжені під знаком Риб, відзначаються суперечливістю характеру. Врівноважені і водночас здатні до раптових спалахів гніву, скромні і надто шанолюбні, такі, що шукають товариства інших людей і воднораз тримаються від них на відстані. Риби, здебільшого, щиросерді. Вони часто-густо нерішучі й боязкі, мінливі у своїх настроях, щедрі, діляться останнім шматком хліба. Часто відзначаються вродою і чарівністю. У Риб надзвичайно розвинена інтуїція.

Овен (21.03 – 20.04)

Народжені під знаком Овна — це люди, сильні духом, наполегливі у досягненні мети. Вони створені, щоб керувати іншими. Це люди агресивні, дуже активні та ініціативні. Овни не мають комплексу меншовартості. Наділені талантами, відзначаються великими розумовими здібностями, умінням зосереджуватися. Овни попри свій непростий характер щедрі й великодушні, вірні друзі.

Телець (21.04 – 20.05)

Народжені під знаком Тельця (Бика) відзначаються терплячістю, витримкою, наполегливістю. Вони спокійні й привітні. Тельці наділені здатністю затято домагатися поставленої мети. Тельцям, здебільшого, ведеться у матеріальних питаннях. Більшості з них притаманне природжене естетичне чуття, серед них є чимало архітекторів, малярів, музикантів, скульпторів. У коханні та дружбі Тельці вірні й постійні.

Близнята (21.05 – 21.06)

Народжені під знаком Близнят люблять зміни. Вони майже завжди незадоволені тим станом речей, що є тепер. Стабільне, врівноважене життя здається їм чимось нестерпним. Неспокійні на вдачу, вони при першій нагоді змінюють місце роботи та проживання, оточення, друзів і вподобання. На погляд щирі, товариські і прямолінійні, вони можуть бути водночас потайливими і підступними людьми. Серед Близнят можна зустріти і готових до самопожертви альтруїстів, і запеклих егоїстів, людей непостійних і легковажних. У шлюбі можуть бути щасливими лише тоді, коли партнер терпить і вибачає їхні вади й примхи.

Рак (22.06 – 22.07)

Люди, які народилися під знаком Рака, вразливі, відлюдькуваті, м'які й чутливі. Рак — це нерідко істота сентиментальна і мрійлива, внаслідок чого її життя стає немов подвійним. З одного боку реальним, з другого — перенесеним у світ фантазії та уяви. Рак чудово показує себе на самостійній, незалежній роботі. Ніхто так не відданий сім'ї, родинним традиціям, як Рак. Він делікатна людина і чудовий сім'янин. У дружбі та коханні Рак часто пасивний, зате вірний.

Лев (23.07 – 23.08)

Леви щирі, відкриті, правдиві, добрі й поблажливі, а їхня чутливість часто межує з наївністю. Відзначаються відвагою і наполегливістю в досягненні мети. Леви мають великий вплив на інших людей, оскільки їм притаманна неабияка впевненість у собі й переконаність у власній непохитності. Егоцентричні і самозакохані, вони часто не вміють критично поставитися до оточення. Більшість Левів — люди товариські, симпатичні, мають великий успіх у представників протилежної статі.

Діва (24.08 – 23.09)

Народжені під знаком Діви — щиросерді, обережні та старанні люди. Люблять лад, сумлінні, постійні. Діви — добрі виконавці, надійні, з практичним мисленням. Вони уникають усього фантастичного, хаотичного. Часом Діви шокують своєю надмірною дріб'язковістю й ощадливістю. Люди цього знаку цінують спокій, упорядкований спосіб життя.

Терези (24.09 – 23.10)

Люди, народжені під цим знаком, відзначаються прагненням до гармонії, спокою і ладу. Це прихильники компромісу, справедливості та порозуміння. Терези — чарівні і зовні привабливі. Цікавляться мистецтвом, виявляють дар красномовства. Терези — чудові друзі, вміють оберігати чужі секрети. Але є й Терези марнотратці, наклепники та брехуни, проте таких мало.

Скорпіон (24.10 – 22.11)

Скорпіон — натура яскрава і експансивна. Його духовне життя багате і глибоке. Це тип спостерігача й філософа в одній особі. Скорпіон — крайній індивідуаліст. Він здатний однаково бути і вірним другом, і небезпечним супротивником. Скорпіон любить сарказм та іронію. Він енергійний, розумний, наполегливий і досягає успіху в різних справах. Скорпіон дуже чутливий у коханні — вередливий та імпульсивний.

Стрілець (23.11 – 21.12)

Народжені під знаком Стрільця відважні, впевнені, рухливі, активні
і діяльні. У ставленні до інших Стрільці щирі й відкриті, їм чужі
педантичність і підступність. Відзначаються надзвичайною прямотою
характеру, їх обурюють підлість і обман. Стрільці вірні у дружбі,
щедрість — їхня невід'ємна риса. Веселі й балакучі, вони легко
зав'язують нові знайомства, люблять товариство й до похилих літ
мають успіх у представників протилежної статі. Стрільцям притаманні
душевний спокій, оптимізм і безтурботність.

**б) Випишіть із тексту гороскопу риси, які притаманні Вашому знаку
зодіаку.**

Дискусія

**Ви виписали риси, які притаманні Вашому знаку зодіаку. Чи ці риси
дійсно описують Вашу особистість? Поділіться думками зі своїми
одногрупниками.**

**2. а) Складіть список рис характеру людини, які вживаються в гороскопі,
для всіх знаків зодіаку.**

б) Прочитайте вирази, подані нижче.

Мені подобаються люди, які...

Важливо, щоб людина була... *(якою)*

Людям необхідно бути... *(якими)*

Важлива риса в людині — це...

Я ціную в людях такі риси, як...

Як на мене, то...

Негативними рисами я вважаю...

Людина не повинна бути... *(якою)*

**в) Обговоріть з одногрупниками тему «Які риси Ви цінуєте в людях?»,
використовуючи вирази, подані вище, а також ті риси характеру, які Ви
виписали з гороскопу.**

3. На основі гороскопу, який Ви прочитали, продовжіть речення.

Сильні духом люди, наполегливі у досягненні мети, активні та ініціативні — це...

Овни наділені...

Тельцям притаманні такі риси, як...

Вірні й постійні у коханні та дружбі — це люди, народжені...

Люди, народжені під знаком..., люблять зміни.

Змінювати місце роботи, будинок, оточення, друзів і смаки подобається...

Непостійними і легковажними можуть бути...

Такі риси, як вразливість, м'якість, чутливість, сентиментальність, мрійливість характеризують...

Чудовий сім'янин — це...

Щирість, відкритість, правдивість, доброта і, часом, наївність притаманні...

Люди, впевнені у собі і наполегливі у досягненні мети, народжені під знаком...

Успіх у представників протилежної статі мають...

Уникають усього фантастичного та хаотичного...

Діви характеризуються такими рисами, як...

Діви цінують...

Готові йти на компроміс...

Такі риси, як... характеризують Терезів.

Духовне життя багате у...

Скорпіон — це людина...

Такі риси, як... характеризують Стрільців.

Душевний спокій, оптимізм і безтурботність притаманні...

Козероги наділені такими рисами, як...

Козерогам не подобається...

Водолії відзначаються...

Такі недоліки, як марнотратство та нестійкість характеру притаманні...

Суперечливість характеру притаманна людям,...

Риби — це люди, які...

Негативні риси, такі, як... притаманні...

✎ **4. Використовуючи інформацію з гороскопу та вправи 2, напишіть твір «Мій ідеал людини» (використовуйте нові слова зі Словника I).**

💬 Ще один аспект нашого щоденного життя — це стиль: зовнішній вигляд та одяг. Яке місце займає одяг у Вашому житті? Чи одяг впливає на Ваш настрій? Чи настрій впливає на те, як Ви одягаєтеся?

Часто одяг є темою розмов та дискусій. Ми пропонуємо Вам одну з таких розмов між двома подругами.

📖 **Розмова**

5. Прочитайте розмову.

Оксана: Ярино, мені потрібна твоя допомога. Сьогодні Олег запросив мене на вечірку до свого друга Яреми, і мені необхідно гарно виглядати. Ти ж знаєш, як мені подобається Ярема.

Ярина: Який Ярема? Той високий шатен, який був у нас у гостях два тижні тому?

Оксана: Так, саме той. А що, хіба він тобі не подобається? Він же такий красень! У нього високе чоло, темні брови, карі очі та дуже ласкава, приємна усмішка.

Ярина: Так, Оксанко, Ярема досить симпатичний. Отже, ти хочеш гарно виглядати. Я б тобі порадила одягнути чорну вечірню сукню. Тобі чорний колір до лиця. А також, взуй сріблясті босоніжки. Це буде дуже стильно.

Оксана: Чорна сукня, безумовно, гарний вибір, але, Ярино, я думаю, що це буде дуже претензійно. Мені потрібно одягнутися трохи простіше. Як ти гадаєш, можу я одягнути свою червону картату спідничку з білою блузкою?

Ярина: Безперечно. Це непоганий вибір. Ти знаєш, мені здається, що ти забагато уваги приділяєш одягу. Одяг — не найголовніше в житті. Важливо, щоб людина була сама собою!

Оксана: Гаразд, гаразд... Я піду одягатися, бо часу залишилося мало.

Дискусія

Як Ви гадаєте, де відбувається ця розмова?

Хто розмовляє і про що?

Чому Оксана хоче гарно виглядати?

Чи в Оксани є симпатія? До кого?

Як Ви собі уявляєте Ярему?

Чи Ярині теж подобається Ярема?

Що вирішила одягнути Оксана?

Чи Ярина погодилася з вибором Оксани?

Яку пораду Ви б дали Оксані?

Яке місце займає одяг у Вашому житті?

Чи одяг, на Вашу думку, впливає на настрій людини?

6. Знайдіть у тексті 'Розмови' відповідники слів і виразів, поданих нижче, та обговоріть значення цих виразів. Складіть речення з цими виразами.

Святково, як ти вважаєш, безперечно, мені видається, занадто багато уваги, як на мене, тобі пасує чорний колір, мені до вподоби, мені вкрай потрібно.

7. а) Коли Ви даєте комусь пораду, можна використовувати вирази, подані нижче.

Тобі/Вам варто (зустрітися)

Тобі/Вам треба (поговорити)

Тобі/Вам необхідно (взяти себе в руки)

Тобі/Вам слід (не ображатися)

Тобі/Вам можна (спробувати)

Тобі/Вам потрібно (одягнути/взути)

Ти можеш/Ви можете (порадитися)

Ти повинен (збагнути)

Ти повинна (зрозуміти)

Ви повинні (подумати)

Ти змушений (змінити)

Ти не змушена (іти на компроміс)

Ви не змушені (терпіти)

б) Уявіть, що Ваша подруга чи Ваш друг звернулися до Вас за порадою, бо у неї/нього виникли проблеми в особистих стосунках із близькою людиною. Спробуйте допомогти їй/йому, порадивши, що робити в такій ситуації. Використовуйте вирази, подані вище.

8. Поставте слова в дужках у правильні форми.

(Усі наші друзі) ____ ____ ____ потрібно вплинути на Петра. Сьогодні на вечірці (я) ____ варто познайомитися з однією дуже (обізнана, приємна дівчина) ____, ____ ____. (Ти) ____ не слід розмовляти з (цей безсоромний, нестриманий хлопець) ____ ____, ____ ____. (Ми) ____ необхідно запросити до себе цих людей. (Вони) ____ не слід було зустрічатися з Петром, він виявився занадто (неврівноважений) ____. (Вона) ____ вкрай необхідно зателефонувати (той веселий чоловік) ____ ____ ____, з яким (вона) ____ повинна була зустрітися. Як ти гадаєш, (людина) ____ може бути (дружелюбна) ____ і (стримана) ____ водночас? Чи (я) ____ до лиця ця жовта блузка? Так, жовтий колір (ти) ____ пасує, а ось (я) ____ більше личать пастельні кольори.

9. а) Коли Ви робите комусь комплімент, можна використовувати такі вирази.

Ця сукня тобі/Вам до лиця.

Ця сорочка тобі/Вам пасує.

Ці босоніжки пасують до твоєї/Вашої сукні.

Ти гарно виглядаєш/Ви гарно виглядаєте у цьому костюмі.

Мені подобається поєднання кольорів у Вашому костюмі.

Ви вдало підібрали аксесуари до костюму.

Ця сукня Вам личить.

Ця сукня підкреслює колір Ваших очей.

б) Використовуючи вирази, подані вище, зробіть компліменти своїм одногрупникам про їхній зовнішній вигляд.

📖 **10. Прочитайте оголошення з газет, рубрика «Клуб знайомств».**

Я б хотів познайомитися з дівчиною 20-ти років, яка не палить і не вживає алкоголю. Потрібно, щоб вона була гарна, добра, щира, щоб стильно одягалася і могла стати доброю, ласкавою матір'ю моїм чотирьом синам. Якщо маєте бажання, прошу дзвоніть: 63-82-79.

Самотній, стрункий, чорнявий українець, житлом забезпечений, хоче познайомитися з веселою, доброю, працьовитою жінкою, яка вміє кохати і бажає простого сімейного щастя. Злих, лінивих і сварливих прошу мене не турбувати.

Красуня з Києва шукає партнера на все життя. Мені 30 років, незаміжня, дітей не маю. Живу у власній квартирі в центрі міста. Без шкідливих звичок. Маю вищу освіту, цікавлюся музикою, танцями і мистецтвом. Мені б хотілося познайомитися з серйозним чоловіком мого віку, з яким ми б змогли створити щасливу сім'ю. Було б добре, якби він цікавився мистецтвом і літературою. А також, я б хотіла з ним разом подорожувати по цілому світі.

Українка, характер спокійний, волосся світле, очі голубі, досить приємної зовнішності, струнка, до повноти не схильна. Мрію зустріти українця, який не перебував у шлюбі, цінує у людях порядність і чесність, обов'язково байдужий до спиртного, а також має умови для спільного проживання. Перевагу надам листам із фотокарткою. Гуляк і заради цікавості прошу не писати.

11. Дискусії та обговорення

Чи оголошення з українських газет відрізняються від тих, які Ви читаєте: що є спільного, а що відмінного? Чи Ви часто читаєте такі повідомлення? З якою метою Ви їх читаєте?

12. а) Випишіть із оголошень різні вирази для опису людини.

б) Уявіть, що Ваша подруга чи друг дуже сором'язливі, але хочуть написати оголошення в газету в рубрику «Клуб знайомств». Допоможіть їй чи йому і напишіть оголошення за неї або за нього. Ваше оголошення повинно бути детальним. Використовуйте вирази опису людини.

Мова і культура

Прочитайте фразеологічні вирази та обговоріть, в яких ситуаціях вони могли б вживатися.

блискучий, як нова копійка = людина, яка гарно виглядає

два чоботи — пара = двоє людей, які дуже подібні

дурний, як пень = нерозумна людина

Іван бабі рідна тітка = не мати ніяких родинних стосунків

майстер на всі руки = працьовита людина, обізнана в багатьох справах

мокра курка = повільна людина

мухи не скривдить = дуже добра, лагідна людина

народитися в сорочці = бути щасливим

не лізти за словом у кишеню = обізнана, красномовна людина

неповороткий, як ведмідь = повільна людина

ні копійки за душею = бідна людина

німий, як риба = людина, яка не хоче говорити

старий, як світ = стара людина

стрункий, як тополя, а дурний, як квасоля = нерозумна людина

тримати когось під каблуком = керувати кимось

у нього не всі вдома = нерозумна людина

хитрий, як лис = хитра людина

шкіра й кості = худа людина

Словник I

бажати *(кого/що)*	to desire
безумовно; безперечно	absolutely, without a doubt
вада	shortcoming
вечірка	party
взаєморозуміння	mutual understanding
взувати, взути *(що)*	to put on shoes
вибачати, вибачити *(кому)*	to forgive
виглядати	to look, to appear
визначати, визначити *(кого/що)*	to determine
відзначатися, відзначитися *(чим)*	to be notable (for), distinguish (oneself)
вірити (в *кого/що)*	to believe (in)
вкрай	extremely, in extremity
впливати, вплинути (на *кого/що)*	to influence
врода	beauty
гаразд	okay
гнів	anger
годувальник	provider
занадто *(добре, погано* і т.п.)	too *(good, bad,* etc.)
запрошувати, запросити *(кого)*	to invite
затято	persistently
здебільшого	for the most part
зосереджуватися, зосередитися (на *кому/чому)*	to concentrate (on)
знак	sign
зрештою	after all, finally
красень	handsome man
колір	colour
лад	order
марнотратство	extravagance, wastefulness
наділений *(чим)*	endowed (with)
наклепник	slanderer
намагатися	to attempt
насамперед	first of all
настрій	mood
неабиякий	considerable, outstanding, unusual, great
невід'ємна риса	inalienable, integral quality
необхідно	necessary
нестерпний	unbearable
обов'язок	responsibility
одяг	clothes
оточення *(кого/чого)*	surroundings
оточувати, оточити *(кого/що)*	to surround
(що) пасувати, личити *(кому/чому)*	to look nice on someone, suit
підкорення *(кого/чого)*	taming

(що) притаманний *(кому/чому)*	characteristic (of), peculiar (to)
попри *(кого/що)*	beside
прагнення *(до кого/чого)*	striving
приваблювати, привабити *(кого/що)*	to attract
примха	whim, caprice
прихильник *(кого/чого)*	supporter
пропонувати, запропонувати *(кого/що, кому)*	to offer, to propose
радити, порадити *(що, кому)*	to give advice
розумові здібності	intellectual capabilities
саме	especially
святково, розкішно	festively, fancy *(gala dress)*
спалах	flare, outburst
спільний	common, shared
спосіб життя	lifestyle
стан	state
стать	gender, biological sex
стильно	stylishly
супротивник	opponent
терпіти *(кого/що)*	to endure, tolerate
уміння	skill, knowhow
уникати, уникнути *(кого/чого)*	to avoid
усмішка	smile
хист *(до чого)*	aptitude, gift, ability (for)
цінувати *(кого/що)*	to value
чимало	quite a bit, a lot
чуття	sense
шкідливі звички	bad habits

Вирази

до лиця *(що, кому)*	to suit, to look nice
домагатися, домогтися поставленої мети	to achieve a set goal
звертати, звернути увагу *(на кого/що)*	to pay attention (to)
комплекс меншовартості	inferiority complex
надавати, надати перевагу *(кому/чому)*	to give preference (to)
мені видається	it seems to me
при першій нагоді	at first chance
як ти гадаєш	what are your thoughts

Риси характеру	Character traits
агресивний	aggressive
активний	active
балакучий	talkative
безсоромний	shameless
безтурботний	carefree

боязкий	shy, timid
великодушний	generous, magnanimous
веселий	cheerful, merry
витриманий	self-restrained, patient
вихований	polite
відважний	brave, courageous
відданий	devoted, loyal, faithful
відкритий	open, frank
відлюдькуватий	lonely, solitary, unsociable
вірний	loyal, true, faithful
впевнений	confident
вразливий	sensitive, susceptible
врівноважений, урівноважений	even-tempered
готовий до самопожертви	ready for self-sacrifice
делікатний	delicate
діяльний	active
добрий, м'який	gentle, kind
довірливий	trustful
дружелюбний	amiable
жвавий	lively
запеклий	fierce, determined
ініціативний	one that shows initiative
ласкавий	affectionate, amiable, courteous
легковажний	light-minded, frivolous
мінливий	unsteady, variable
мрійливий	dreamy
надійний	reliable
наївний	naive
наполегливий	persevering, persistent
неспокійний	restless, uneasy
обізнаний	knowledgeable
пасивний	passive
підлий	mean, low, base
підступний	artful, guileful, insidious
поблажливий	lenient, indulgent
постійний	stable, steady
потайливий	reserved, reticent, secretive
працелюбний	industrious, hard-working
привітний	friendly, affable
прямолінійний	straightforward, sincere
рішучий	decisive
роботящий	industrious, hard-working
розумний	clever, smart, intelligent
рухливий	lively, quick
сентиментальний	sentimental

сильний духом	strong-spirited
спокійний	calm
справедливий	just, fair
стриманий	reserved
суперечливий	contradictory, conflicting
таємничий	mysterious, secretive
талановитий	talented
терплячий, терпеливий	patient
товариський	friendly
хитрий	cunning
цікавий	interesting
чесний	honest
чутливий	sensitive
шанолюбний	one who likes respect, honour
щедрий	generous
щирий	sincere, frank, candid
щиросердий, щиросердний	open-hearted, frank, sincere

Додатковий словник

Зовнішній вигляд	Appearance
блондин(ка)	blond *(person)*
брови *(густі, тонкі)*	eyebrows *(full, narrow)*
брюнет(ка)	dark/brown hair *(person)*
високий	tall
вії *(довгі)*	eyelashes *(long)*
волосся *(чорне, темне, руде, світле, довге, кучеряве, пряме)*	hair *(black, dark, red, fair, long, curly, straight)*
губи *(чіткі, тонкі, повні)*	lips *(well-cut, thin, thick)*
зуби *(рівні, малі)*	teeth *(even, small)*
низький	short
ніс *(прямий, кирпатий)*	nose *(straight, snub)*
обличчя	face
очі *(світлі, темні, карі)*	eyes *(light, dark, hazel)*
повний	full figured
стрункий	slim, well-shaped
худий	skinny
чоло *(високе, низьке)*	forehead *(high, low)*
шатен(ка)	person with chestnut hair
щоки *(рожеві, бліді)*	cheeks *(rosy/pink, pale)*

Одяг	Clothing
блузка	blouse
босоніжки	sandals *(for women)*
вечірня сукня	evening gown, dress
джинси	jeans

капелюх	hat
костюм	suit
краватка	tie
кросівки	sneakers, tennis shoes
купальник	bathing suit *(for women)*
куртка	sport jacket, winter jacket
манто, хутро	fur coat
пальто	coat
піджак	*(suit/club)* jacket
плавки	swimming trunks *(for men)*
ремінь	belt
сандалі	sandals *(for men)*
сорочка	shirt
спідниця	skirt
(спідня) білизна	underwear
сумка	purse, bag
теніска	polo shirt
туфлі	dress shoes
туфлі на шпильці/на підборах	high heels
футболка	t-shirt
черевики	short boots, shoes
чоботи	boots
шалик	scarf
шкарпетки	socks
штани	trousers

Опис тканини	**Description of fabric patterns**
в горошок	polka dots
картатий	checkered
квітчастий	floral design
однотонний	plain, without any pattern
смугастий	striped

Види тканини	**Fabrics**
бавовна	cotton
вовна	wool
трикотаж	knitted fabric
шкіра	leather
шовк	silk

Частина II   Стиль

Прикид = *сленг на 'одяг'*; прикидатися = *сленг на 'одягатися'*

Уривки зі статей «Як 'прикидається' столичний бомонд» з газети «Галицькі контракти» N16, 1998 та «Яка стрижка сьогодні не в моді» з електронного видання «Сім'я і дім», 26 листопада 2003.

Перед прочитанням:

1. Подивіться на заголовки статей. Про що, на Вашу думку, ці статті? Як Ви розумієте поняття «столичний бомонд»? Що, на Ваш погляд, означає «бути не в моді»?

2. Обговоріть значення підкреслених у статті слів.

Під час читання:

3. Прочитайте спочатку питання, а потім текст. Дайте відповіді на питання.

   Про одяг...

   Як автор статті радить робити комусь комплімент?

   Завдяки чому можна стати стильним?

   Якому стилю віддає перевагу представниця творчого об'єднання «Культурні ініціативи»?

   Який одяг до вподоби народному депутатові? Чи він вимогливий до взуття?

   Що найголовніше в одязі для актриси театру? Який повсякденний одяг їй до вподоби?

Які речі подобається купувати композиторові? Чому йому подобаються ексклюзивні речі?

Які його думки про значення одягу в житті людини?

Який одяг носить парламентарій? Що для нього головне в одязі?

Які думки у Вас виникли під час читання відповідей представників київського бомонду?

Чи у Вашому житті одяг відіграє важливу роль?

Про стрижки...

Що Ви дізналися про моду на стрижки?

Чи Ви погоджуєтеся з думками директора салону краси про старомодні та актуальні стрижки?

Які стрижки, на Вашу думку, зараз модні?

Чи Ви можете навести приклади стрижки «під улюблену поп-діву чи зірку Голлівуду»?

4. **Стилістичний аналіз.**

a) **Під час читання статті випишіть різні способи, якими опитувані висловлюють свої власні думки (я вважаю... і т.д.).**

б) **Зробіть список складових, які відносяться до гардеробу; випишіть також, як описується одяг (костюм — діловий, стильний, повсякденний і т.д.).**

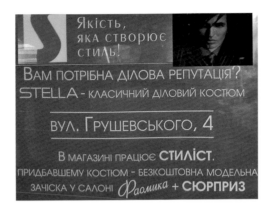

**Стаття «Як 'прикидається' столичний бомонд»
(http://www.kontrakty.com.ua/ukr/gc/nomer/1998/16-98/16stile.htm).
Автор: Світлана Скрябіна.**

Зробивши комусь «старовинний» комплімент: «Ти чудово виглядаєш»,
Ви ризикуєте набути слави архаїчної людини. Сучасне захоплення
звучить приблизно так: «Ти сьогодні просто стильна (стильний)».

Стильним можна стати <u>завдяки</u> відповідному одягу, взуттю,
аксесуарам, машині, <u>способу життя</u>, місцю відпочинку. Отже — про
стильні речі і як 'прикидається' столичний <u>бомонд</u>.

**Під час недавнього «виходу в світ» кореспондент «Галицьких
контрактів» поцікавився <u>поглядами</u> <u>найяскравіших</u> представників
столичного бомонду на сучасну моду...**

**Одна з представниць творчого об'єднання «Культурні ініціативи»
любить діловий стиль:**

— У <u>повсякденному житті</u> <u>віддаю перевагу</u>, в основному, перевіреним
фірмам і <u>вважаю за потрібне</u> мати в <u>гардеробі</u> вироби українських
<u>дизайнерів</u>. Як ділова жінка, люблю діловий стиль. Вечірню сукню
одягаю дуже рідко — на жаль, у житті бракує свят.

Із <u>взуття</u> в Києві завжди можна знайти щось цікаве. А взагалі вважаю,
що <u>одяг повинен відповідати</u> певним випадкам, певним ситуаціям.

Один із народних депутатів на запитання про улюблений одяг відповів так:

— Мені <u>до вподоби</u> будь-який гарний одяг, обов'язково <u>зручний</u>,
не надаю переваги тій чи іншій фірмі. Для роботи мені <u>вистачає</u>
двох смокінгів і півтора десятка піджаків. До взуття я теж не надто
<u>вимогливий</u>: на кожен день — взуття будь-якого доброго виробника, але
в <u>урочистих</u> випадках — важко сказати.

Депутат = парламентарій у
Верховній Раді України

Одна актриса Київського академічного театру ім. Лесі Українки купує взуття лише в дорогих магазинах:

— Головне, щоб річ — чи то одяг, взуття, білизна, чи то косметика, біжутерія мені подобалася. Я приятелюю з однією чудовою художницею-модельєром, яка шиє для мене все — від вечірньої сукні до повсякденного одягу. Більше того, я настільки довіряю її смаку та відчуттю стилю, що дуже часто роблю замовлення по телефону, і вона вже сама вигадує фасон, купує тканину. Як правило, я задоволена її роботою. Але, щодо повсякденного одягу — я від неї не дуже залежу, оскільки люблю джинси, прості светри і важкі черевики. Ці речі, в яких почуваюся комфортно, зазвичай купую сама. На «лейблочки» уваги не звертаю. Взуття купую лише в гарних дорогих магазинах.

Один композитор, переважно, купує готові речі:

— Мені подобається купувати готові речі, але обов'язково ексклюзивні. Дуже прикро, коли поруч бачиш людину точнісінько в такому ж костюмі, як у тебе. У моєму гардеробі є речі по-своєму унікальні. Вважаю, що для інтелігентної людини одяг має неабияке значення. Також думаю, що взуття мусить бути обов'язково шкіряним, зручним і, звичайно, модним.

У гардеробі одного парламентарія багато різних речей:

— У мене є речі ексклюзивні, і я їх «експлуатую» дуже часто. До парламенту можу прийти навіть у джинсах — все залежить від настрою або порядку денного. Кожна людина має одягатися, як їй заманеться. Речі, на відміну від взуття, купую собі сам, але раджуся з дружиною. В одязі для мене головне, щоб він був чистим і чорним. До речі, маю з десяток пар «змінного взуття» і не переймаюся проблемою його ремонту. Взуття, яке вийшло з ладу, я просто викидаю.

Уривки зі статті «Яка стрижка сьогодні не в моді?» (http://www.simya. com.ua/articles/17/385/).

Мода на стрижки постійно змінюється. Та головне — уважно стежити за тенденціями і не втрачати голови! Вона, на відміну від волосся, не відростає. То які зачіски сьогодні є старомодними, а які актуальними?

Про стрижки свої думки висловив директор одного салону краси, який приділяє багато часу й надає багато уваги зачіскам.

Як на мене, то старомодні — це:

– модельні стрижки навіть під улюблену поп-діву чи зірку Голлівуду. Це все ж таки ширпотреб;

– варварські методи фарбування і хімічної завивки, які шкодять волоссю;

– виглядати старшою за свій вік і зазіхати на елегантність Коко Шанель, демонструючи відкрите чоло в її улюбленій зачісці «гулька»;

– стрижка такої довжини, «ніби Ви щойно вискочили із зони або втекли з комуни хіпі»;

– чітка форма та чисті лінії;

– укладка «волосинка до волосинки», як у відмінниці-зануди;

– лаки, гелі та муси, які цементують зачіску і заважають волоссю блищати (якщо не заважають — можна залишити).

Актуальні стрижки — це:

– стрижка, виконана з урахуванням форми Вашої власної голови (а також її вмісту);

– красиве, доглянуте волосся, здорове, блискуче та пишне. Якщо у вас такого немає — терміново відрощуйте;

– природні відтінки, навіть якщо це легка пікантна сивина;

– мелірування чи двоколірне колорування;

– чубчики будь-якої форми та довжини, але особливо модні асиметричні, рвані, ніби Ви найлютіший ворог свого перукаря;

– стрижка середньої довжини і такої форми, ніби Ви вже півроку забуваєте зазирнути до перукаря;

– головне, щоб було оригінально і пишно, хоча б місцями;

– скуйовджена шевелюра на зразок «куди, чорт забирай, подівся цей гребінець».

Після прочитання:

5. Знайдіть у текстах про одяг та стижки подані нижче слова і вирази. Визначте, з яким відмінком вони вживаються:

Робити компліменти, завдяки, віддавати перевагу, до вподоби, подобатися, довіряти, шкодити, надавати перевагу, приділяти час, надавати багато уваги, заважати.

6. Поставте слова в дужках у правильні форми.

☺ *Підказка:* повторіть функції та закінчення давального відмінка (див. Додаток IV 1.1, 1.2).

Всі ми, рано чи пізно, робимо компліменти (інші люди) ____ ____. Людина може бути стильною завдяки (багато речі) ____ ____. Стильним можна стати завдяки (одяг, взуття та спосіб життя) ____, ____ та ____ ____. Найяскравіші представники бомонду у повсякденному житті віддають перевагу (зручний одяг) ____ ____. Вони вважають за потрібне довіряти (українські дизайнери) ____ ____ і мати їхні вироби у своєму гардеробі. Багато хто вважає, що одяг повинен відповідати (певна ситуація) ____ ____, (певний випадок) ____ ____ і (настрій) ____ ____ людини. (Кожна людина) ____ ____ до вподоби щось своє, унікальне. (Деякі люди) ____ ____ вистачає однієї пари джинсів, а (інші) ____ не досить тридцяти костюмів. (Одна людина) ____ ____ до вподоби зручний одяг, а (інша людина) ____ ____ — святковий.

Деякі з нас не вимогливі до взуття, але в урочистих випадках ми надаємо перевагу (святкове взуття) ____ ____. (Ми) ____ подобається, коли людина має відчуття стилю. Оскільки (я) ____ подобається почуватися комфортно, я не довіряю (кожний дизайнер) ____ ____. В одного дизайнера я роблю багато замовлень, бо довіряю (смак) ____ та (відчуття) ____ стилю цього дизайнера.

Зазвичай (вона) ____ подобається купувати готові речі, але лише такі, які по-своєму унікальні. Він неабияке значення надає (свій гардероб) ____ ____, бо (він) ____ завжди хочеться носити модні речі. Часом (він) ____ заманеться одягнути джинси, але це все залежить від настрою чи порядку денного. Деякі люди приділяють багато часу і уваги (зачіски) ____ та (стрижки) ____. (Деякі) ____ подобається фарбування чи колорування, а (інші) ____ — природний відтінок волосся.

7. a) Прочитайте вирази, подані нижче, та обговоріть їхнє значення.

кожна людина повинна

у повсякденному житті слід

не слід віддавати перевагу

вважати за потрібне

повинен/повинна/повинні відповідати

до вподоби

необхідно довіряти

фасон і тканина повинні

одяг повинен відповідати

взуття повинно пасувати

стрижка повинна бути

треба комфортно

необхідно приділяти увагу і час

можна віддавати перевагу

б) Уявіть себе відомим дизайнером. Вас попросили дати кілька порад на тему: «Мода сьогодні». Напишіть короткий текст з Вашими порадами, використовуючи подані вище вирази, а також вирази для висловлення власної думки, які Ви виписали, коли виконували вправу 4а) зі стилістичного аналізу.

8. Перегляньте який-небудь журнал мод і обговоріть моделі одягу, використовуючи вирази, подані нижче.

У 2009-му році були модні...

Дуже стильно виглядає...

Надзвичайно цікаві у цьому сезоні...

У цей період модні... колір/кольори.

Популярними є...

Часто носять...

 9. Напишіть ессе, використовуючи вирази з Додатку ІІ, на теми:

а) Роль одягу в житті людини.

б) Стиль, одяг, зовнішній вигляд і їхнє відношення до характеру людини.

аксесуари	accessories
актуальний	relevant for today
бомонд	crème de la crème, elite
взуття	footwear
вимогливий *(до кого/чого)*	demanding, particular *(about something)*
вистачати, вистачити *(кого/чого)*	to suffice
відповідати *(кому/чому)*	to correspond (to), conform (to), comply (with)
відповідний	suitable, corresponding, respective
відтінок	shade
відчуття *(чого)*	sense (of)
гардероб	wardrobe
гель	gel
дизайнер	designer
довіряти, довірити *(кому/чому)*	to trust, confide
завдяки *(кому/чому)*	thanks to, owing to
зазвичай	as usual, normally
залежати від *(кого/чого)*	to depend (on)
заманутися *(кому)*	to become enthralled *(to do something)*
замовлення	order
зачіска	hairdo, hairstyle
зручний	comfortable
колорування	colouring *(of hair)*
комфортно	comfortably
лак	hair spray
мелірування	highlights
мода *(на кого/що)*	fashion (for)
модний	fashionable
мус, пінка	hair mousse
оскільки	since, because
перейматися *(ким/чим)*	to be troubled
перукарня	hairdressing salon
повсякденний	everyday
погляд *(на кого/що)*	opinion (of), point of view (about)
порядок денний	agenda
по-своєму	in one's own way
представник *(кого/чого)*	representative
ремонт	repair, renovations
салон краси	beauty shop
смак	taste
спосіб життя	lifestyle
старомодний	old-fashioned
стрижка	haircut
терміново	urgently

тканина	fabric
укладка	hair styling
урочистий	festive
фарбування	colour *(hair service)*
фасон	cut, style
хімічна завивка	permanent *(hair styling)*
чубчик, гривка	bangs
шкодити *(кому/чому)*	to harm
яскравий	bright

Вирази

вважати за потрібне	to believe to be necessary
віддавати/надавати перевагу *(кому/чому)*	to give preference
(хто/що) до вподоби *(кому)*	*(something)* is to *(someone's liking)*
мати неабияке значення	to have a great importance
на відміну від *(кого/чого)*	unlike, contrary to
приділяти час, увагу *(кому/чому)*	to devote time, attention
робити, зробити комплімент *(кому)*	to give a compliment

Нові українські слова

лейбл	label, tag
ексклюзивний	exclusive

Розмовна, неофіційна мова

скуйовджена шевелюра	wild hairstyle, dishevelled hair
ширпотреб	mass-produced, shoddy goods

3 Житло та працевлаштування

Частина I Житло

«Де жити?» — актуальне питання для всіх нас. Кожен із нас рано чи пізно намагається вирішити проблему «Де жити?»: винаймати квартиру або дім, купувати нерухомість чи ні, в якому районі жити, які вигоди необхідні, скільки кімнат і т.д. До того ж, кожна людина сама обирає свій стиль життя, своє оточуюче середовище. Одвічно люди прагнуть до краси, до бажання жити в приємній для душі та ока атмосфері. Кожен із нас шукає оселю, в якій можна створити для себе затишок у щоденному житті. Кожному хочеться жити приємно, стильно, зі смаком, поєднуючи красу з максимальним комфортом.

У нашій сьогоднішній розмові дві подруги, Катерина і Марта, розмовляють про житло.

Експлікація приміщень:

1. Вітальня – 23,8 м²

2. Кухня – 19,5 м²

3. Спальня – 23,2 м²

4. Коридор – 10,6 м²

5. Ванна кімната – 4,0 м²

6. Спальня – 2,8 м²

7. Дитяча – 18,9 м²

8. Хол – 18,3 м²

9. Санвузол – 3,2 м²

📖 **Розмова**

1. Прочитайте розмову.

Катерина: Марто, привіт! У мене чудова новина! Ми з Остапом вирішили одружитися!

Марта: Що ти! Ви ж зустрічаєтеся лише два місяці! Ти мене вражаєш.

Катерина: Так, дійсно, ми знайомі всього два місяці, але хіба цього не достатньо?

Марта: Як на мене, то ні. Але вирішуй сама, це твоє життя. Але де ж ви будете жити?

Катерина: Спочатку в моїх батьків, а потім час покаже. Будемо шукати квартиру.

Марта: От з квартирами зараз важко. Марійка з Петром шукали цілих шість місяців.

Катерина: Хіба так важко? Мені здавалося, що квартира зараз — не проблема.

Марта: Ти помиляєшся, моя дорогенька. Проблема житла завжди і всюди актуальна. Адже вам напевно хочеться, щоб квартира була і в доброму районі, і з усіма вигодами. До того ж, вам потрібне житло з меблями. Знаючи вас, також скажу, що ви б хотіли стильний інтер'єр, і щоб все було зі смаком. Адже всім хочеться мати затишок і приємну атмосферу у своїй оселі. А знайти щось таке не так вже і легко.

Катерина: Ти маєш рацію, на будь-яку квартиру ми не погодимося. Житло, яке б ми хотіли, здебільшого, не здається в оренду.

Марта: Звичайно! Але, на мою думку, якщо взятися за пошуки серйозно, то можна щось знайти.

Катерина: Марто, а які зараз ціни на квартири, часом не знаєш? Ну, наприклад, на двокімнатну або трикімнатну квартиру.

Марта: Коли винаймати двокімнатну квартиру, то, здається, орендна плата на місяць буде близько восьмисот гривень. А за трикімнатну — набагато більше.

Катерина: Як же ми зможемо жити?

Марта: Можливо, я помиляюся. Почнеш шукати, сама дізнаєшся.

Катерина: Напевно, мені потрібно буде знайти кращу роботу. Тепер у мене робота на півставки, а цього не буде достатньо. Остап вчиться і трохи також підробляє. Через чотири місяці він закінчить університет і влаштується на роботу на повну ставку. Але сьогодні, для того щоб винайняти квартиру, нам потрібно перевірити наші фінансові можливості.

Марта: Все буде добре. Бажаю знайти гарну квартиру.

Катерина: Дякую. До зустрічі.

Q Дискусія

Які проблеми виникли у Катерини? Чому?

Які зміни сталися в її житті?

Чи здивували Марту новини Катерини?

Чим збентежена Катерина?

Які поради дала Катерині Марта?

Що б Ви порадили Катерині на Мартиному місці?

Чи Ви прихильно ставитеся до рішення Катерини вийти заміж?

Чи існує проблема житла у Вас чи Ваших друзів?

Чи важко молодим сім'ям винаймати помешкання?

Чи орендна плата висока у Вашому місті? Від чого вона залежить?

2. Знайдіть у тексті 'Розмови' відповідні синоніми до виразів, поданих нижче.

Це неможливо!

Ти мене дивуєш.

Невже цього не вистачає?

Та чи це так складно?

Знайти помешкання тепер не легко.

Аж півроку.

У додаток до цього,...

Якщо ретельно шукати...

Ти випадково не знаєш...

Оренда буде приблизно вісімсот гривень.

У мене робота не на повну ставку.

3. а) При здивуванні можна використовувати такі вирази.

Хіба...

Невже...

Не може бути...

Та що Ви (не) кажете.../Та що ти (не) кажеш...

Та Ви що!/Та ти що!

Та невже...

Хіба правда, що...

Невже це правда?

Справді...

Як це можливо,...

б) Додайте до речень, поданих нижче, здивування, використовуючи вирази із завдання а). Поясніть своє здивування за такою моделлю:

— *Петро виграв у лотерею багато грошей!*
— *Невже (хіба) це правда? Не може бути, щоб Петро що-небудь виграв.*

— Ольга завтра виходить заміж.
— ...

— Михайло вчора знайшов непогане помешкання.
— ...

— Петро два дні тому купив чудовий особняк з усіма вигодами.
— ...

— Юрко вчора купив нову машину.
— ...

— Марійка розповіла мені сьогодні ввечері багато цікавих пліток.
— ...

4. а) Перегляньте оголошення з газет.

Оренда житла (Львів і Львівська область)

Здам 1 кім. кв-ру, вул. Любінська, меблі, холодильник, тривалий термін, передоплата 3 місяці, т. 35-99-93.

2 кім. кв-ра в центрі міста (р-н Університету) на 2 пов., євроремонт, вікна в двір, меблі, вода постійно, посуд. ц. 40 у.о./доба, т. 40-50-35.

3 кім. кв-ра, вул. Роксоляни, середній стан, меблі, телефон, холодильник, ц. 95 у.о. + комунальні послуги, т. 40-68-23.

Здам 2 кім. кв-ру, р-н Стрийського парку, після ремонту, меблі, телефон, телевізор, холодильник, нова сантехніка, столярка, ц. 200 у.о./міс. + комунальні послуги, оплата поквартально, т. 70-48-47.

3 кім. кв-ра, р-н Політеху, сучасні меблі, побутова техніка, вода постійно, оплата подобово, тиждень, місяць. Для солідних клієнтів, т. 73-34-10.

Здам півособняка в р-ні Левандівки, недалеко стоянка, меблі, телефон, телевізор, броньовані двері, холодильник, вода, ц. 150 у.о./міс. + ком. послуги, т. 65-13-18.

Приміщення під офіс, складське приміщення, заг. пл. 1000 кв.м., на Сихові, в двох рівнях, є вантажний ліфт, ц. 4 у.о./кв.м., т. 65-19-11.

Торговий комплекс у центрі міста, дизайнерське оформлення інтер'єру, пл. 98 кв.м., оренда 250 євро/місяць, т. 40-55-30.

Особняк, 5 соток землі, біля озера, лісу, гараж, підвал, 2.5 поверха, з білої цегли, балкон накритий, дерев'яна підлога, побілка, терміново, ц. 350 у.о./місяць, т. 41-84-50.

Будинок в с.м.т. Рудно, 2-поверховий, голандський проект, ламаний дах, 4 кімнати і кабінет плюс 2 кім. мансарда, підвал (можл. під кімнату відпочинку + сауну), гараж (вхід з будинку), сад, басейн, 6 сотих землі, ц. 500 у.о./місяць, т. 41-25-38.

б) Яке житло Ви порадите Катерині та Остапові? Поясніть свої поради. Чи Ви б хотіли жити в одній із цих квартир чи в одному з будинків?

Що для Вас найголовніше у виборі житла?

Які вигоди для Вас необхідні?

5. а) Катерина вирішила написати сама оголошення в газету.

Молоде подружжя без дітей шукає недороге житло в центрі міста. Бажано двокімнатне з балконом, з телефоном, у тихому районі, краще біля парку. Необхідно, щоб квартира була близько від метро, автобусної лінії та магазинів. Нас влаштує 4-ий або 5-ий поверх у будинку з ліфтом. Поки що тварин у нас немає, але хочемо завести собаку, і тому нам потрібна квартира, в якій буде дозволено тримати домашніх тварин. Немає значення чи квартира з меблями, чи без. Прошу дзвонити за т. 374-56-75 після 7-ої вечора.

б) Що Ви думаєте про оголошення, яке написала Катерина? Як Ви гадаєте, Катерина з Остапом швидко знайдуть помешкання? Допоможіть їм написати краще оголошення. Ви можете використовувати оголошення з вправи 4а), як приклади.

6. Дискусії та обговорення

Якби Вам потрібно було знайти квартиру чи купити нерухомість, Ви б це зробили через агентство чи самі? Чому? Обґрунтуйте свою позицію. Перегляньте реклами різних агентств з нерухомості, подані нижче.

Які послуги надають агентства, які Ви бачите на рекламах?

Про які агентства нерухомості Ви знаєте?

7. Уявіть, що Ви приїхали в Україну на один рік. Вам потрібно знайти житло. Напишіть оголошення в газету. Оголошення з вправ 4 і 5 можете використовувати, як приклади.

8. **Продовжіть речення, використовуючи, де можливо, слова зі Словника I і з 'Розмови' (впр. 1).**

Для того, щоб взятися за пошуки житла, насамперед потрібно...

Для того, щоб у нас не виникло ніяких проблем, слід...

..., для того щоб здивувати Остапа.

Необхідно..., для того щоб домовитися за оренду.

Щоб здати квартиру в оренду, Ви повинні...

Для того, щоб Ваш інтер'єр був оформлений зі смаком, потрібно скористатися...

Щоб менше платити за комунальні послуги, необхідно...

Вам потрібно..., щоб заплатити за комунальні послуги.

 9. **Ви продаєте розкішний особняк у чудовому районі міста. Вам потрібно написати детальну рекламу в газету зі всіма подробицями. Напишіть рекламу, використовуючи прийменники:** *коло, (по)біля, поряд з, поміж, (по)серед, (нав)проти, поза, (по)перед, навкруг, поруч з, навколо, довкола, справа, зліва, обабіч, у напрямі до, на шляху до, по дорозі до* **(див. Додаток IV 1.3).**

10. **Прочитайте продовження розмови.**

Катерина: Марто, ти мала рацію. Житло дуже важко знайти. До речі, для того, щоб полегшити свої пошуки, я вирішила купити новий мобільний телефон.

Марта: Невже? Я вже довго думаю про те, щоб купити собі нову мобілку, але ніяк до цього руки не доходять.

Катерина: Ще встигнеш. Отже, щодо квартир — я сьогодні телефонувала, напевно, двадцятьом людям. Правда, обійшла лише п'ять квартир, але жодна мені не сподобалась.

Марта: Справді? Жодна?

Катерина: Ні! Перша квартира мала гарну кухню, але була однокімнатною. Друга, двокімнатна, була досить таки непоганою. Гарна простора вітальня, світла велика спальня, туалет і ванна окремо. Одним словом, гарне житло.

Марта: Ну і що ж? Ти домовилася? Ця квартира дійсно гарно виглядає на основі твоїх описів.

Катерина: Гарно виглядає, але господар хоче 900 гривень на місяць, плюс потрібно платити за комунальні послуги.

Марта: Хіба такі ціни можливі?

Катерина: От бачиш сама, можливі.

Марта: Ну а як решта квартир?

Катерина: Ті також непогані, всі три — двокімнатні. Дві з балконом, а одна без. Ті дві, що з балконом, здаються в оренду з меблями. Але в одній зіпсутий умивальник, а в другій шафки на кухні занадто малі.

Марта: Ну а як та квартира, що без балкону?

Катерина: Непогана. Досить світла, з великими вікнами, які виходять у парк. Є в ній і широкий коридор, і гарна кухня, і величенька вітальня.

Марта: То в чому ж проблема?

Катерина: Спальня замала навіть для нашого ліжка, та і в будинку немає ліфту. А ти знаєш, як Остап любить ходити пішки на п'ятий поверх!

Марта: П'ятий поверх без ліфту — це не жарти! Отже, потрібно далі продовжувати шукати житло. Якщо хочеш, завтра я можу піти з тобою.

Катерина: Гаразд. Я знайшла ще вісімнадцять оголошень і планую обійти хоча б половину завтра.

а) Дискусія

Скільки квартир передивилася Катерина?

Що купила Катерина для того, щоб полегшити пошуки житла?

Що їй сподобалось, а що ні в кожному з варіантів?

Що планує Катерина робити наступного дня?

Якщо Катерина заробляє 880 гривень на місяць, а Остап 775, то чи можуть вони винайняти одну з тих квартир, які відвідала Катерина?

На що ще їм потрібні гроші, крім оплати за квартиру?

б) Уявіть себе на місці Катерини, а саме, що Ви шукаєте житло, і у зв'язку з цим у Вас виникає багато проблем (подібних до тих, про які говориться у тексті 10). Напишіть листа своєму другові, подрузі чи батькам і опишіть проблеми, які у Вас виникли під час пошуку житла (для написання листа див. Додаток III).

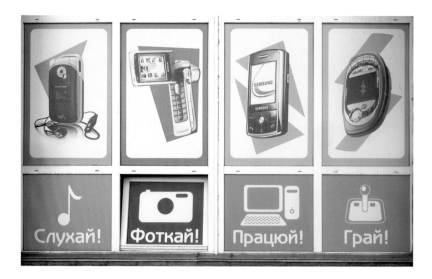

11. Наступного дня, перед тим як оглядати квартири, Катерина спочатку вирішила подзвонити зі своєї мобілки за оголошеннями. Ось одна незакінчена телефонна розмова. Допоможіть її закінчити.

— Добрий день. Це Катерина Коваль. Я дзвоню з приводу оголошення в газеті.

— Так, так. Я Вас слухаю.

— Чи не могли б Ви детально описати квартиру?

— Звичайно! Квартира...

12. Уявіть, що Ви купили собі мобілку в Україні. Вам потрібно вибрати відповідний стартовий пакет і тариф. Перегляньте реклами і вирішіть, який стартовий пакет і тариф Вам найбільше імпонує. Поясніть свій вибір.

абонплата/абонентна плата – system access fee

активація послуги – service activation

вхідні дзвінки – incoming calls

кольоровий дисплей – colour display

мобільна/стільникова мережа – cellular network

мобільний/стільниковий телефон – cellular phone

стандарт – frequency, wave

стартовий пакет – (mobile) service set-up kit/pay & talk starter kit

смс/sms – text message

тариф – tariff

тарифний план – service plan

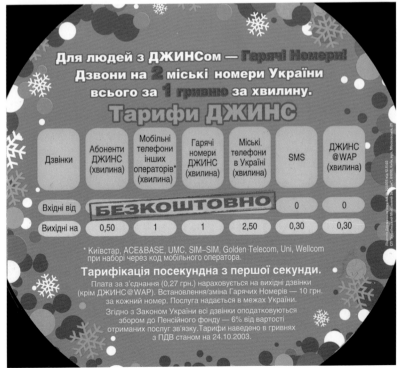

13. Чи Вам відома SMS-абетка? Чому, на Вашу думку, вона вживається для спілкування?

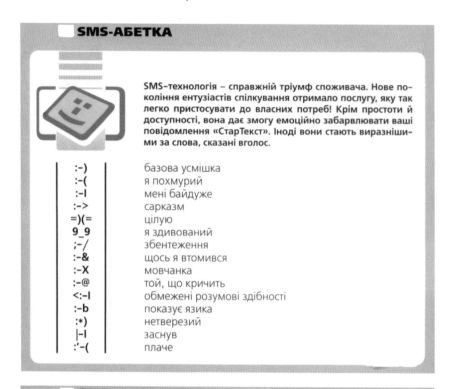

SMS-АБЕТКА

SMS-технологія – справжній тріумф споживача. Нове покоління ентузіастів спілкування отримало послугу, яку так легко пристосувати до власних потреб! Крім простоти й доступності, вона дає змогу емоційно забарвлювати ваші повідомлення «СтарТекст». Іноді вони стають виразнішими за слова, сказані вголос.

:-)	базова усмішка
:-(	я похмурий
:-I	мені байдуже
:->	сарказм
=)(=	цілую
9_9	я здивований
;-/	збентеження
:-&	щось я втомився
:-X	мовчанка
:-@	той, що кричить
<:-I	обмежені розумові здібності
:-b	показує язика
:*)	нетверезий
|-I	заснув
:'-(	плаче

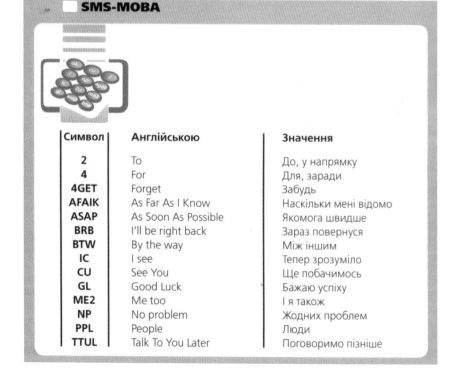

SMS-МОВА

Символ	Англійською	Значення
2	To	До, у напрямку
4	For	Для, заради
4GET	Forget	Забудь
AFAIK	As Far As I Know	Наскільки мені відомо
ASAP	As Soon As Possible	Якомога швидше
BRB	I'll be right back	Зараз повернуся
BTW	By the way	Між іншим
IC	I see	Тепер зрозуміло
CU	See You	Ще побачимось
GL	Good Luck	Бажаю успіху
ME2	Me too	І я також
NP	No problem	Жодних проблем
PPL	People	Люди
TTUL	Talk To You Later	Поговоримо пізніше

14. Поставте слова в дужках у правильні форми
(див. Додаток IV 1.2.7, 1.2.8).

Олена обійшла (вісімнадцять кімната) ____ ____. Петро з нами
не бачив (три квартира) ____ ____. Минулого тижня Надійка з
Марійкою відвідали (два місце) ____ ____. У наших (дев'ять будинок)
____ ____ завжди шумно на (всі вісім поверх) ____ ____ ____. Ви
задоволені (свої два гарний диван) ____ ____ ____ ____ та (шість
старовинний стілець) ____ ____ ____? Ця квартира з (десять простора
кімната) ____ ____ ____ розташована на перетині (дві зелена вулиця)
____ ____ ____. Де ти бачила кімнату з (п'ятнадцять вікно) ____ ____?
Петро купив собі будинок коло (два парк) ____ ____ та поблизу (один
басейн) ____ ____.

15. Опишіть детально своє омріяне житло (розташування, яка околиця,
поблизу чого; скільки кімнат, розміри, які меблі і т.д.).

16. а) Прочитайте рекламу банку «Надра».

б) Використовуючи інформацію з реклами, підготуйте розмову
між працівником банку і молодою сім'єю, яка бажає отримати
іпотечний кредит на придбання житла. Працівник банку повинен бути
переконливим і намагатися якнайвигідніше продати послуги банку.
Молода сім'я лише почала взнавати про умови отримання іпотеки і має
багато питань до працівника банку.

17. Перш ніж виконати цю вправу, знайдіть у словнику англійські відповідники слів у дужках і складіть список цих слів. Після цього поставте слова в дужках у правильні форми (див. Додаток IV 1.1, 1.2).

Вчора ми, накінець, знайшли житло. Воно чудове. Але (ми) ____ потрібно ще купити чимало речей. Насамперед, я не зможу жити без (мікрохвилівка) ____, (пральна машинка) ____ ____, (потужний порохотяг) ____ ____ та (посудомийна машина) ____ ____. Добре було б також придбати (телефонний автовідповідач) ____ ____ з (довгий кабель) ____ ____ та (стандартний штекер) ____ ____, бо наш телефон підключений до (розетка) ____ аж у (наша їдальня) ____ ____. Нам пощастило, що квартира має (чотири ніша) ____ ____, де гарно розташуємо книжки. До того ж, мусимо купити десь близько (шістдесят вішак) ____ ____, бо ж знаєш, як Остап любить одяг! Не повіриш, але маємо (мансарда) ____, де на (мотузка) ____ можемо сушити білизну.

Але не маємо (добра праска) ____ ____. До речі, (ми) ____ пощастило, що квартира обладнана (сигналізація) ____, тобто можемо спокійно спати вночі. До кухні ще потрібно декілька (каструля та сковорідка) ____ та ____ з (покришки) ____, декілька (великий черпак) ____ ____, а також (сито і друшляк) ____ і ____, (дерев'яна дошка) ____ ____, (дві збивачка) ____ ____, (три міксер) ____ ____, (дванадцять горнятко) ____ ____. Так як Остапові подобається китайська їжа, то слід купити і китайські палички. На (стеля) ____ в (їдальня) ____ я хочу повісити (якась цікава лампа) ____ ____ ____, а в куті поставимо (високий торшер) ____ ____. Не знаєш, скільки коштують (сателітарні антени) ____ ____? Адже Остап не обійдеться без свого французького телебачення. Дуже зручно, що квартира газофікована і електрифікована, а (лічильник) ____ розміщений одразу в коридорі. На підлогу ми покладемо (палас) ____, а на вікнах будуть (жалюзі) ____.

18. Дискусії та обговорення

Ви придбали нову квартиру чи новий будинок, і Вам потрібно купити багато нових речей. Поговоріть про те, де Ви будете купувати ці речі, скільки Ви за них можете заплатити, куди Ви їх поставите і т.д.

19. У Вас нове житло, і в оформленні інтер'єру Вам допомагає дизайнер. Напишіть твір про те, якою Ви б хотіли бачити свою оселю? Додайте ідеї дизайнера. Намагайтеся використовувати якомога більше нових слів із цього розділу.

Мова і культура

Прочитайте фразеологічні вирази та визначіть, в яких ситуаціях вони могли б вживатися.

викидати гроші на вітер = марно тратити гроші

вилетіти в трубу = зубожіти

вилізти боком = погано закінчитися для когось

влетіти в копієчку = дорого обійтися

водити за ніс = обманювати, обдурювати

гріти руки = нечесно наживатись

куку в руку = хабар

купувати кота в мішку = не знати, що купуєш

пакувати манатки = від'їжджати

показати на поріг = вигнати кого-небудь

попасти в халепу = потрапити в неприємну ситуацію

прикинути на око = приблизно визначити

хата не метена, коса не заплетена = в домі не прибрано

Словник I

балкон	balcony
братися, взятися за (кого/що) / до (кого/чого)	to begin doing something
ванна	bathroom, bathtub
вимагати (кого/що)	to require, to demand
винаймати, винайняти (кого/що)	to rent
виникати, виникнути	to appear, to occur
вистачати, вистачити	to be enough
вітальня	living room
вражати, вразити (кого, чим)	to impress (*someone* with *something*)
двокімнатна квартира	one bedroom apartment
диван	sofa
дивлячись на (кого/що)	depending, depends (on)
дивувати, здивувати (кого/що)	to surprise
дитяча (кімната)	children's room
дійсно	indeed, in fact
домовлятися, домовитися (за/про кого/що)	to make arrangements, to arrange
житло	housing, dwelling
заради (кого/чого)	for the sake of (*something/someone*)
зауважувати, зауважити (кого/що)	to notice; point out
збентежений (ким/чим)	confused, perplexed, shocked
здавати, здати в оренду (кого/що)	to rent out
зіпсутий	broken, spoiled
зустрічатися, зустрітися (з ким/чим)	to meet
зустрічатися, почати зустрічатися (з ким/чим)	to date, to start dating
іпотека, іпотечний кредит	mortgage
існувати	to exist
кабінет	study room, office
квартира	apartment
килим	carpet, rug
комора	pantry, closet
комунальні послуги	gas + electricity + maintenance (*similar to condo fees*)
коридор	hallway
коштувати	to cost
кран	faucet
кухня	kitchen
ліфт	elevator
меблі	furniture
наймати, найняти (кого/що)	to hire
оренда, орендна плата	rent
орендувати, взяти в оренду	to rent

осібняк, особняк	single-family house
отже	therefore, so
півосібняк, півособняк	duplex
підлога	floor *(hardwood, laminate, etc.)*
поверх	floor *(storey)*
помешкання	apartment
помилятися, помилитися *(в кому/чому)*	to be mistaken
поміж	in between
пошук	search
прихильно	favourably
решта	the rest
спальня	bedroom
сперш, спочатку	at first
стеля	ceiling
стільниця	countertop
туалет	washroom, toilet
умивальник	sink
часом	by chance
чудовий	wonderful
шафки	cabinets

Вирази

зі смаком	with taste, style
зовсім не	not at all
мати рацію	to be correct
на рахунок *(кого/чого)*	regarding, with respect to
одним словом	in short, simply speaking
у мене ще руки не дійшли до *(кого/чого)*	I have not yet had a chance *(to do something)*

Частина II   Працевлаштування

Уривки зі статті «Розслідування» з молодіжного журналу «Торба» 2001.

Перед прочитанням:

1. **Чи Ви з друзями переважно працюєте літом? На які роботи зазвичай влаштовуються студенти влітку? Як Ви думаєте, студенти в Україні працюють літом, коли немає занять у вузах?**

2. **Перед читанням перегляньте слова та вирази у Словнику II. Вони Вам допоможуть у прочитанні тексту.**

Під час читання:

3. **Прочитайте спочатку питання, а потім текст. Дайте відповіді на питання.**

Яке у Вас склалося загальне враження про відповіді української молоді щодо пошуків роботи на літо?

Яку роботу шукає молодь?

Яким чином вони шукають роботу?

Чи молодь докладає достатньо зусиль до пошуку роботи?

Чи молоді люди часто «висять на шиї» у батьків?

Чиї відповіді Вас вразили і чому?

Які причини для пошуку роботи наводять ті студенти, які планують влітку працювати?

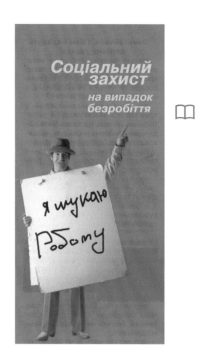

Як відповідають ті студенти, які не збираються працювати влітку?

Чому для них не важливо працювати?

Стаття «Розслідування».

Для того, щоб ця стаття Вас швидше підштовхнула (а, може, й навпаки) до безпосереднього пошуку роботи, пропонуємо відповіді представників студентської молоді на запитання: «Чи Ви збираєтеся шукати роботу на літо, і яким чином думаєте це зробити?»

Андрій, 21 рік:

— Я збираюся відпочити, бо це — мої останні канікули, адже наступного року я закінчую університет. Та й скільки мені тих грошей треба? Головне, щоб на пиво і памперси вистачало. Крім того, я поїду гостювати до родичів. Думаю, голодним вони мене не залишать. А через рік, після закінчення вузу, візьму диплом і направлення в якесь глухе село вчителювати в тихій і мирній сільській школі. Звичайно, багато грошей там не заробиш, але скільки в селі треба. А щоб не було нудно, заведу собі пасіку, ну, може, ще й жінку.

Юля, 16 років:

— Роботу я шукаю впродовж усього року. Але оскільки я заробила вже достатньо коштів на власному Інтернет-проекті, в основному планую відпочивати. Це був не стільки заробіток, скільки грошовий приз на проект з розвитку Інтернету в Україні, який виділила Вашингтонська компанія. Плануючи в подальшому ще щось зробити для цієї компанії, хоча, загалом, це не дуже реально.

Олена, 18 років:

— Я збираюся працювати в себе вдома, на Черкащині. Буду на практиці в обласній газеті писати статті й отримувати за це гонорари. А також мені обіцяли знайти місце офіціантки. На мою думку, щоб дістати якусь роботу, обов'язково потрібні знайомства. Плануючи заробити за літо десь до тисячі гривень. Офіціантка у більш-менш нормальному барі в нас заробляє приблизно чотириста гривень на місяць.

Ігор, 21 рік:

— Узагалі-то я вже знайшов роботу. Я мало доклав до цього зусиль, бо сталося воно майже випадково. Мені подзвонила однокурсниця і запропонувала роботу екскурсовода. Звичайно ж, я раніше попросив її зателефонувати, якщо будуть вакантні місця. Наразі мені не сказали, що

Служба зайнятості — на допомогу підліткам

саме я буду робити, але, оскільки влітку все одно немає чим займатися, то особливої ролі це не відіграє. Крім того, для мене, як майбутнього історика, така робота є цікавою і корисною.

Елла, 18 років:

— Я не шукаю роботу, а виходжу заміж. Чи <u>мене</u> чоловік буде достатньо фінансувати? Звичайно, а навіщо ж тоді заміж виходити?

Аня, 17 років:

— Я не збираюся шукати на <u>літо</u> роботи, бо ще не маю необхідної спеціальності. Крім того, у моєму віці знайти роботу буде важко. Я вважаю, що той час, який приділю роботі, наприклад, офіціантки, краще присвятити навчанню, бо у моєму вузі за цей рік мене мало чого навчили. Та й батьки достатньо фінансують.

Христя, 18 років:

— Мені запропонували <u>роботу</u> на радіо ді-джеєм. Гроші мені, в принципі, не потрібні, просто треба щось робити. Для мене робота — це спосіб убивати <u>час</u>. До того я працювала в одному львівському клубі MC, але нічого не заплатили. <u>Мене</u> взяли після того, як побачили, що я вмію <u>народ</u> розкручувати. Зловили за <u>руку</u> та сказали: «Дитино, ти тут будеш працювати».

Іра, 18 років:

— Звичайно, робота необхідна, бо грошей капець як не вистачає. Для пошуку її скористаюся найпопулярнішим способом — куплю <u>газету</u> з пропозиціями від роботодавців і переберу <u>всі можливі варіанти</u>, в тому числі, <u>вакантні місця</u> вантажників і прибиральниць, бо особливо вередувати не слід, коли грошей взагалі нема. А «висіти на шиї» в батьків — це не для мене. Свої <u>шанси</u> знайти роботу оцінюю, як п'ятдесят на <u>п'ятдесят</u>. У принципі, хто шукає, той знайде. Ще, залежно, як буду шукати. Можливо, мені стане «впадло», і я тягнутиму <u>гроші</u> з брата.

Після прочитання:

4. У тексті підкреслені слова вживаються у знахідному відмінку. Перегляньте вживання цих слів та поясніть функції знахідного відмінка.

5. **Поставте слова в дужках у правильні форми (див. Додаток IV 1.1, 1.2).**

   ☺ *Підказка:* **повторіть функції та закінчення знахідного відмінка.**

   Потрібні знайомства, щоб знайти (вакантне місце) ____ ____ на
   (добра посада) ____ ____. Мені вистачає грошей на (навчання)
   ____ в університеті. Після того, як він отримав (гонорар) ____ за
   (своя робота) ____ ____, він поїхав у (відпустка) ____ на (відпочинок)
   ____ на (море) ____. Після повернення він завів собі (папуга) ____.
   На (розвиток) ____ нашого проекту університет виділив (великі
   кошти) ____ ____. Моя подруга після закінчення університету
   отримала (направлення) ____ на (робота) ____ в маленьке містечко.
   Я збираюся шукати (якась робота) ____ ____ на (літо) ____. Навіщо
   Ви гаєте (свій час) ____ ____ на цю непотрібну справу? Впродовж
   усього року університет виділяє кошти на (швидкий розвиток)
   ____ ____ Інтернетної мережі. Це підштовхує (всі студенти) ____
   ____ приймати участь у проекті. Декілька студентів поїхали на (літня
   практика) ____ ____ у (Крим) ____. Цілий рік ми повністю присвячуємо
   (свій вільний час) ____ ____ ____ пошукам роботи. Місце роботи
   відіграє (важлива роль) ____ ____ у житті кожного. У багатьох газетах
   можна знайти інформацію про (різні місця) ____ ____ праці, а також
   про (різні роботодавці) ____ ____.

6. **Продовжіть речення, додаючи слова зі Словника II.**

   Мені було цікаво те, що...

   Для нас дивно те, що...

   Не дивує нас те, як...

   Студенти говорили про те, наскільки...

7. **У відповідях студентів зі статті «Розслідування» знайдіть зв'язкові
   вирази: *звичайно, крім того, а також* і т.п., і складіть список.
   Обговоріть значення та вживання цих виразів.**

8. **За зразками відповідей української молоді напишіть свої власні думки
   щодо пошуку роботи на літо. Як би Ви відповіли на питання «Чи Ви
   збираєтеся шукати роботу на літо, і яким чином думаєте це зробити?»
   Використовуйте зв'язкові вирази з того списку, який Ви склали у вправі 7.**

9. Ви розповідаєте своїй подрузі чи своєму другові те, що Ви дізналися про українську молодь і про її ставлення до пошуків роботи на літо. Ваша подруга чи друг сильно здивовані Вашою розповіддю *(Хіба... Невже... Не може бути... Та що Ви кажете... Та невже... Дійсно?? Хіба правда, що... Справді?... Як це можливо,...)*. Складіть вісім міні-діалогів за моделлю:

– *Деякі молоді люди лише мріють ціле життя «сидіти на шиї» у батьків.*

– *Та що Ви не кажете? Такого не може бути!*

10. Напишіть підсумок статті «Розслідування», використовуючи цитати з тексту та висловлюючи свої враження та власну точку зору з цього приводу (див. Додатки I, II).

11. Проведіть коротке уявне ток-шоу на тему «Студенти і працевлаштування на літо». Спочатку виберіть ведучих цього ток-шоу, а тоді поділіться на дві різні групи молодих людей, тобто «учасників шоу». Одна група підтримує думку, що працювати влітку необхідно. Друга група вважає, що для студентів абсолютно не важливо працювати ані влітку, ані під час року. Використовуйте вирази з Додатку I під час дискусії. Пригадайте також вирази для проведення інтерв'ю з першого розділу про студентське життя (впр. 9).

12. Ви подаєтеся на роботу. Виповніть анкету, яка подається нижче.

Анкета на роботу

1. Особисті дані:

ПІБ:

Адреса проживання:

Дата народження: ___ . ___ .19___ (не молодше 18 років)

Телефон:
(якщо немає, напишіть контактний)

Сімейний стан: одружений/а ☐ неодружений/а ☐ діти ☐

Освіта (коли та що закінчили або де навчаєтеся, спеціальність):

2. Коли Ви можете розпочати роботу: _____ . _____ . _____ р.

В які години Ви можете працювати (протягом доби)?

	Пн	Вт	Ср	Чт	Пт	Сб	Нд
З							
По							

Я можу працювати в будь-який час: Так ☐ Ні ☐

3. Трудова діяльність:

Вкажіть два останні місця роботи.

Дата з/по	Назва компанії	Посада та обов'язки	Причина звільнення

4. Додаткова інформація:

Бажана посада:

Член бригади ресторану ☐ Господиня/Господар залу ☐ Нічна зміна ☐

Чи маєте Ви які-небудь протипоказання за станом здоров'я, котрі можуть заважати Вам виконувати обов'язки на обраній Вами посаді? Так ☐ Ні ☐

Якщо так, вкажіть які:

Чи працювали Ви до цього в компанії МакДональдз®? Так ☐ Ні ☐

Де? Коли?

Чи служили Ви в армії? Так ☐ Ні ☐

5. Ви довідалися про можливість працювати в МакДональдз®:

від друзів/родичів, котрі не працюють у МакДональдз® ☐

від друзів/родичів, котрі працюють у МакДональдз® ☐

самостійно запитали в МакДональдз® ☐

із реклами ☐ де саме

Я несу повну відповідальність за достовірність усієї інформації, вказаної в анкеті, та розумію, що недостовірність цієї інформації може стати підставою мого звільнення.

Підпис: Дата:

я це люблю™

Заповнивши анкету, будь ласка, віддайте її разом зі своїм фото 3×4 менеджеру МакДональдз® або заповніть анкету на сайті www.mcdonalds.ua

© 2008 McDonald's Corp.

Словник II

вакантний *(вакантні місця)*	vacant *(job vacancies)*
вередувати	to fuss
вистачати, вистачити (на *кого/що*)	to be enough for
відпочивати, відпочити	to rest, to be on vacation
відпустка	vacation *(from work)*
гонорар	honorarium
гостювати, погостювати	to visit, to be a guest
екскурсовод	tour guide
заводити, завести (*кого/що*)	to start something *(e.g., business)*, to get a pet
заробляти, заробити (*кого/що*)	to earn
знайомства	contacts, connections
канікули	school break
кошти (на *кого/що*)	funds, spending
місце	place, job
навіщо	what for
направлення	job assignment/placement after graduation
памперси	diapers
пасіка	bee farm
підштовхувати, підштовхнути	to push
пошук роботи	job search
практика *(бути на практиці)*	internship
роботодавець	employer
розвиток (*кого/чого*)	development
студентська молодь	students, youth

Вирази

висіти/сидіти на шиї у батьків	to live off one's parents
впродовж усього року	all year round
гаяти час	to waste time
у подальшому	in the future
докладати, докласти зусиль (*до чого*)	to put effort towards
до тисячі гривень	approximately a thousand hryvnias
(*кому/чому*) не випадає	something does not suit someone
особливої ролі це не відіграє	this does not play a significant role
приділяти, приділити час (*кому/чому*)	to spend time on *(someone/something)*
присвячувати, присвятити час (*кому/чому*)	to devote time to *(someone/something)*
п'ятдесят на п'ятдесят	fifty-fifty
це не для мене	it is not for me
яким чином	in what way, how, which way

Сленг

капець, гаплик	the end, an unfortunate situation
мені капець/гаплик	I am finished; I am in deep trouble
грошей капець як не вистачає	no money to live on
(кому) стане впадло/влом	*(someone)* will not feel like doing what was planned

4   Дозвілля

Частина I   Дозвілля

Пара = лекція, заняття у вищому навчальному закладі. Назва «пара» походить від того, що часто лекція чи заняття складаються з двох частин.

У цьому розділі ми познайомимося з Тарасом, який за фахом журналіст. Він уже на четвертому курсі і під час свого навчання працює над різноманітними статтями для газети «Студенти». Більшість своїх інтерв'ю Тарас проводить у Києві, так як це його рідне місто, а також місто, в якому він вчиться. А цієї зими редактори університетської газети запропонували йому написати статтю про студентів з інших міст України. Тарас вирішив розпочати з Львівського національного університету і ознайомити киян зі студентським життям молодих львів'ян. Назвав Тарас свою замітку «Думки між парами». Ми Вам пропонуємо Тарасовий репортаж.

💬   **Перш ніж прочитати 'Репортаж', варто вияснити значення терміну «дозвілля». Як Ви розумієте цей термін? Що для Вас особисто він означає? Як проводите дозвілля Ви з друзями?**

📖   **Репортаж «Думки між парами» (уривки, «Каменяр», січень-березень 1996).**

1. Прочитайте репортаж.

У недалекому минулому залишилася літня сесія, попереду зимова сесія, а що між ними? Колись у старій популярній пісеньці співалося: «...від сесії до сесії живуть студенти **весело**...» А як живуть **сучасні** студенти? Чим заповнені студентські дні, крім лекцій, практичних занять, відвідування бібліотеки та читання серйозних книг? Що таке студентське дозвілля? І чи потрібне воно майбутньому **фахівцеві**? Чи можна в стінах рідного університету на якусь мить забути про складний **навчальний процес, «випаруватись»**? Над цим запитанням спробували **замислитися** на перерві між **парами** студенти ЛНУ ім. Івана Франка.

Назва: Підкамінь
Сайт: pidkamin.ridne.net
Дата: 25-27 липня
Місце:
с. Підкамінь Бродівського р-ну Львівської обл.
Виступатимуть:
„Воплі Відоплясова", „Вій", „Сонцекльош", „Гайдамаки", „Чоботи з Бугая", „Мандрівний вертеп", „Гуцул Каліпсо", „Дивні", „Самі свої", „Дримба да дзиґа", „Русичі", „Бурдон"
Квитки:
проживання в наметовому містечку або на квартирах з вигодами (25 грн. за добу). Платна автостоянка (5 грн. за добу). Проїзд зі Львова до Підкаменя – 15 грн.

Павло Повільний, студент механіко-математичного факультету:

— Свої сесії я вже склав. Та, якщо пригадати **перші курси**, то... дозвілля я проводив досить цікаво. На перших курсах студенти ще не розділялися, не відокремлювалися й не виясняли між собою, хто є хто. Всі були єдиною компанією — **трималися гуртом**. Але з кожним роком починаєш **розрізняти** людей. Тому зараз такої **єдності** нема. Всім все **байдуже**. **Крім того**, раніше в університеті проводилося набагато більше цікавих заходів, навіть дискотеки були просто чудовими — безпечні та і **безкоштовні**. **Турбуватися** не було за що... А **зараз**... До речі, «від сесії до сесії...» легко сказано, актуальніше, від стипендії до стипендії, якої **вистачає рівно** на два дні. Дозвілля звичайно **необхідне** сучасному студентові, але що ж про нього говорити, коли у гуртожитку немає елементарних умов.

п. Невідомий, студент факультету журналістики:

— В універі нічого цікавого **не проводиться** — цілковита **нудьга**. І на пари зовсім ходити **не хочеться**. І все моє дозвілля десь там. А змінювати нічого не потрібно та й неможливо. Нехай університет залишається таким, яким він є, все одно я через декілька років звідси піду. А винні у тому, що нічого цікавого не відбувається, самі студенти, **яким усе це — десь**.

Павло Терещенко, студент юридичного факультету, ІІ курс:

— Моє дозвілля **минає** поза межами університету. Я займаюся музичними справами і є менеджером однієї із львівських груп. Тому мій вільний час присвячений саме їй, а також музиці і справам у цій **галузі**. **Я вважаю**, що дозвілля в університеті забезпечене **на високому рівні**.

Андрій Стацюк, випускник факультету міжнародних відносин:

— Дозвілля, **на мою думку**, справа індивідуальна; хтось **витрачає** на нього більше часу, хтось — менше. **Гадаю**, якщо вміти поєднувати роботу і відпочинок, можна чудово проводити час навіть у бібліотеці.

Антоніна, студентка української філології:

— На мою думку, наш **вуз** пропонує мало розваг, але все ж таки ми зі своєю компанією знаходимо вихід із цієї непростої ситуації, і, на відміну від інших, проводимо вільний час дуже весело. **А власне**, організовуємо різні вечірки, дискотеки, забави і **з задоволенням** на них ходимо.

Назва: Чайка
Дата: 7-8 червня
Місце:
Київ, аеродром „Чайка"
Виступатимуть:
Napalm Death, „Король и шут", „Агата Кристи", „Тол", „Крихітка Цахес", The 69 Eyes, Amatory, Esthetic Education, „Бумбокс", „Сплин", Vexlarsky, „Оркестр Янки Козир"
Квитки:
вхідний квиток 50 грн. на два дні фестивалю. Інший варіант – 100 грн. на два дні у фан-зону поблизу сцени. Паркування авто 20 грн., розміщення намету на території фестивалю – 50 грн.

Лариса Гордійчук, студентка факультету журналістики, ІІ курс:

— **Як не сумно визнавати**, але наш університет проводить зовсім мало заходів. Тому кожен вбиває вільний час, як тільки може. **Було б дуже непогано**, якби студенти зацікавились своїм дозвіллям. Я, наприклад, цікавлюся багатьма речима: музикою, танцями, театром, оперою і літературою. Але є і такі студенти, які шукають вихід у своїх компаніях за пляшечкою пива і **беззмістовними розмовами** — переливаннями з пустого в порожнє.

Дискусія

Що Ви взнали про життя студентів ЛНУ?

Які існують загальні проблеми? Як ці проблеми можна вирішити?

Як описує своє дозвілля Павло Повільний? Про які університетські заходи він говорить?

Чи задоволений своїм дозвіллям пан Невідомий?

Де проводить своє дозвілля Павло Терещенко? Якими справами він займається поза університетом? На його думку, на якому рівні забезпечене дозвілля в університеті?

Як висловлюється про дозвілля Андрій Стацюк? Як, з його точки зору, можна чудово провести час?

Як відпочиває Антоніна разом зі своїми друзями?

Чи задоволена Лариса Гордійчук заходами для студентів, які проводить університет? Чим вона цікавиться?

Що вона говорить про інших студентів?

А як Ви проводите дозвілля? Як би Вам хотілося проводити свій вільний час?

2. **Перегляньте рекламну акцію від «Львівського» пива.**

Де відбувається фестиваль пива?

Що необхідно зробити для участі у розіграші призів?

Чи потрібно бути присутнім, щоб прийняти участь у цій акції?

Коли будуть розігруватися призи?

Чи Ви коли-небудь приймали участь у якій-небудь акції? Якщо так, то в якій? Чи Ви коли-небудь вигравали? Якщо так, то що Ви виграли (якщо не секрет)?

Чи Ви б прийняли участь у подібній акції під час фестивалю пива у Львові?

Який приз Ви б хотіли виграти?

3. **Підберіть синоніми до фраз та виразів, які виділені шрифтом у тексті 'Репортажу'. Обговоріть їхнє значення.**

4. **Поставте слова в дужках у правильні форми (див. Додаток IV 1.1, 1.2).**

☺ *Підказка:* орудний відмінок.

Моє дозвілля проходить поза (межі) ——— університету. Я займаюся (музика, танці та спорт) ———, ——— та ———. Вже рік я працюю (менеджер) ——— музичної групи. Раніше всі були (єдина компанія) ——— ———, була якась єдність, трималися (гурт) ———, студенти між (себе) ——— виясняли різні цікаві питання, а тепер якось все, як на мене, беззмістовне. Дискотеки раніше були (чудові і безкоштовні) ——— і ———.

А я, загалом, задоволений і (університет) ———, і (навчання) ——— в ньому, і (заходи) ———, які тут проводяться. Після закінчення університету я хочу стати (педагог) ———. Було б дуже непогано, якби студенти зацікавилися (своє дозвілля) ——— ———. Адже є багато таких студентів, які проводять своє дозвілля за (пляшка) ——— горілки та (беззмістовні розмови) ——— ———. Я б ніколи не зацікавилася (подібні речі) ——— ———. Наприклад, позавчора ми провели час у кінокафе і справді насолодилися (цікава музична програма) ——— ——— ———. А вчора ми з (випускники) ——— університету були на чудовій вечірці. Післязавтра ж ми з (нові фахівці) ——— ——— поїдемо на природу. Ми часто проводимо час за (місто) ———.

☺ **Підказка: місцевий відмінок.**

У (недалеке минуле) ____ ____ ми ще сиділи на (пари) ____ і турбувалися про те, що будемо робити на (своя сесія) ____ ____. На (перші курси) ____ ____ у мене не вистачає часу, щоб побувати на (усі заходи) ____ ____, які проводить університет. Дозвілля в (університет) ____ забезпечене на (високий рівень) ____ ____. Якщо вміти поєднувати роботу і відпочинок, можна чудово проводити час навіть у (бібліотека) ____. У (наш вуз) ____ ____ проводиться багато цікавих заходів. Не всі мають можливість або бажання побавитися на (наші забави та вечірки) ____ ____ та ____. Є й такі студенти, які шукають відпочинок у (свої компанії) ____ ____ за пляшечкою пива, в (бари та ресторани) ____ та ____.

У мене багато друзів, які або живуть у (гуртожитки) ____, або сидять на (шия) ____ у батьків. Останні зазвичай ніколи не працюють влітку.

5. **а)** Спочатку обговоріть вирази, які подаються нижче. Ці вирази вживаються для поєднання речень у тексті.

до речі,...

гадаю (вважаю), що...

звичайно,...

щодо *(кого/чого)*, то...

щоправда (правда),...

якщо чесно, то...

а загалом,...

на мою думку,...

а власне (зокрема),...

шкода, але...

такі, як...

мабуть,...

але ж...

з мого досвіду...

як ви знаєте,...

все одно...

як не сумно визнавати, а...

особливо те, що...

загалом,...

причина в тому, що...

вважається, що...

на відміну від *(кого/чого)*

у порівнянні з *(ким/чим)*

з одного боку..., з другого/іншого боку

 б) Напишіть короткий підсумок прочитаних вище інтерв'ю, використовуючи зв'язкові вирази, подані у вправі 5а).

 в) Напишіть твір про своє дозвілля: як Ви його проводите, як би Вам хотілося його проводити, у чому Ви вбачаєте проблеми, чого Вам не достає (крім часу), чим Ви задоволені, про яке дозвілля Ви мрієте і т.д., використовуючи нові зв'язкові вирази.

 г) Уявіть себе зі своїми друзями на відпочинку у новому місті. Перегляньте реклами і сплануйте разом свій відпочинок. Використовуйте вирази з вправи 5а).

ПРЕМ'ЄРА

До 100-річчя від дня народження Астрід Ліндгрен
Інсценізація Ольги Гапи

"ПЕППІ ДОВГАПАНЧОХА"

Музична казка на 2 дії
Тривалість вистави – 1 год. 40 хв.

6.04 - 12°°
15°°

прем'єра

Режисер – заслужена артистка України Юлія Раденко
Художник – Дарія Зав'ялова
Композитор – Борис Раденко
Балетмейстер – Нінель Збєря
Художник зі світла – Світлана Коренькова
Асистент режисера – заслужена артистка України Ольга Гапа

**Пеппі Довгапанчоха - Лариса Діденко,
Олена Крилова**

У виставі беруть участь:
народна артистка України Христина Кедич;
заслужені артисти України – Ольга Гапа,
Олександр Дейцев, Борис Тріус;
артисти – Богдана Бончук, Катерина Волівецька,
Юрій Глущук, Ігор Гулюк, Микола Данилюк,
Юлія Кузьмяк, Ірина Кулак, Ірина Кухарська,
Тетяна Максимюк, Любов Мовчан,
Уляна Пастернак, Дмитро Розуменко,
Марія Самсонова, Олена Скляренко,
Марія Станькевич, Тетяна Сторожук,
Олександр Трифонюк,
Олександр Чешеров, Леся Шкап'як

ЛЬВІВСЬКА
МІСЬКА РАДА

ЛЬВІВ
ВІДКРИТИЙ ДЛЯ СВІТУ

В.о.головного режисера - ЮРІЙ МИСАК
Довідки телефонами: 272 – 68 – 41, 272 – 68 – 55.
Адреса: 79007 м.Львів вул.Гнатюка,11.

6. Перекладіть англійські фрази на українську мову (повторіть нові слова з 'Репортажу' про дозвілля, а також зі Словника).

(As sad as it may sound) _____, але Андрій зовсім не турбується про своє навчання. Останнім часом він (spends all of his time) _____ на різних дискотеках. У додаток до цього, він (kills his free time) _____ у різних барах та ресторанах незважаючи на те, що (he does not have enough money/he is short of money) _____. (It wouldn't be bad at all) _____, якби він приймав участь у деяких заходах, які організовують студенти університету.

   (By the way) _____, його товариш Павло (dedicated all of his free time) _____ своєму навчанню. На парах він лише думає про те, як (to pass his finals) _____. Павло прикладає багато зусиль для того, щоб успішно (graduate from the university) _____.

   Подруга Павла, Оксана, не так давно (a graduate) _____, а тепер (specialist) _____ з мікробіології, проводить свій вільний час продуктивно та цікаво. Її (leisure/free time) _____ проходить поза межами університету. (She is interested in) _____ музикою і тому присвячує свій вільний час (to different music groups) _____.

   У загальному, кожна людина (searches) _____ свій власний спосіб, як найкраще провести дозвілля.

7. Дискусії та обговорення

а) Проведіть коротеньке ток-шоу на тему «Студент сьогодні». Обговоріть наступні питання.

Чим цікавляться львівські студенти?

Чим захоплюєтеся Ви?/Чим Ви цікавитеся?

Чи Ви займаєтеся спортом?

Чи Ви займаєтеся музикою?

Якими речима Ви задоволені і незадоволені в житті?

З ким і де Ви часто проводите своє дозвілля?

Пригадайте також вирази для проведення інтерв'ю з першого розділу про студентське життя (впр. 9).

б) Уявіть, що Ви ректор Львівського університету, і Вам до рук потрапила стаття, написана Тарасом. Вас зворушила проблема студентського дозвілля. Як Ви вирішите цю проблему? Скличте нараду з приводу цієї проблеми. Отже, оберіть «ректора університету», а решта одногрупників стане іншими учасниками наради: проректорами, професорами та представниками від студентів.

в) Проведіть інтерв'ю зі своїми одногрупниками чи друзями про проблеми дозвілля студентів у Вашій країні, у Вашому місті чи у Вашому університеті. Питання із завдання а) можна використовувати, як модель.

 8. Напишіть підсумок відповідей, які Ви отримали в завданні 7в), використовуючи нові слова та вирази (і також вирази з Додатку II).

9. Напишіть офіційного листа ректорові Львівського університету про проблеми студентського дозвілля. Запропонуйте ректорові студентський погляд на способи вирішення цієї проблеми. Використовуйте вирази для вираження власної точки зору (див. Додаток I), а також вирази для написання офіційних листів (див. Додаток III).

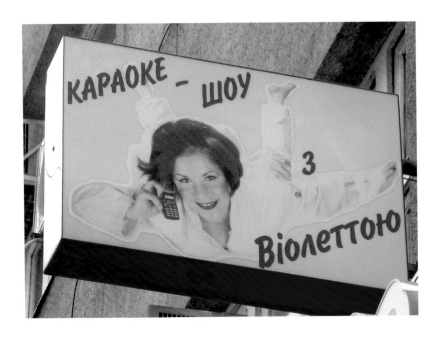

Прочитайте ідіоми, які пов'язані з темою студентського життя. Спочатку обговоріть їх, подумайте над англійськими відповідниками, а потім складіть із ними речення.

сидіти на батьковій шиї (сидіти на шиї у батьків) = жити за рахунок батьків

вирости на всьому готовому = не бути самостійним, не знати життєвих проблем

ні в зуб ногою = зовсім чогось не знати

вивчити все на зубок = дуже добре все вивчити і знати

у нього/у неї вітер у голові віє = бути несерйозним

світла голова/має голову на плечах = мудра людина

капустяна (куряча) голова = немудра, несправна, неуважна людина

(кому) зайчики в голові стрибають = легковажна, безтурботна людина

сушити голову = переживати

втерти (кому) носа = довести свою правоту, показати себе кращим від інших

очі на лоба вилізли = здивуватися

в одне вухо влітає, в друге вилітає = бути неуважним

чути одним вухом = чути чутки, не бути зовсім певним щодо чогось

вивести на чисту воду *(кого)* = викрити чиюсь нечесність

переливати з пустого в порожнє = не говорити нічого конкретного, вести беззмістовні розмови

Словник I

байдуже *(кому)*	someone doesn't care
беззмістовний	senseless
безкоштовний	free *(of cost)*
випускник, випускниця	graduate *(university, school)*
вистачати, вистачити *(чого на що)*	to have enough (of *something*)
не вистачати, вистачити *(чого на що)*	to not have enough, be short of *(something)*
вияснати, виснити *(кого/що)*	to determine, to find out
відпочинок	rest, recreation, vacations
вуз *(вищий учбовий заклад)*	higher education institution
гуртожиток	dormitory
дискотека	discotheque, dance club
дозвілля *(вільний час)*	leisure, free time
єдність	unity
заходи	organized activities
компанія	company *(of people)*
минати, минути	to pass by
нудьга	boredom
пара	lecture *(consisting of two parts)*
присвячений *(кому/чому)*	dedicated
сесія *(літня, зимова)*	final exam session *(fall semester, winter semester)*
сучасний	contemporary
турбуватися, потурбуватися *(за, про кого/що)*	to take care of, to worry about *(something/someone)*
універ *(сленг на університет)*	university
фахівець	specialist

Вирази

було б дуже непогано, якби…	it wouldn't be bad at all if…
вбивати, вбити *(вільний)* час	to kill *(use up)* free time
витрачати/тратити, витратити час *(на кого/що)*	to waste time
до речі	by the way
закінчити університет	to graduate from a university
марнувати, змарнувати час *(на кого/що)*	to waste time
на високому рівні	very well; on good terms; high standard
присвячувати, присвятити час *(кому/чому)*	to dedicate time
проводити, провести дозвілля	to spend free time
проводити, провести час	to spend time
складати, скласти сесію	to take, to pass final exams
триматися гуртом	to keep together/as a group
у недалекому минулому	not that long ago
шукати, знайти вихід *(з ситуації)* *(у кому/чому)*	to search for a solution
як не сумно визнавати	as sad as it may sound

Частина II

Як молодь проводить своє дозвілля

Уривки зі статті «Нотатки з-під пам'ятника Шевченкові», з молодіжного журналу «Територія Я», № 1 (3), 2000.

Перед прочитанням:

1. **Перегляньте текст статті та обговоріть підкреслені слова.**

Під час читання:

2. **Прочитайте спочатку питання, а потім текст. Дайте відповіді на питання.**

В якому місці у Львові часто збираються підлітки?

Як можна охарактеризувати цих підлітків?

Хто надає перевагу культурі 60-х років?

Які з неформальних групувань «знаходять спільну мову» між собою?

Які речі не чужі для цього молодіжного середовища?

Чи тут можна знайти алкоголіків і наркоманів?

Чим займається більшість із цих сучасних хіпоблудів?

Яка ідея об'єднує рейверів та ролерів? Чим вони цікавляться? Що обрало це покоління?

Що говориться про скінхедів? Яка основна ідея їхнього руху?

Як одягаються скінхеди?

Інтерв'ю:

Якій музиці Марина надає перевагу? Які українські групи їй подобаються?

Про що мріє Марина?

Як вона проводить свій вільний час?

Що вона думає про наркотики?

Що про себе розказав Олег?

Що об'єднує Олега та його товаришів?

Чим Олег займається у вільний час? Що для нього «круто»?

Яку музику він слухає?

Чого Олег прагне у житті?

**Стаття «Нотатки з-під пам'ятника Шевченкові».
Автор: Анна Архангельська.**

Якщо ви бодай кілька разів були в центрі Львова, то неодмінно звертали увагу на чисельну юрбу підлітків, які збираються, тобто «тусуються» біля пам'ятника Шевченкові, у центрі міста. Дехто називає їх хіпоблудами, дехто неформалами. А хто ж вони насправді?

Хіпі і панки — ті, які надають перевагу тій самій рок-н-рольній культурі 60-х років — живуть і досі в нашому Львові. Сучасні хіпі нібито за мир в усьому світі, панки ніби анархісти, але незважаючи на відмінності, вони чудово знаходять спільну мову.

Щоправда, і критику з боку суспільства отримують не лише за «просто так». Наркотики та алкоголь — не чужі для цього молодіжного середовища поняття. Так воно вже історично склалося. Але жодного справжнього наркомана чи алкоголіка ви тут не знайдете. Більшість із цих сучасних «хіпоблудів» вчиться у вищих навчальних закладах, пише вірші, професійно займається музикою.

Інша частина — рейвери, ролери та їхній синтез. На перший погляд, це вже щось інше, хоча насправді так лише здається. Адже ідея одна — вільне життя. Все так само, як в «сусідів», проте вже інший сленг, інша музика. До їхньої тусовки вже не так просто потрапити. Найсучасніша музика, закриті вечірки, люмінісцентні кольори та інші прибамбаси. Їх скоріше об'єднує не ідея, а привід поспілкуватися. На них ніхто не тисне, це покоління обрало Pepsi та синтетичну музику.

Але і це ще не все, або, точніше, не всі. Ще є скінхеди (від англійського «скін» — шкіра та «хед» — голова). Вони тут не тусуються, проте частенько сюди навідуються. Це явище як таке виникло не так вже й давно в інших європейських країнах. Основна ж ідея їхнього

руху в нашій країні <u>виражена</u> вже відомим гаслом «Україна для українців». Скінхеди активно борються за чистоту нації, <u>незважаючи на</u> конституційні права, надані нацменшинам. Ці хлопці мають специфічний вигляд: чорні куртки, чорні високі черевики типу «мілітарі», обов'язково з білими шнурівками. Основний метод розмови — силовий. <u>Зазвичай,</u> напади здійснюються на однолітків, що виділяються серед <u>натовпу</u>. І, як це буває, нападають всі одразу — на одного.

От таке воно, <u>нове покоління</u>.

Інтерв'ю:

Марина, 19 років, студентка ЛНУ ім. Франка:

— *Розкажи, що ти тут робиш?*

— Чекаю на своїх друзів, осінь спостерігаю. Ми тут збираємося час від часу. Маємо спільні інтереси — музику, наприклад.

— *Яку саме?*

— Ну, значить, надаємо перевагу важкому року. З українських виконавців — це «ВВ», «Плач Єремії», «Манускрипт», «Тостер».

— *Чому саме ці виконавці?*

— Про смаки не сперечаються...

— *А мрієш про що?*

— Стати людиною.

— *Що ти маєш на увазі?*

— Хочу відповідати не патріархальній системі суспільства, а своїм власним критеріям, визнаним мною і моїми <u>однодумцями</u>. Ще мрію про щастя — кохану людину. Мрію <u>скласти сесію</u>, мати більше можливостей мандрувати, працювати, займатися улюбленою справою.

— *Як проводиш вільний час?*

— Ходжу на тренування (займаюся кунг-фу), на тусовки, спілкуюся з цікавими людьми.

— *А наркотики вживаєш?*

— Майже ніколи. Вистачає інших задоволень. Та й іншим пораджу не вживати. <u>Натомість</u>, можна знайти багато інших зайнять. А найголовніше, треба <u>залишатися самим собою</u> в будь-яких ситуаціях.

Мені залишилося послухати дружню пораду. Тепер підходжу до одного з «найсучасніших» (як вони самі себе називають) молодих людей на роликах. Ним виявився 21-річний Олег, студент «політеху».

— *Розкажи про себе.*

— <u>Запросто</u>. Я буваю тут досить рідко, тому що тут збираються «<u>малолєтки</u>».

— *А чому вони тут збираються?*

— Після пар або уроків так не хочеться додому, от їм і привід тут зібратися. А де ще?

— *Як ти вважаєш, чи є якась ідея, філософія у цьому зібранні?*

— Ні, немає. Сучасна молодь і так добре почувається. Нам це вже не потрібно.

— *А що вас об'єднує?*

— Музика, спорт. Та й просто хочеться разом подуріти.

— *Чим займаєшся у вільний час? Що для тебе «<u>круто</u>»?*

— Покататися на <u>ролах</u>, зимою — на лижах. Бути найсучаснішим, стильним.

— *Яку музику слухаєш?*

— <u>Нову генерацію</u> репу. Це цікава музика, багато <u>ненормативної лексики</u>.

— *Чого ти прагнеш?*

— Я хочу весело жити, не нудитися, не відставати від сучасних напрямків буквально в усьому.

Після прочитання:

3. Поставте слова в дужках у правильні форми (див. Додаток IV 1.1, 1.2).

☺ **Підказка: орудний і місцевий відмінки.**

Якщо Ви коли-небудь були в (центр) ____ нашого міста, то зауважили різні тусовки. Що Ви можете сказати про захоплення (рок-н-рольна культура) ____ ____? Молодь під (пам'ятник) ____ Шевченкові — послідовники суб-культури. Всі вони живуть у (наше стародавнє місто) ____ ____ ____. Їхні попередники тусувалися в (інше місце) ____ ____. Вони із (задоволення) ____ згадують минуле. Більшість із цих сучасних хіпоблудів вчиться у (вищі навчальні заклади) ____ ____ ____, професійно займається (музика) ____.

Скінхеди з'явилися не так вже і давно в (інші європейські країни) ____ ____ ____. За (останні чутки) ____ ____, скінхеди навіть займаються рекетом, забирають гроші.

Якими речима Ви часто займаєтеся зі (свої однодумці) ____ ____? В (який вуз) ____ ____ Ви складали свою сесію? Треба залишатися (сам) ____ собою в будь-яких ситуаціях. Чи в (цей ресторан) ____ ____ було круто? Як часто Ви катаєтеся на (ролики) ____? В (які місця) ____ ____ підлітки використовують ненормативну лексику? Чого Ви прагнете у (своє життя) ____ ____? З (хто) ____ Ваша подруга частенько навідується до Вас? До речі, вона часто приходить з (різні прибамбаси) ____ ____. (Які ідеї) ____ ____ неформального руху Ви не задоволені? У (що) ____ виражені ці ідеї? Незважаючи на різні проблеми, Ви задоволені (нове покоління) ____ ____? З (хто) ____ Ви знаходите спільну мову? В (які місця) ____ ____ тусуються підлітки?

4. Об'єднайте два речення в одне, використовуючи сполучні займенники: *який, яка, яке, які, хто, що* за моделями, поданими нижче (див. Додаток IV 3.1).

Приклад 1:

Сучасна молодь цікавиться <u>музикою</u>. Ми часто слухаємо <u>музику</u>. ⤳
Сучасна молодь цікавиться <u>музикою</u>, <u>яку</u> ми часто слухаємо.

Приклад 2:

<u>Всі</u> тут збираються. <u>Вони</u> мають своїх попередників. ⤳ *<u>Всі</u>, <u>хто</u> тут збирається, мають своїх попередників.*

Сучасна молодь обирає Pepsi. Молодь збирається під пам'ятником Шевченкові.

Ви неодмінно звернули увагу на підлітків. Підлітки тут тусуються.

Мої друзі дуже цікаві. Я знаходжу спільну мову зі своїми друзями.

Я купую багато компактів. Компакти мені подобаються.

У мене є привід поспілкуватися з хлопцем. Я зустріла хлопця на вечірці.

Це той гарний хлопець. Я не можу жити без того хлопця.

Це та дівчина. Я познайомився з цією дівчиною в театрі.

Це театр. Ми були в театрі.

Ми часто навідуємося до наших друзів. Ми познайомилися з нашими друзями минулого року.

Я переживаю за свою сесію. Я ще не склала сесії.

Тепер я готуюся до іспиту. Я здаю іспит завтра.

Питання були складні. Журналістка поставила мені питання.

Я добре ставлюся до студентів. Я знаю студентів.

Я б хотіла покататися на роликах. Тато мені купив ролики.

Ненормативна лексика популярна. Студенти вживають ненормативну лексику.

Всі знаходять спільну мову. Всі збираються тут.

Незадовго ми підемо на прем'єру вистави «Серенада для судженої». Вистава відбудеться в театрі імені Марії Заньковецької.

Каса театру працює з одинадцятої години. Ми купили свої квитки в касі театру.

Мої друзі читали в газеті, що прем'єра повинна бути вдалою. Прем'єра відбудеться 6 травня.

Театр імені Марії Заньковецької відомий не тільки в Україні, а й поза її межами. Театр імені Марії Заньковецької заснували в 1917 році.

5. Поставте займенник *себе* в правильні форми (див. Додаток IV 1.2.4).

Вона неодмінно звертає увагу на (себе) ____. Він часто купує (себе) ____ різні цікаві речі. Вона ніколи нічого не розповідає про (себе) ____. Ми часто знаходимо спільну мову між (себе) ____. Я ніг під (себе) ____ не чую. Студенти (себе) ____ задоволені. Чи Ви подобаєтеся (себе) ____? Які життєві питання ти ставиш перед (себе) ____? Я пообіцяв (себе) ____, що складу сесію на відмінно. Треба залишатися самим (себе) ____. Я можу гордитися (себе) ____. Мені часто здається, що я (себе) ____ не розумію. Він (себе) ____ не дозволяє використовувати ненормативну лексику. Для (себе) ____ я це можу зробити. Їй подобається носити на (себе) ____ різні срібні прикраси. Ці люди дуже скритні і тримають усе в (себе) ____. Часом ми з друзями дозволяємо (себе) ____ пограти в азартні ігри. Але обережно, щоб ні комусь, ні (себе) ____ не завдати кривди.

6. Напишіть підсумок статті, яку Ви прочитали, використовуючи цитати з неї і висловлюючи свої враження і точку зору на цю тему (див. Додатки I, II).

7. Уявіть себе журналістами, яким дали завдання продовжити дослідження теми «Як молодь проводить своє дозвілля» для того, щоб написати статтю у молодіжний журнал. Ви зустріли групу людей, які «тусуються»... (*виберіть місце*). Проведіть із цими молодими людьми інтерв'ю, яке допоможе Вам написати статтю. Отже, виберіть хто буде журналістами, а хто — представниками молоді. За основу свого інтерв'ю візьміть теми, які піднімалися у статті «Нотатки з-під пам'ятника Шевченкові» (також див. Додаток I). Можете собі пригадати і вирази для проведення інтерв'ю з першого розділу про студентське життя (впр. 9).

Словник II

зазвичай	usually, as normal, as a rule
запросто	easily, no problem
круто *(сленг, також класно)*	cool, great
«малолєтки» *(сленг на* діти, підлітки)	kids *(teenagers)*
навідуватися, навідатися	to visit
натовп *(людей)*	crowd
натомість	instead, in place of
ненормативна лексика *(=сленг, жаргон, вульгаризми/мат)*	subnormal lexicon *(=slang, jargon, vulgar lexicon/curse words)*
неодмінно	certainly, without fail
однодумець	like-minded person
покоління *(=генерація)*	generation
політех *(=політехнічний університет)*	polytechnic university
прагнути *(кого/чого)*	to strive
прибамбаси	things, decorations, stuff, gadgets
роли *(сленг на* ролики)	in-line skates
тусуватися, потусуватися	to gather, spend time
хіпоблуди	members of informal organizations or groups

Вирази

залишатися, залишитися самим собою	to be oneself
звертати, звернути увагу *(на кого/що)*	to pay/direct attention
знаходити, знайти спільну мову *(з ким)*	to find common language
надавати, надати перевагу *(кому/чому)*	to give preference
привід поспілкуватися *(з ким)*	pretext/reason for conversation

5   Ресторани, швидка їжа і здорове харчування

Частина I   Ресторани, швидка їжа і здорове харчування

Сьогодні четверо друзів, Оксана, Тарас, Оля та Андрій вирішили піти до ресторану. Причиною їхньої святкової вечері стали заручини Оксани і Тараса. Вони дуже довго вирішували, до якого ресторану краще піти. Адже вибір широкий. Є і ресторани, і бари, і кафе-бари, і кав'ярні. Накінець вирішили це питання, втіливши мрію Тараса покуштувати чогось екзотичного. Отже, вони пішли до одного досить таки елегантного ресторану, який знаходиться в центрі міста. Приготувавшись до святкування урочистої події, вони всі зустрілися коло ресторану. Поговоривши трохи про новини, вони нарешті зайшли до ресторану. Увійшовши, вони одразу відчули, що їхній вибір був доречним. Атмосфера у ресторані була святкова — гарно одягнуті офіціанти й екзотично прибрані столи, прикрашені свіжими квітами, приємно тішили зір. Адміністратор ресторану, запропонувавши їм сісти до столу, приніс чотири меню. Ласкаво посміхаючись, він також розповів їм про новинки, страви дня та особливі страви меню.

📖 **Розмова**

1.   Прочитайте розмову.

Оксана: Ой, як тут чарівно! Мені здається, що ми надзвичайно гарно відсвяткуємо наші заручини.

Тарас: Я також у захопленні! Чудовий вибір!

Оля: Я рада, друзі, що вам тут подобається, адже це ваше свято, і найголовніше, щоб ви були задоволені.

Андрій: Я тут ніколи не був. Чи це новий ресторан?

Тарас: Так, новий власник, викупивши його, зробив багато позитивних змін. А саме: стильно облаштував інтер'єр, підібрав фаховий персонал працівників. Кухня тут унікальна – поєднання як української, так і латино-американської традицій. В додаток до цього, тут подають прекрасні дари моря.

Оксана: Годі про деталі. Я голодна, і вже вуха в'януть від ваших пустих балачок. Переведіть розмову!

Андрій: От яка ти! Вже й не можна поговорити собі. Гаразд, будьте як у себе вдома і думайте, що будемо замовляти.

Оля: Хто б міг подумати, що ми опинимось у такому приємному оточенні! Гаразд, замовляймо щось.

Оксана: Як на мене, то було б добре почати із закусок і шампанського.

Тарас: Ой, тут у них на закуски є що завгодно! А шампанського — хоч купайся!

Андрій: Так, я пропоную одну піцу з креветками, два замовлення кальмарів і декілька салатів.

Оля: Я за! А що на друге? Тут стільки всього!

Оксана: Я не морочитиму собі голови і замовлю курку по-київськи зі столичним салатом.

Тарас: А я замовлю омара, мені хочеться чогось екзотичного.

Оля: А мені завжди смакує телятина з шампіньйонами у винному соусі.

Андрій: Важко вирішити... Гаразд, я замовлю печеню по-закарпатськи з гарніром.

Оксана: А на десерт замовимо якийсь торт.

Тарас: Не якийсь, а київський — це найсмачніший торт у цілому світі! І не забудьмо про каву. У них тут є і еспресо, і капучіно, і віденська, і турецька кава.

Оля: Наше шампанське вже чекає на нас. Я пропоную тост. У цей святковий та урочистий день мені хотілося б випити за вас, Оксано і Тарасе. Вам пощастило знайти одне одного, то ж завжди будьте разом! Нехай ваше життя стелиться для вас світлою доріжкою. Нехай сонечко приносить промені тепла у вашу хату! Піднімаю цей келих за вас!

Андрій: Я приєднуюся до Олиних побажань. На здоров'я! Многая літа!

Оксана: Дякуємо за ваші чарівні слова і теплі побажання. Я пропоную другий тост за наше товариство, за нашу щиру і міцну дружбу.

Тарас: Будьмо!

Українські тости

Найтрадиційніші тости:

Дай, Боже, здоров'я!
Дай, Боже!

* * *

Дай, Боже, щастя, здоров'я
На Многая літа усім!

* * *

Ми тут зібралися, щоб випити.
Тож вип'ємо за те, що ми
тут зібралися!

Тости на день народження:

Хай тебе не старять роки,
Не торкаються незгоди,
Хай береже тебе удача,
Тільки так і не інакше!

* * *

Вам — за сто,
А нам — по сто!

За любов:

За любов до старості
Вип'ємо по чарочці!

* * *

Молодий, як місяць,
Молода, як зірка,
Пийте й поцілуйтесь, щоб не
було гірко!

Тости пияків:

Пиймо з тобою, друже,
Поки ще сила в нас є,
Поки ще гроші
Жінка моя і твоя дає!

* * *

Куме Грицю, вип'єм пива,
Ось я тоста склав.
Вип'єм пива за кохання,
Що пияк не мав!

💬 **Дискусія**

Яку подію святкували четверо друзів?

В якому місці вони зустрілися?

Як вони вибрали ресторан?

Чи вони приємно провели час?

Які страви замовили друзі?

На Вашу думку, що їм смакувало, а що ні?

💬 **2. а) Обговоріть тости, які використовували друзі під час застілля у 'Розмові' вище. А які ще тости Ви знаєте?**

б) Перегляньте ще декілька тостів і обговоріть їх.

3. Уявіть себе у ресторані. Продовжіть речення, додаючи необхідну інформацію.

Шановні друзі, давайте почнемо наш обід з...

У цьому ресторані стільки...

Я б хотіла/в замовити декілька...

А для мене, будь-ласка, каву без...

А мені хочеться чогось...

Ми всі приєднуємося до...

Чи можна попросити трохи...

Будь-ласка, принесіть нам багато...

Шкода, що сьогодні з нами немає...

4. Поставте слова в дужках у правильні форми (див. Додаток IV 1.2.7, 1.2.8).

На вечерю друзі замовили (багато страва) ＿＿ ＿＿. Один із них замовив (три омар) ＿＿ ＿＿, а другий замовив аж (чотири різний салат) ＿＿ ＿＿ ＿＿. Оксана не могла обійтися без (три келих вино) ＿＿ ＿＿ ＿＿. Оля була задоволена (свої шість тістечко) ＿＿ ＿＿ ＿＿. Тарас випив (сім кухоль пиво) ＿＿ ＿＿ ＿＿. Стіл наших друзів обслуговували (чотири офіціант) ＿＿ ＿＿. Омар подавали на (дві тарілка) ＿＿ ＿＿: на (одна) ＿＿ був порізаний омар, а на (друга) ＿＿ — три різні соуси. (Ми всі чотири) ＿＿ ＿＿ ＿＿ дуже сподобалось у цьому ресторані.

5. а) На початку цього розділу, у тексті перед 'Розмовою', знайдіть дієслівникові форми на *-вши(сь), -у/ючи(сь), -а/ячи(сь)*.

б) Для яких функцій використовуються ці форми? Чи можна їх замінити на інші форми? Подумайте над іншими контекстами, в яких можна було б використати подібні форми дієслів.

6. Змініть речення за такими моделями (див. Додаток IV 3.3).

Приклад 1:

Коли [під час того, як] ми перебуваємо в оточенні своїх друзів, ми завжди приємно проводимо час. ⟶ *Перебуваючи* в оточенні своїх друзів, ми завжди приємно проводимо час.

Приклад 2:

Наш офіціант, коли [після того, як] підійшов до нас, запропонував нам почати із закусок. ⟶ Наш офіціант, підійшовши до нас, запропонував нам почати із закусок.

Мандрики — це коржі з сиром та яйцем, часом з м'ясом та грибами. Отже, мандрики — це щось на зразок піци.

Коли Тарас замовляв собі перше, він згадав про традиційний український борщ із пампушками і часником.

Під час того, як ми пили вже п'ятий келих вина, ми вирішили, що час розходитися по хатах.

Коли наші друзі замовляли десерт, вони захотіли сирника.

Під час того, як офіціантка розповідала нам про страви дня, вона згадала про мандрики.

Після того, як ми замовили друге, ми почали думати про десерт.

Коли ми витратили всі свої гроші, ми, нарешті, розійшлися.

Після того, як всі смачно наїлися, всі відчули приємну насолоду.

Коли студенти опинилися в приємному оточенні, вони, врешті, зраділи.

📖 **Продовження вечері.**

Андрій: От і наше друге вже тут. Смачного всім!

Оксана: Моя курка надзвичайна! М'якенька, соковита. Тарасе, а як на смак твій омар?

Тарас: Дивний, трохи сухуватий, але все ж таки смачний. Я не звик до дарів моря.

Оля: А моя телятинка — п'ять балів! Те що треба! Пальчики оближеш!

Андрій: Моя печеня — просто чудо!

Оксана: Треба попросити наш рахунок, бо вже пізно. Ми щось тут засиділися. Час додому. Тарасе, ти проведеш мене додому?

Тарас: Гаразд, але візьмімо таксі? Так буде швидше.

Оксана: Але ти гроші тратиш — і в хвіст, і в гриву!

7. Як ще можна описати смак їжі? Яка на смак може бути страва? Які на смак можуть бути напої? А десерт — яким він може бути?

8. а) У Вашої подруги день народження, і Ви святкуєте цей день у піцерії. Перегляньте меню.

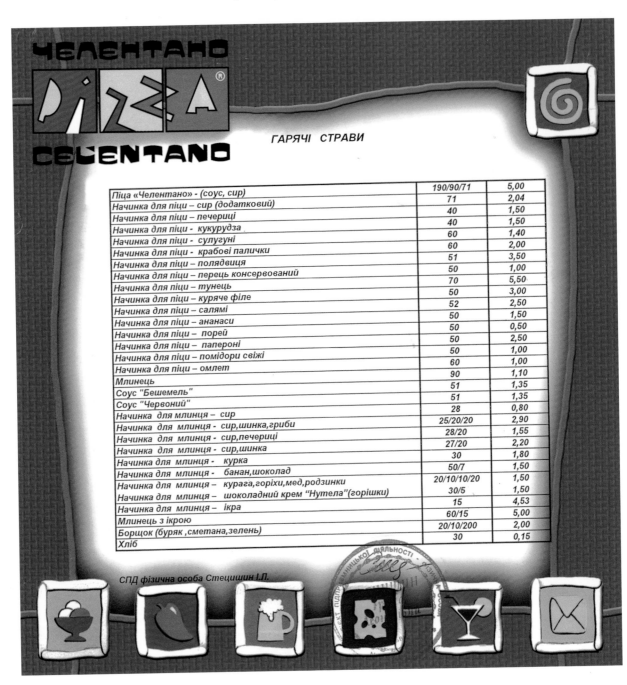

ГАРЯЧІ СТРАВИ

Піца «Челентано» - (соус, сир)	190/90/71	5,00
Начинка для піци – сир (додатковий)	71	2,04
Начинка для піци – печериці	40	1,50
Начинка для піци - кукурудза	40	1,50
Начинка для піци - сулугуні	60	1,40
Начинка для піци - крабові палички	60	2,00
Начинка для піци – полядвиця	51	3,50
Начинка для піци – перець консервований	50	1,00
Начинка для піци – тунець	70	5,50
Начинка для піци – куряче філе	50	3,00
Начинка для піци – салямі	52	2,50
Начинка для піци – ананаси	50	1,50
Начинка для піци - порей	50	0,50
Начинка для піци – папероні	50	2,50
Начинка для піци – помідори свіжі	50	1,00
Начинка для піци – омлет	60	1,00
Млинець	90	1,10
Соус "Бешемель"	51	1,35
Соус "Червоний"	51	1,35
Начинка для млинця – сир	28	0,80
Начинка для млинця – сир,шинка,гриби	25/20/20	2,90
Начинка для млинця - сир,печериці	28/20	1,55
Начинка для млинця - сир,шинка	27/20	2,20
Начинка для млинця - курка	30	1,80
Начинка для млинця - банан,шоколад	50/7	1,50
Начинка для млинця – курага,горіхи,мед,родзинки	20/10/10/20	1,50
Начинка для млинця – шоколадний крем "Нутела"(горішки)	30/5	1,50
Начинка для млинця – ікра	15	4,53
Млинець з ікрою	60/15	5,00
Борщок (буряк ,сметана,зелень)	20/10/200	2,00
Хліб	30	0,15

СПД фізична особа Стецишин І.П.

З Днем народження !

б) Обговоріть меню. Що Ви собі замовите? Які начинки для піци Вам смакують? Які начинки для млинців Вам смакують? Що Вам не смакує? Які ціни в цій піцерії?

в) Напишіть своїй подрузі привітання з днем народження (для написання привітання див. Додаток III).

9. Дискусії та обговорення

А що їсте Ви?

Які страви Вам смакують?

Що Ви найчастіше замовляєте в ресторанах або в барах?

Які страви популярні серед молоді?

Які страви Ви вважаєте корисними для людей?

Чого, тобто яких продуктів чи яких страв, потрібно їсти більше, щоб бути здоровішим?

При приготуванні їжі, чи при її споживанні, на що звертається найбільше уваги: на калорії, жирність, холестерин, вітаміни, протеїн тощо?

Чи Ви б покуштували «Сало в шоколаді»? Чому так, або чому ні?

КЛУБ КАФЕ

«ЛЯЛЬКА»

Вироблено у Львові УКРАЇНА

САЛО В ШОКОЛАДІ

Складники:
Сало (100% холестерин)
Шоколад
Харчові добавки

Енергетична цінність:
2800 ккал.

ТОРГОВА МАРКА
"САЛО В ШОКОЛАДІ"
Всі права юридично
та фізично застережені
©® "Лялька", МО "Дзига"

10. **a) Обговоріть вирази, які подаються нижче. Ці вирази вживаються в такій ситуації.**

Ви пропонуєте своєму другові чи подрузі кудись піти (звертання на «ти»):

ходімо...

сходімо...

давай підемо...

було б не погано піти...

а що, коли б ми пішли...

не хотів би ти сходити...

ми можемо піти...

а як на рахунок того, щоб піти...

не підемо до...

не хочеш піти...

б) Складіть розмову з поданими вище виразами. Запросіть свого друга або подругу кудись піти (на дискотеку, в нічний клуб, на базар, у торгівельний центр чи в/у...).

в) А тепер запросіть кількох своїх друзів кудись, ставлячи дієслова, подані вище, у множину (*давайте підемо..., чи не хочете піти...*).

11. **a) Обговоріть вирази, які подаються нижче. Ці вирази вживаються в такій ситуації.**

Ви в ресторані чи барі і пропонуєте комусь щось з'їсти чи випити (звертання на «Ви»):

замовмо...

подивімося на меню...

давайте замовимо...

на мою думку, смачніше...

давайте почнемо з...

можемо замовити...

покуштуйте...

спробуйте на смак...

не хочете спробувати...

не хочете покуштувати...

б) Уявіть себе в якомусь ресторані чи барі. Складіть зі своїми одногрупниками розмову з поданими вище виразами.

в) А тепер проведіть подібну розмову лише з кимось одним, ставлячи дієслова в однину *(давай замовимо..., не хочеш спробувати...).*

12. **Поставте слова в дужках у правильні форми (див. Додаток IV 1.2.8, 1.2.10).**

Ми були в захваті від (стільки смачні страви) _____ _____ _____ у цьому ресторані. Після (два келихи вина) _____ _____ _____ нам вже було весело. До речі, в цьому ресторані завжди є (декілька види риби) _____ _____ _____, які подаються з (багато різні соуси) _____ _____ _____. Тут широкий вибір! До того ж, у цьому ресторані подають (багато екзотичні страви) _____ _____ _____. Бар є частиною ресторану. Саме тут наші друзі сидять за (келих) _____ пива і пропонують тости за (багато різні речі) _____ _____ _____, а саме: за дружбу, за любов, за товариство.

Які заклади швидкого харчування Ви знаєте? Яке Ваше ставлення до закладів швидкого харчування? Чи Ви часто відвідуєте, наприклад, Макдональдс? Чи Ви чули про популярність Макдональдсу в Україні?

Прочитайте короткий текст про гамбургери в Україні.

«Добридень, гамбургере! Чи прощавай, варенику?»
Уривки з репортажу газети «День» № 194, субота, 25 жовтня 1997 (http://www.day.kiev.ua/287189/).
Автор: Лариса Ніконова.

Ресторанів Макдональдс в Україні відкрили вже чимало. Наприклад, у Києві на Хрещатику за день у ресторані буває до 7 тисяч осіб віком від 2 до 80. Освіта й фах — які завгодно. До речі, далеко не всі з них приходять сюди саме задля попоїсти. Снідають чи обідають тут переважно лише страшенно зайняті службовці з навколишніх установ. Для решти Макдональдс — це щось середнє між музеєм і клубом за інтересами. Діти, наприклад, відмовляються звідси йти: їм тут цікавіше, бо дають різні безкоштовні сувеніри. Ближче до вечора в ресторан сходиться молодь, і ресторан нагадує студентське містечко: за склянкою кока-коли чи фанти легко знайомляться, обмінюються новинами, телефонами. Часто молоді люди купують один гамбургер на двох чи на трьох і сидять в ресторані аж до закриття. Ціни тут доступні, і тому сюди приходять всі, незалежно від товщини гаманця. До того ж, не вимагається залишати чайові.

Отже в Макдональдс приходять для того, щоб за кожним гамбургером чи чізбургером добре провести час. Але є й такі люди, які не в захваті від системи швидкого харчування. До Макдональдсу принципово не ходять

гурмани. На їхню думку, гамбургери хороші один-два рази. Постійно їх їсти не можна. Деякі також думають, що з появою Макдональдсу українці забули, що таке галушки, борщ із салом, а вареників і вдень з вогнем не знайдеш.

Як Ви гадаєте, існує український ресторан на зразок Макдональдсу? Якщо так, то які страви там можуть подаватися?

Вже декілька років тому в Києві з'явився український ресторан швидкого харчування «Швидко». Тут подаються національні страви, такі, як млинці з різноманітними соусами, вареники, пиріжки, курка по-київськи. З напоїв — компоти, узвари та газований напій «Живчик». Так що українське бістро існує.

13. **Уявіть себе разом зі своїми друзями в ресторані «Швидко». Проведіть розмову, використовуючи вирази із завдань 10а) і 11а). А саме: Вам потрібно щось замовити, Вам важко прийняти рішення, і Ви обговорюєте свій вибір.**

народний український ресторан

 14. Напишіть твір про те, яку роль відіграють заклади швидкого харчування у Вашому житті. Чи Ви часто відвідуєте такі заклади? Чому так, або чому ні? Поясніть Ваше ставлення до таких закладів, використовуючи вирази для висловлення власної точки зору (див. Додаток I).

 15. Уявіть, що один із Ваших знайомих Вам сильно допоміг у якійсь справі. Ви дуже вдячні цій особі і хочете якось віддячити. Отже, напишіть коротке запрошення, спочатку висловлюючи подяку за..., а потім запрошуючи цю особу в... (ресторан, бар, кафе тощо). Напишіть це запрошення в офіційному стилі, використовуючи відповідні вирази з Додатку III.

Прочитайте фразеологічні вирази та обговоріть, в яких ситуаціях вони могли б вживатися. Складіть речення з цими виразами.

переводити розмову (мову) = починати говорити про щось інше

вуха в'януть = неприємно щось слухати

пусті балачки = неважливі розмови

бути як у себе вдома = почуватися вільно, невимушено

хто б міг подумати = подив, обурення з приводу чого-небудь несподіваного, непередбаченого

що завгодно = все, велика різноманітність

і в хвіст, і в гриву = не дбаючи

як собаці другий хвіст (як п'яте колесо до воза, як лисому гребінь, як зайцеві бубон) = щось зовсім непотрібне

морочити (смажити) собі голову; не знаходити собі місця = хвилюватися за щось

хоч купайся = досхочу, доволі

пальчики облизувати = бути задоволеним чим-небудь (їжею, напоями)

моя хата скраю, нічого не знаю = не мати діла до чогось

Словник I

відмовлятися, відмовитися *(від кого/чого)*	to refuse
відчувати, відчути *(кого/що)*	to feel, sense, perceive
вибір	choice
власник	owner
винний соус	wine sauce
вино *(сухе, солодке/десертне, напівсухе, напівсолодке)*	wine *(dry, sweet/dessert, semi-dry, semi-sweet)*
гаманець	wallet
гарнір	garnish, side dish
годі *(вам, тобі)*	it's enough
горілка	hard liquor, vodka
гуска	goose
дивний	strange
доречний	appropriate, relevant
доступні ціни	affordable prices
заєць	rabbit, hare
заручини	engagement
закриття	closing
закуски	appetizers
замовляти, замовити *(кого/що)*	to order
засиджуватися, засидітися	to stay too long
звикати, звикнути *(до кого/чого)* [я звик, звикла]	to get used to, accustomed to
індик	turkey
їжа	food
кава	coffee
кальмари	calamari
качка	duck
келих	beer glass, goblet
краб	crab
креветки	shrimp
кріль	rabbit *(farm-raised)*
курка	chicken
мідії	mussels
нагадувати, нагадати *(кого/що)*	to remind
накінець	finally
напій	drink
обмінюватися, обмінятися *(ким/чим)*	to exchange
омар	lobster
опинятися, опинитися	to find oneself (in, on)
оточення *(бути в оточенні кого/чого)*	environment, surrounding(s)
печеня	roast meat
печінка	liver
побажання	wish

подавати, подати *(кого/що)*	to serve, offer
поява	appearance, occurrence
приватний	private
приєднуватися, приєднатися *(до кого/чого)*	to join
проводити, провести *(кого/що)*	to take someone home
промінь	ray
пропонувати, запропонувати *(кого/що)*	to offer
рак	crayfish
ресторан	restaurant
рахунок	bill
салат	salad
свинина	pork
службовець	government employee
(що) смакувати, засмакувати *(кому)*	to savour *(someone likes the food)*
смачний	tasty
соковитий	juicy
сухуватий	a bit dry
телятина	veal
торт	cake
тост	toast
тратити, витратити *(кого/що)*	to spend
урочиста подія	solemn, formal event
установа	institution
устриці	oysters
чайові	tip(s)
чарівний	charming, magic, glamorous
чудовий	wonderful
шампіньйони	meadow mushrooms, champignons, white mushrooms
шампанське	champagne
(кому) щастити, пощастити	to have luck, to be lucky enough
яловичина	beef

Вирази

бути в захопленні *(від кого/чого)*	to be delighted
На здоров'я! Будьмо!	Cheers!
на перше *(на друге/гаряче, на десерт)*	for the first course *(main course, dessert)*
мені це смакує	I like this *(food)*
Смачного!	Bon appétit!
час по хатах *(час іти, час спати)*	it's time to go home *(it's time to go, it's time to sleep)*
що завгодно	anything *(one would like)*
як на смак	how does something taste

www.πιZZα–CεΛεΝταΝο.Cομ

$$\pi z^2 a$$

$Q = 423$ ккал
$D = 28$ см

Формула піци

Уривки з репортажу «Львів піцерійний», інтернетне видання.

Перед прочитанням:

1. **Про що, на Вашу думку, йдеться у цій статті? Що Ви знаєте про улюблені страви українців? Як Ви гадаєте, чи українцям смакує піца? Чому так чи ні?**

2. **Перед прочитанням текстів перегляньте і обговоріть слова та вирази зі Словника II. Вони Вам допоможуть у прочитанні тексту.**

Під час читання:

3. Прочитайте спочатку питання, а потім текст. Дайте відповіді на питання.

Про які заклади харчування Ви дізналися із цієї статті?

Чи ці заклади користуються популярністю у львів'ян?

Хто може собі дозволити поїсти у цих закладах?

Які верстви населення ходять до піцерій?

Якими стравами насолоджуються відвідувачі?

Які ціни в піцеріях? Чи ці ціни доступні для пересічної людини?

Які піцерії обирає молоде покоління і чому?

Піцу яких сортів можна знайти у Львові?

Чи люди приходять до піцерій лише з метою поїсти?

Які послуги пропонуються клієнтам у піцеріях окрім їжі?

Як швидко розвивається піцерійний бізнес у Львові?

Репортаж «Львів піцерійний».
Автор: Галина Доможирова.

Демократична піцерія «Челентано»

У піцерії «Челентано» яблуку не було де впасти. Я запросила до <u>розмови</u> директора. Упродовж <u>бесіди</u> підприємець не випускав з <u>рук мобільного</u> <u>телефону</u>, відповідаючи на дзвінки, водночас кидаючи пильні погляди в бік черги, що збільшувалася.

— Ми маємо чотири підприємства: два у Львові, одне в Києві й одне в Хмельницькому. Щодо цін, то найвищими вони є в Києві, тому що ми виходимо з <u>реальних міркувань</u> щодо <u>того</u>, хто, скільки і що може собі дозволити. Піцерія — дуже демократичний вид <u>бізнесу</u>, розрахований на всі верстви <u>населення</u>. Подивіться, у <u>нас</u> поруч сидять і підприємець, і студент, а он щойно зайшло декілька <u>школярів</u> старших класів. До речі, ми лише нещодавно відкрили цю піцерію в центрі, а також ще одну неподалік <u>університету</u>, щоб студентам було зручніше перекусити після лекцій.

— *Але звідки ж у <u>студентів</u> гроші на таке задоволення? Адже у <u>них</u> із грошима не густо.*

— Не зовсім так... Студент тепер пішов дуже ініціативний, підприємливий. Та й у <u>нас</u> працює лише молодь. За рік ми відкрили понад 100 <u>робочих місць</u>. Нині багато юнаків, <u>дівчат</u> підробляють у сфері обслуговування, а тому можуть собі дозволити задоволення посидіти з друзями у піцерії. Фірмова піца «Челентано» з томатним соусом і сиром коштує від 15 до 20 гривень. Хтось хоче урізноманітнити її крабовими паличками, полядвицею, перцем, кукурудзою, печерицями, будь-ласка: за 4-6 гривень можна отримати додаткові смакові нюанси.

Наші піцерії дуже популярні, і, напевно, своєю популярністю «Челентано» завдячує ще й тому, що замовлення виконується у вас на очах, а до рота потрапляє, коли, як кажуть, клієнт дозрів остаточно.

Молоде покоління обирає «Сан-Ремо»

У піцерії «Сан-Ремо» можна не лише з'їсти щось смачненьке — салат, борщик, деруни, не кажучи про піцу 'надцятьох' сортів, а й просто випити кави.

Багато людей приходить сюди, щоб повечеряти, поснідати, а деякі навіть призначають тут побачення. Усе подається швидко, і ніхто не підганяє клієнтів. Дехто тут взагалі сидить годинами, працюючи на комп'ютері. Працює ця піцерія цілодобово.

У цій нетрадиційній піцерії перше, що привернуло увагу, — це великий екран телевізора, на якому демонструвалися останні моделі чоловічого одягу. П'ять комп'ютерів, що розмістилися по кутах, були зайняті.

У «Сан-Ремо» відвідувачі користуються електронною поштою, Інтернетом. Вдень 15 хвилин Інтернету коштують 1 гривню, вночі за 1 гривню час подовжується до півгодини. Той, хто замовляє Інтернет на всю ніч, платить 10 гривень. Ввечері у «Сан-Ремо» співають, адже тут є ще й караоке-шоу. Також, тут ще є зал, який називається «Тихий». Там збираються люди поважного віку, яким треба поспілкуватися або відзначити ювілей, родинне свято. Є тут і кабіни на кілька осіб, де, при бажанні, можна створити навіть атмосферу ділової зустрічі.

Ціни у цій піцерії досить доступні. Наприклад, якщо 4 молодих людей скидаються по 12-15 гривень, то можна і наїстися, і каву замовити, і пива випити, і вечір культурно провести.

Затишок у піцерії «Каро»

У піцерії «Каро», що на вулиці Пекарській, ціни трохи вищі від «Челентано» і «Сан-Ремо» (велика піца — 35 гривень, маленька — 25 гривень), але сама атмосфера майже сімейна. Тут піцу теж розкачують у вас на очах, випікають і за кілька хвилин подають на стіл.

Інше

Також відкрилася піцерія у підвалі кав'ярні «У Юрія Кульчицького» (пл. Винниченка). Там можна знайти 20 сортів піци: м'ясні, грибні, рибні, фруктові, вегетаріанські. Вага: від 600 до 700 грамів. Можна наїстися самому, можна з приятелем, а можна й на трьох поділити. Коштує від 20 до 30 гривень.

Скільки піцерій у Львові?

Ніхто не знає точної кількості піцерій у Львові — називають цифри 20, 25, але добре пам'ятають, що перша львівська піцерія відкрилася на вулиці Городоцькій, у районі церкви святої Анни. Колись це була новинка, а тепер вони з'являються, як гриби після дощу.

Після прочитання:

**4. У тексті підкреслені слова вживаються у родовому відмінку.
Перегляньте вживання цих слів та поясніть функції родового відмінка.**

5. Поставте слова в дужках у правильні форми (див. Додаток IV 1.1, 1.2).

☺ *Підказка:* родовий відмінок.

Згідно (стаття) ____ з'являється все більше і більше (заклади)
____ харчування, в яких можна не лише наїстися і напитися, але й
отримати доступ до (Інтернет) ____ та поспілкуватися з незнайомими
та знайомими людьми (різний вік) ____ ____. «Челентано», «Сан-Ремо»
і «Каро» — це відомі піцерії для (люди) ____ (різний вік) ____ ____.
Тут можна зустріти багато (підлітки) ____, (студенти) ____, (школярі)
____ чи (люди) ____ поважного віку. У піцеріях завжди приємна,
затишна атмосфера для (всі) ____. Цікаво, що можна знайти тут піцу
(багато різні сорти) ____ ____ ____, яку випікають у (клієнт) ____ на
очах. Львівські піцерії розраховані на всі верстви (населення) ____.
У будь-якій піцерії кожний може собі дозволити замовити багато
(смачненькі страви) ____ ____: різні види (салати) ____, декілька (види)
____ борщу, деруни і багато чого (інше) ____.

**6. Знайдіть прийменники у тексті та поясніть їхнє вживання з різними
відмінками (див. список прийменників і відмінків, який подається в
Додатку IV 1.3).**

**7. Повторіть використання таких слів, як: *декілька, деякі, декотрі,
всі, дехто.* Продовжіть подані нижче речення (див. Додаток IV 1.2.7,
1.2.10, 1.5).**

Крім деяких піцерій,...

Для всіх закладів харчування важливо...

У декількох ресторанах ми покуштували...

На цих всіх підприємствах...

Дехто зі школярів насолоджується...

Звідки у вас всіх...

Швидко перекусити можна в деяких...

Декілька юнаків і дівчат...

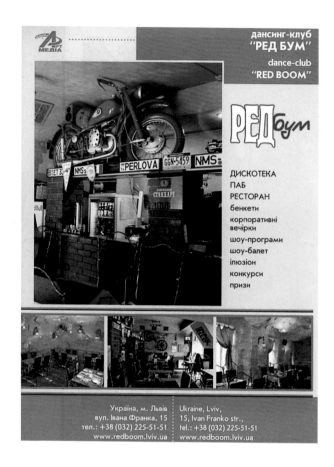

Ми зі всіма своїми друзями...

Наша піца була зі всім:...

...можна знайти піцу всіх сортів.

8. Повторіть використання числівників. Поставте числівникові вирази у правильні форми (див. Додаток IV 1.2.7, 1.2.8, 1.2.9).

Під час перебування у цьому місті ми побували у (п'ять піцерія) ____
____, (вісім різні ресторани) ____ ____ ____ і (три нічні клуби) ____
____ ____. В одній із піцерій ми здивувалися, бо можна було наїстися за
(десять-дванадцять гривня) ____ ____. Піца у цьому ресторані готувалася
у (ми двоє) ____ ____ на очах. В одному з ресторанів наше замовлення
коштувало (тридцять вісім гривня і п'ятдесят дві копійка) ____ ____
____ і ____ ____ ____. На чайові ми залишили (чотири гривня та
шістдесят дві копійка) ____ ____ та ____ ____ ____. В іншій піцерії ми
вирішили, що можна поділитися однією піцою на (дві особа) ____ ____.

9. Складіть речення з 'Виразами' зі Словника II, додаючи також слова, подані нижче (див. Додаток IV 1.5).

ніхто

ніщо

ніколи

нікуди

ніде

ніякий, ніяка, ніяке, ніякі

ніяк

 10. Напишіть підсумок репортажу «Львів піцерійний», використовуючи цитати зі статті та висловлюючи свої власні враження і точку зору (див. Додатки I, II).

11. Обговоріть з одногрупниками свою улюблену їжу: що Вам смакує найбільше чи найменше, що Вам зовсім не смакує, яка їжа Вам до вподоби, якої їжі Ви не можете терпіти, без якої їжі Ви не можете обійтися, якій їжі Ви надаєте перевагу, які напої Вам подобаються тощо.

Словник II

бізнес	business
бесіда	conversation
блукати, поблукати *(по чому)*	to wander around
верстви населення	social strata
дерун	potato pancake
завдячувати, завдячити *(кому/чому)*	to owe, be obliged
заклад харчування	food establishment
клієнт	client, customer
люди поважного віку	adults, middle-aged people
міркування	thoughts
мобільний телефон/мобілка	cell phone/cell
насолоджуватися, насолодитися *(ким/чим)*	to enjoy
обслуговувати, обслужити *(кого/що)*	to serve
обслуговуючий персонал	service personnel
остаточно	finally
перекушувати, перекусити	to have a bite
підробляти, підробити	to have a part-time job, to earn extra money
робоче місце	vacancy, workplace
родинне свято	family celebration or holiday
сорт	sort, type
спілкуватися, поспілкуватися *(з ким)*	to converse
упродовж *(чого)*	in continuation of, during
цілодобово	twenty-four hours a day
ціна	price
школяр	elementary or secondary school student
ювілей	anniversary
юнак	youth

Вирази

за філіжанкою кави	over a cup of coffee
кидати, кинути погляд в бік *(кого/чого)*	to glance at
могти собі дозволити *(кого/що)*	to be able to afford *(something)*
на очах *(щось відбувається)*	in front of your eyes
на трьох поділити	to split three ways
не випускати, випустити з рук	to not let something out of your grasp
піца 'надцятьох' сортів	all types of pizza
призначати, призначити побачення	to arrange a date
проводити, провести вечір	to spend an evening
сидіти годинами *(де, в чому, на чому)*	to stay for hours
студент пішов тепер дуже ініціативний	students now show more and more initiative
яблуку ніде впасти/яблуку немає де впасти	no room for an apple to fall *(very crowded)*
(з'являтися, з'явитися) як гриби після дощу	to appear like mushrooms after the rain

6   Здоровий спосіб життя

Частина I   Здоровий спосіб життя

На сьогоднішній день прагнення до здорового й активного способу життя стало модним і навіть престижним. З кожним днем стає все популярніше ходити в басейни і тренажерні зали. Все більше і більше людей, намагаючись хоч якось розворушитись і покращити свій спосіб життя, вдаються до фізичних вправ. Деякі починають із простеньких вправ на кожен день: замість користуватися транспортом — ходять пішки, замість сидіти прикутими до телевізора — працюють коло хати чи ходять на прогулянки. І це «щось» є краще від «нічого». Але є й багато таких людей, які регулярно тренуються і займаються спортом, що безсумнівно робить людину набагато здоровішою і активнішою. Дослідження фахівців показують, що недостатність фізичної активності вдвічі збільшує кількість серцево-судинних захворювань. З іншого боку, постійні тренування кілька разів на тиждень зменшують імовірність таких захворювань, як рак, остеопороз і діабет, запобігають появі депресії та відчуття тривоги. Фізичні навантаження — це безпечний шлях до того, щоб тримати себе у формі, чудово себе почувати, виглядати молодим і жити повноцінним життям.

📖 Розмова

1. а) Прочитайте розмову.

А ось як із цього приводу міркують наші друзі Адам, Роксолана і Роман:

Роксолана: Чи Ви читали у журналі «Молодь» про відкриття нового спортивного комплексу при нашому університеті? Цей комплекс — правдива лялечка!

Адам: Авжеж, як не дивно, стаття була і на обкладинці, і на першій сторінці.

Закритий зал для міні-футболу

Відкрите поле для міні-футболу

Відкриті тенісні корти

Роман: Так, але не тільки стаття мене привабила, але й світлини. Той комплекс настільки гарно спланований, що і важко собі навіть уявити, як щось подібне можливо було побудувати!

Роксолана: Так, звичайно, комплекс — чудова ідея, яка нагадує нам про те, що ми зовсім не займаємося спортом і не дбаємо про своє здоров'я. Спосіб життя, який ми ведемо, не дуже здоровий — навчання, ходіння на каву, розмови на перервах між парами, заняття вдома, сніданки, обіди та вечері, і на цьому кінець. Нам всім потрібно зайнятися своїм способом життя. Так-так: і мені, і тобі, Адаме, і тобі, Романе.

Адам: Роксолано, ти маєш рацію. Мене справді гризе совість за те, що я зовсім не приділяю уваги своєму здоров'ю. Ми всі повинні якомога більше уваги приділяти здоровому способу життя.

Роман: Так-так, такому способу життя, в якому ми постійно активні. Хоч і важко знайти вільну хвилину на те, щоб піти в тренувальний зал, але ми повинні намагатися. Потрібно вірити в свої сили!

Роксолана: Правда. Ні я, ні ви не займаємося спортом. Ми повинні пам'ятати, як собі постелиш, так і буде, або ще як кажуть: «Що посієш, те й пожнеш».

Адам: Чудові ідеї. Але як на мене, то я переживаю не стільки за час, який ми могли б присвятити спорту, скільки за кошти. Чи хто-небудь знає, скільки коштує задоволення ходити до тренажерного залу?

Роксолана: Мені здається, що ціна на місяць складає 90 гривень, але це включає не тільки вартість тренажерного залу, а й басейну і сауни.

Роман: Це по кишені. Подумаймо над цією ідеєю!

б) Поясніть використання розділових знаків у тексті 'Розмови' вище (див. Додаток IV 4).

🔍 Дискусія

Яке місце займає спорт у Вашому житті?

Якими видами спорту Ви займаєтеся чи займалися?

В які спортивні ігри Ви граєте чи грали?

Скільки уваги Ви приділяєте своєму здоров'ю?

Чи Ви пов'язуєте спорт зі здоров'ям?

Яку роль спорт відіграє в житті суспільства?

Чи хвороби є наслідком того, який спосіб життя ми ведемо?

На Вашу думку, як потрібно піклуватися про свій організм?

Як на Вас, то що значить вести активний і здоровий спосіб життя?

2. **а) Знайдіть у тексті 'Розмови' подані нижче сполучники і сполучні вирази. Обговоріть їхнє використання та значення.**

і..., і	and... and, as well as..., both... and
ні..., ні	neither... nor
ані..., ані	neither... nor
або..., або	either... or, whether... or
як..., так (і)	similarly, in the same way
не так..., як	not so (big, interesting, etc.), as (long, sweet, etc.)
хоч..., але/(та)	even though
не тільки..., але й (а й.../ а ще й...)	not only... but also
не лише..., але й (а й.../ а ще й...)	not only... but also
не стільки..., скільки	not so much... as
наскільки..., настільки	as much as

б) Напишіть твір з поданими вище сполучниками і сполучними виразами, висловлюючи свої думки щодо здорового способу життя. Використовуйте відповідні розділові знаки (див. Додаток IV 4).

3. **Під час навчання в університеті, незважаючи на стрес, Ви вирішили вести здоровий спосіб життя. Напишіть про це листа Вашій подрузі, другові чи Вашим батькам, розповідаючи детально про своє рішення. Отже, розпочніть із розповіді про навчання, про те як «легко» вчитися в університеті, як Вам вистачає чи не вистачає часу на різні речі, а тоді напишіть про те, як Ви вирішили змінити свій спосіб життя, чим Ви тепер займаєтеся, на що звертаєте увагу, що для Вас тепер стало пріорітетом, що важливе, а що ні і т.д. Намагайтеся використовувати якомога більше сполучників із вправи 2а) (також для написання листа див. Додаток III).**

4. Поставте слова в дужках у правильні форми і додайте необхідні розділові знаки у речення (див. Додаток IV 4).

Кожна людина повинна позбутися негативних звичок а насамперед (ті) _____ які шкодять здоров'ю.

Ніхто не може втрачати надії на краще життя а саме на (таке) _____ в якому можна бачити себе щасливим.

Атлети дотримуються чіткого й організованого режиму згідно (який) _____ вони планують свій день.

Безліч студентів виконують фізичні вправи на (тренажери) _____ які поставлені в тренувальному залі.

Вона займається різноманітними видами спорту а саме (такі) _____ як волейбол плавання та культуризм.

Чемпіонат Європи на (який) виступало багато атлетів з України проходив у маленькому європейському містечку яке стало центром спортивних змагань.

Не стільки було цікаво побувати в іншій країні скільки мати можливість підтримати наших (атлети) _____.

Хоч часом важко знайти (вільна хвилина) _____ _____ на тренування але ми все ж таки намагаємося тримати відмінну форму.

зал аеробіки,
басейн, джакузі, сауна, солярій
тренажерний зал, масажний кабінет,
римська баня, «вітамінний бар»
пр. Шевченка 10, т. 97-40-94

Сталевий стрижень(гриф)

Металевий диск ваги „блін"

ЖИМ ШТАНГИ → Фото штанга

5. На основі реклам, поданих вище:

а) Дайте відповіді на питання.

Де знаходиться спортивний комплекс?

Які послуги пропонує оздоровчий комплекс?

Які вправи виконують люди на ілюстраціях?

Чи Ви б тренувалися в такому комплексі і чому?

б) Продовжіть речення, додаючи необхідну інформацію.

У цьому спортивному комплексі є і сауна, і...

Окрім джакузі, є також і...

У вітамінному барі можна не тільки насолоджуватися соками, а й...

Тренуватися можна або в залі аеробіки, або...

Наскільки важко піднімати штангу, настільки легко...

Штанга має не тільки сталевий стрижень, але й...

6. З'єднайте початки речень із лівої колонки з відповідними виразами з правої колонки та обговоріть ці речення.

Прагнення до здорового способу життя	ходять пішки або працюють коло хати.
Все більше і більше людей знаходять вільну хвилину	себе фізично загартовують.
Деякі, замість користуватися транспортом,	на заняття в тренажерних залах.
Регулярні тренування безперечно	стало модним і престижним на сьогоднішній день.
Люди, які постійно тренуються,	роблять людину набагато здоровішою.

Нікому не завадить хоча б	раз на тиждень робити фізичні вправи.
Необхідно утримуватися від їжі, яка	щоб завжди бути в формі.
Завжди можна знайти вільну хвилину	потрібно вірити в свої сили.
Щоб жити повноцінним життям,	містить жири та холестерин.
Фізичні навантаження — це безпечний шлях до того,	на заняття в тренажерному залі.

А тепер торкнемося теми «Людський організм і здорове харчування».

7. а) Перегляньте етикетки різноманітних харчових продуктів.

Шоколад
КОКОСОВИЙ

Україна, 290019,
Львів, вул. Ткацька, 10
АТ «Львівська
кондитерська фірма «Світоч»

Вміст: какао терте, какао-масло,
цукор, молоко, кокосові пластивці,
ароматичні смакові додатки

ГОСТ 6534-89   Маса нетто 20 г

Термін зберігання - 120 днів

ДОБРЯНА
щедра господиня

Brie

Сир сичужний м'який "Бри". Маса нетто 100 г.
Масова частка жиру у сухій речовині — 50,0%.
Склад продукту: молоко коров'яче незбиране, закваска
бактеріальна, сичужний фермент, сіль харчова, кальцій
хлористий, пеніциліум кандідум.
Харчова цінність 100 г сиру: Жири — 23,0 г; Білки — 13,7 г;
Вітаміни, мг: А — 0,19, В — 0,37, С — 2,5.

ГЛАЗУРОВАНІ КУКУРУДЗЯНІ ПЛАСТІВЦІ

Здоровий сніданок - на кожний ранок

Глазуровані кукурудзяні пластівці *START* виготовлені з використанням доброякісної кукурудзи та незначної кількості цукру - просто додайте молока і насолоджуйтесь.

СКЛАД:
Кукурудзяне борошно, цукор, солодовий екстракт та сіль.
Без штучних барвників, штучних ароматизаторів та консервантів.

ІНФОРМАЦІЯ ПРО ПОЖИВНІСТЬ:
(Вміст у 100 г продукту)
білки - 5,96 г
жири - 0,84 г
вуглеводи - 77,2 г

Вітаміни:
β каротин - 0,141мг
В$_1$ - 0,09 мг
В$_2$ - 0,05 мг
РР - 0,776 мг
Термін зберігання - 6 місяців
Зберігати в сухому прохолодному місці
Калорійність - 314,2 ккал
ТУ 18 Україна 60-92

049 БЦ ДЦСМС

4820008120076

Crowndale Limited Kyiv
ВАТ Бориспільський завод продтоварів
Україна, 256300
Київська обл.
м. Бориспіль
вул. Привокзальна, 3
тел.: +380 44 95 711-34
факс: +380 44 95 522-95

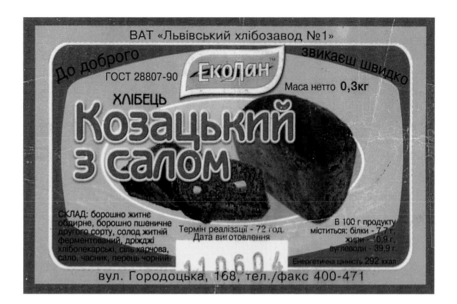

ВАТ «Львівський хлібозавод №1»

До доброго   звикаєш швидко

Еколан™

ГОСТ 28807-90   Маса нетто 0,3кг

ХЛІБЕЦЬ
Козацький з салом

СКЛАД: борошно житнє обдирне, борошно пшеничне другого сорту, солод житній ферментований, дріжджі хлібопекарські, сіль харчова, сало, часник, перець чорний.

Термін реалізації - 72 год.
Дата виготовлення

В 100 г продукту міститься: білки - 7,7 г, жири - 10,9 г, вуглеводи - 39,9 г.
Енергетична цінність 292 ккал

110604

вул. Городоцька, 168, тел./факс 400-471

З АРАХІСОВОЮ НАЧИНКОЮ

Світоч

Вафлі
ГАЛИЦЬКІ

Вафлі **ГАЛИЦЬКІ**

АТ «Кондитерська фірма «СВІТОЧ»
м. Львів, вул. Ткацька, 10
БАЖАНО СПОЖИТИ ДО:

Вміст:
борошно вищого гатунку, какао-порошок, арахіс, цукор, рослинний жир, молоко, яйцепродукти, сіль, розрихлювачі, ароматичні смакові додатки.
100г продукту містить: білків - 6,8 г, жирів - 33,4 г, вуглеводів - 53,8 г.
Калорійність 100г/541ккал
Термін зберігання 60 днів.

МАСА НЕТТО
40 г.
ГОСТ 14031-68

4823000901742

АТ «КИЇВХЛІБ»
Хлібокомбінат №11, вул. Бориспільська, 24

Цей хліб смачний-
бо український.

ГОСТ 28809-90

Термін реалізації - 24 години. Маса - 220 г

хлібець з КАРОТИНОМ

Виготовлений з борошна пшеничного вищого ґатунку, дріжджів, солі, цукру, олії соняшникової та каротину.

Хлібець насичений β – каротином, який має радіопротекторні властивості, ефективний при виразках шкіри та шлунку, променевому ураженні, застудних захворюваннях верхніх дихальних шляхів.

Вміст в 100 г продукту:
  білки - 8.0 г
  жири - 2.4 г
  вуглеводи - 55.0 г
  вітаміни:
  B1 (тіамін) - 0.14 мг
  B2 (рібофлавін) - 0.04 мг
  PP (ніацин) - 1.04 мг
  β - каротин - 0.46 мг
  Енергетична цінність 100 г продукту - 276.3 ккал.

ТОРЧИН ПРОДУКТ

ВИРОБНИК: АТ "ВОЛИНЬХОЛДІНГ"
УКРАЇНА, смт.ТОРЧИН, вул.І.Франка,4
тел/факс (03322) 70111, 42135

ТЕРМІН ЗБЕРІГАННЯ ПРИ ТЕМПЕРАТУРІ:			
від	0	до	5 °C	90 днів
від	5	до	10 °C	60 днів
від	10	до	18 °C	45 днів

МАСА НЕТТО
330г

ХАРЧОВА ЦІННІСТЬ (100 г. продукту)	
найменування речовини	вміст
жири	50 г.
білки	2,7г.
вуглеводи	1,5 г.
органічні кислоти	0,5 г.
мінеральні речовини	1,1 г.
Калорійність	482 кКал

Склад: олія, цукор, яєчний порошок, сухе молоко, натуральний ароматизатор, стабілізатор (E412, E415), вода, сіль, оцет, бетакаротин, бензоат натрію (E 211).

ГОСТ 30004.1-93
дата виготовлення

Вироблено в Україні
1 3 5 7 9 11 13 15 17 19 21 23 25 27 29 31 I II III IV V VI VII VIII IX X XI XII   1998 р.

ДОВГАНЬ
МАЙОНЕЗ ЛУЦЬКИЙ

ЧІПСИ КАРТОПЛЯНІ
ЗІ СМАКОМ ШАШЛИКУ

САНЧО™

ДАТА ВИГОТОВЛЕННЯ:

10 БЕР 2008

Україна, м. Дніпропетровськ, вул. Океанська, 10, ТОВ «Продторгресурс», тел. (0562) 30-58-93, (056) 788-49-75

Склад: сухе картопляне пюре, крохмаль, борошно пшеничне, крупа кукурудзяна, сіль, олія, харчова смакоароматична добавка зі смаком шашлику (ароматичні компоненти натурально-ідентичні, мальтодекстрін, підсилювач смаку (E621, E627, E631), сіль, спеції, молоко сухе, білок рослинний).

Спосіб вживання: продукт повністю готовий до вживання. Використовується як сухий сніданок, гарнір до м'ясних страв, закуска до різних соків, молока та пива.

У 100 г чіпсів міститься: білків – 6,5 г, жирів – 30,0 г, вуглеводів – 52,5 г.
Вітамінів: B1 – 0,07 мг; B2 – 0,12 мг; PP – 2,1 мг; C – 4,5 мг.

Зберігати в сухому прохолодному місці за t від 0°C до 20°C та відносної вологості не більше 75%. Термін придатності до споживання: 5 місяців.

Енергетична цінність 100 г продукту – 493 ккал

Маса нетто 80 г ± 2%

ТУ У 15.8-2908809907.001-2003

ЗІ СМАКОМ ШАШЛИКУ

ЧІПСИ КАРТОПЛЯНІ
ЗІ СМАКОМ ШАШЛИКУ

б) Використовуючи етикетки харчових продуктів, складіть список різних поживних речовин та складників і подумайте над англійськими відповідниками.

8. Дискусії та обговорення

Коли Ви купуєте або споживаєте продукти, чи звертаєте увагу на складники і поживні речовини?

Чи вміст вітамінів для вас є важливим? Якщо так, то яким вітамінам Ви надаєте перевагу?

Які різні складники, на Вашу думку, впливають на людський організм?

Як Ви ставитеся до різноманітних дієт? Чи вони важливі для того, щоб вести здоровий спосіб життя?

9. Уявіть себе дієтологом. Складіть оптимальну дієту на тиждень для людини, яка хоче радикально змінити свій раціон і почати здоровий спосіб життя.

Хто Ви за гороскопом, або під яким знаком зодіаку Ви народилися? Чи вірите Ви в гороскопи? Чому так, або чому ні?

 10. **Прочитайте «Календар здоров'я» на цей місяць.**

 Овен: Емоційна неврівноваженість може закінчитися емоційним зривом. Можливі травми.

 Телець: Не найкращі дні для інтимної близькості. Не виключені розчарування.

 Близнята: Високий ризик травмування колін, хребта. Обережніше з ліками. Час просто відпочити.

 Рак: Чудовий період для зміцнення здоров'я. Снам не вірте. Не зловживайте важкою їжею і газованими напоями (печінка).

 Лев: Стережіться отруєння. Утримуйтеся від поїздок.

Діва: Обережно з електроприладами, можливий травматизм. Тримайте нерви у кулаці. Можуть бути розлади травлення.

Терези: Строго дотримуйтеся дозування ліків, будьте обережними з електроприладами.

 Скорпіон: Не забувайте виключати електроприлади, газову плиту. Прогулянки на свіжому повітрі допоможуть відновити сили, фізичне навантаження вам не завадить.

 Стрілець: Обережно на дорогах. Час сприятливий для хірургічних операцій. Не перевантажуйтеся роботою і фізичними вправами, не переїдайте.

 Козерог: Активний відпочинок стане профілактикою серцевих захворювань, додасть бадьорості.

Водолій: Слід стерегтися геморою, одягайтеся тепліше, щоб не застудитися. Сприятливий час для візиту до лікаря. Може бути знесилення, не перевтомлюйтеся. Обережно — можливі травми.

 Риби: Успішно пройде запланована хірургічна операція. Підвищиться працездатність. Бережіться протягів, переохолодження. Не радимо робити операції на нирках, колінах, статевих органах.

Протяг — причина всіх хвороб в українській культурі ☺

11. а) Знайдіть в «Календарі здоров'я» слова для позначення частин людського тіла, організму і хвороб. Складіть список цих слів і виразів, а також обговоріть їх.

б) У «Календарі здоров'я» використовується багато дієслів у наказовому способі (*не вірте, стережіться*). Складіть список цих дієслів, повторіть формування та використання дієслів у наказовому способі (див. Додаток IV 2.3).

в) Також у «Календарі здоров'я» використовуються вирази, пов'язані з наданням порад (*не радимо*). Випишіть ці вирази і обговоріть їхнє значення та використання.

12. Використовуючи інформацію з «Календаря здоров'я», продовжіть речення.

Для Козерогів автор радить...

Автор радить одягатися тепліше...

На думку автора, і для Овнів, і для Водоліїв...

Автор стверджує, що як Терези, так і Скорпіони повинні...

Для Раків автор радить не зловживати не тільки важкою їжею, але й...

Щодо Стрільців, то, на думку автора, їм не можна перевантажуватися ані роботою, ані...

Для того, щоб Водоліям не застудитися, автор їм радить...

На рахунок Риб, автор не радить операцій ані на нирках, ані...

Як прогулянки на свіжому повітрі, так і фізичне навантаження не завадять...

Для Тельців автор передбачає не тільки..., але й...

 13. Складіть власний «Календар здоров'я» для своїх друзів та/або родини. Будьте творчими. Використовуйте дієслова і вирази, які Ви виписали у завданні 11 б) і в), тобто дієслова у наказовому способі (див. Додаток IV 2.3) і вирази для надання порад.

14. Поставте слова в дужках у правильні форми (див. Додаток IV 1.2.7, 1.2.10).

Часто люди вдаються до (багато нездорові речі) ____ ____ ____. Мої друзі займаються (багато види) ____ ____ спорту. Кожен із нас може позбутися (багато негативні звички) ____ ____ ____. Не можна втрачати надії на (все) ____. У своєму житті я намагаюся приділяти увагу (декілька речі) ____ ____. Я часто присвячую час (всі свої друзі) ____ ____ ____. Під час відвідування спортзалу я завжди намагаюся тренуватися на (всі тренажери) ____ ____. У загальному, я задоволений (все) ____ і (всі) ____ у своєму житті.

15. а) Перекладіть з української на українську, змінюючи подані нижче речення на речення з виразом *під час того, як* (див. Додаток IV 3.3).

Приклад:

Тренуючись у тренажерному залі, я намагаюся пити багато води. ⇢ *Під час того, як я тренуюсь у тренажерному залі, я намагаюся пити багато води.*

Виконуючи фізичні вправи в тренажерному залі, вона думала про значення спорту в житті.

Приймаючи участь у цих змаганнях, він вірив у свої сили.

Ведучи здоровий спосіб життя, ми утримуємо відмінну форму.

Тренуючись, ми думали про нові тренажери.

Розминаючись, ми переживали за результат змагань.

Приділяючи увагу фізичним вправам, вони забули за свою дієту.

Займаючись спортом, не можна перевантажуватися.

Утримуючись від жирів, вони забули за вуглеводи.

Ведучи здоровий спосіб життя, люди живуть повноцінним життям.

б) Перекладіть з української на українську, змінюючи подані нижче речення на речення з виразом *після того, як* (див. Додаток IV 3.3).

Приклад:

Виконавши комплекс фізичних вправ, вона вирішила відпочити у вітамінному барі. ⇢ *Після того, як вона виконала комплекс фізичних вправ, вона вирішила відпочити у вітамінному барі.*

Відкривши новий комплекс, керівництво університету почало думати про оновлення басейну.

Сходивши на каву, вони все ж таки вирішили потренуватися.

Знайшовши вільну хвилину, подумай над своїм способом життя.

Повіривши в свої сили, ти зможеш легко позбутися негативних звичок.

Приділивши більше уваги дієті, вона змогла утримати відмінну форму.

Присвятивши час собі, вона позбулася стресу від навчання.

Вдавшися до фізичних вправ, мої друзі почали себе краще почувати.

Розпочавши заняття в фітнес-клубі, він отримав новий заряд енергії на навчання.

 16. а) Прочитайте рекламу молока «Баланс».

б) Напишіть подібну рекламу на якийсь продукт за власним вибором. Будьте творчими.

Молоко вважається одним з найбільш довершених і досконалих продуктів на Землі, що приготувала сама природа.

Молокозавод "Галактон" використовує унікальну технологію обробки молока, після якої молоко вже не потребує кип'ятіння, що дозволяє зберегти його натуральний смак і природні властивості.

олоко "БАЛАНС полюблять всі члени вашої родини, особливо діти, бо воно має чудовий смак і містить необхідний для організму комплекс вітамінів та мікроелементів.

Кальцій - для кісток
Білок - для м'язів
Калорії - для руху
Вітаміни А, D - для зору та шкіри
Вітаміни В - для роботи клітин

МОЛОКО "БАЛАНС"

Баланс необхідних поживних речовин і вітамінів

Баланс природного коров'ячого молока та унікальної передової технології

Баланс ніжного смаку, здорового і корисного продукту та сучасного упакування

Баланс співпраці найкращих ферм та заводу "Галактон"

Саме склянка молока "БАЛАНС" в день, а краще дві, надасть вам природної сили, збалансує ваші потреби в кальцію, білках, вітамінах, забезпечить ваш організм необхідною енергією і поживними речовинами.

Прочитайте фразеологічні вирази й обговоріть, в яких ситуаціях вони могли б вживатися. Складіть речення з цими виразами.

терпи, козаче, отаманом будеш/терпи, козаче, горе, будеш пити мед = ситуація покращиться

той, хто тоне, хапається за соломинку/навчить біда ворожити = коли людина у розпачі, вона хапається за кожен шанс

немає нічого злого, щоб на добре не вийшло = весь час погано не буває

не женися за двома зайцями, бо й одного не впіймаєш = сконцентруйся на чомусь одному

кому легко на серці, до того весь світ сміється = будь життєрадісним навіть у найгіршій ситуації

чому бути, того не минути = приймай речі такими, якими вони є

життя прожити — не люльку викурити = в житті всяко буває

що посієш, те й пожнеш = як підходиш до життя, таким воно і буде

Словник I

вдаватися, вдатися до *(чого)*	to turn to, to get into
вид спорту	type of sport
види спорту	sports
гартувати, загартувати *(кого/що)*	to physically strengthen
захворювання	illness
зловживати, зловжити *(ким/чим)*	to overuse, abuse
змагання	competition
ймовірність *(чого)*	probability
надолужувати, надолужити *(кого/що)*	to make up for, to catch up with
негативні звички	bad habits
розминка	warm up, stretching
розминатися, розімнутися	to stretch
перевантажуватися, перевантажитися	to overload oneself
перевтомлюватися, перевтомитися	to overstrain oneself, be overtired
прагнення до *(чого)*	striving (for)
працездатність	ability to work
приваблювати, привабити *(кого/що)*	to attract
прикутий до *(кого/чого)*	tied, chained (to)
профілактика	prophylactic, preventative measures
синець *(синці)*, синяк	black eye, bruise
спосіб життя	lifestyle
сприятливий	favourable
травма	trauma, injury
тренажер	exercise machine
тренажерний зал	gym
тренування	training
тренуватися, потренуватися	to train
утримуватися, утриматися *(від кого/чого)*	to restrain oneself from, abstain from
фізичні вправи	physical exercises
фізичне навантаження	physical load
чемпіон	champion
чемпіонат	championship

Вирази

вести здоровий спосіб життя	to lead a healthy lifestyle
вірити, повірити в свої сили	to believe in oneself
(кого) гризе совість	to have an unclear conscience
дотримуватися, дотриматися режиму	to stick to a routine
з кожним днем	with every passing day
знаходити, знайти вільну хвилину *(на кого/що)*	to find a free minute (for *someone/ something*)
не втрачати надії *(на кого/що)*	to not lose hope for
(кому/чому) не завадить *(хто/що)*	(for *something/someone*) it will not hurt
приділяти, приділити увагу *(кому/чому)*	to devote attention

присвячувати, присвятити час *(кому/чому)*	devote time
тримати нерви у кулаці	to keep oneself calm
тримати відмінну форму	to maintain a great shape
бути в формі	to be in shape
жити повноцінним життям	to live life to the fullest
(кому) по кишені *(хто/що)*	affordable

ДОДАТКОВИЙ СЛОВНИК

Харчові речовини, харчування	**Nutrition**
білки (протеїн)	protein
вітаміни	vitamins
вуглеводи	carbohydrates
жири	fat
поживна їжа	nutritious food
холестерин *(підвищений рівень холестерину)*	cholesterol *(high level of cholesterol)*

Медицина	**Medicine**
альтернативна медицина	alternative medicine
бинт	bandage
вакцина	vaccine
вата	cotton
діагноз *(поставити діагноз)*	diagnosis *(to diagnose)*
інфекційна хвороба	contagious disease
крем	cream
мазь	ointment
попереджувати, попередити захворювання	to prevent an illness
спадкова хвороба	hereditary disease
таблетки	pills
щеплення	immunization
харчування	nutrition

Хвороби	**Diseases**
атеросклероз	sclerosis
виразка шлунку	ulcer
депресія	chronic stress, depression
запалення легенів	pneumonia
знесилення	exhaustion, fatigue
ожиріння	obesity
опік	burn
остеопороз	osteoporosis
отруєння	poisoning

приступ серця, інфаркт	heart attack
розлад	disorder
розлади травлення	digestive disorders
серцеві захворювання	heart disease
сонячний удар	sunstroke
тиск	blood pressure
удар серця, інсульт	stroke
укус	bite
цукровий діабет	diabetes
протяг ☺	draught

Лікарі та ділянки медицини	Doctors and medical domains
гінеколог (ія)	gynecologist (gynecology)
дерматолог (ія)	dermatologist (dermatology)
окуліст (офтальмолог [ія])	ophthalmologist/eye doctor (ophthalmology)
психолог (ія)	psychologist (psychology)
стоматолог (ія)	dentist (dentistry)
терапевт (ика)	physician, family doctor
уролог (ія)	urologist (urology)
фармацевт (ика)	pharmacist (pharmacology)
хірург (ія)	surgeon (surgery)

Людський організм	Human body
артерія	artery
вена	vein
внутрішні органи	internal organs
група крові	blood type
легені	lungs
м'яз(и)	muscle(s)
нирки	kidneys
печінка	liver
серце	heart
сідниці	buttocks
статеві органи	reproductive organs
стегно	hip
суглоб	joint
судини	blood vessels
талія	waist
хребет	spine
шлунок	stomach

«Нові українські слова»

бодібілдінг = культуризм	
фітнес = мускулатура	
атлет = спортсмен(ка)	
метаболізм = обмін речовин	
тренінг = тренування	
боулінг = кегельбан	
дайвінг = пірнання	

Уривки зі статті «Подолайте сім стереотипів щодо занять фітнесом», з газети «Тиждень» № 9, 24 лютого – 1 березня 2000.

Перед прочитанням:

1. Про які стереотипи, на Вашу думку, може йтися у цій статті? Які стереотипи про заняття фітнесом Ви знаєте?

2. Обговоріть значення підкреслених у статті слів.

Під час читання:

3. Прочитайте спочатку питання, а потім текст. Дайте відповіді на питання. Якщо в питанні подається вираз у дужках, використовуйте його у відповіді.

Приклад:

Питання: Чи існують стереотипи про заняття фітнесом (*за словами автора*)?
Відповідь: За словами автора, існують стереотипи про заняття фітнесом.

Про які сім стереотипів говориться у цій статті?

Хто відповідає на питання кореспондентки «Тижня»?

І. Чому заняття спортом дуже важливе (на думку тренера)?
Які переваги організованого тренування (за словами тренера)?

Як люди ставляться до свого здоров'я сьогодні?

Які причини для відвідування спортзалу наводяться у статті?

II. Чи можна займатися спортом вдома під відеокасету/DVD і чому (як вважає тренер)?

Чому важливо мати поруч «наглядача» під час занять фітнесом (як констатує тренер)?

III. Які думки висловлює тренер на рахунок комплексу вправ із модних часописів?

Які фактори враховує тренер під час занять у фітнес-залі (за словами тренера)?

Якими можуть бути небажані наслідки занять фітнесом не у залі, а самостійно?

IV. Які думки висловлює тренер на рахунок схуднення?

Що важливе у режимі харчування (на думку тренера)?

Скільки і коли тренер радить займатися фітнесом?

V. Що говориться про вживання рідини під час тренувань?

VI. Яка інформація подається щодо вивчення вправ та моніторингу комплексу вправ?

VII. Чи можна у Львові знайти добре обладнані зали (за словами тренера)?

Які думки висловлюються про тренерів?

Скільки коштує абонемент на шейпінг чи у фітнес-зал?

Яке Ваше ставлення до цих стереотипів?

Чи Ви погоджуєтеся з відповідями тренера?

З якими відповідями Ви не погоджуєтеся і чому?

Які Ваші власні поради для когось, хто хоче зайнятися фітнесом і шейпінгом?

Стаття «Подолайте сім стереотипів щодо занять фітнесом» (http://www.gc.lviv.ua/week/2000-09/09w-zdr.htm).
Розмову вела: Марина Курсанова.

На запитання кореспондентки «Тижня» відповідає тренер з аеробіки, фітнесу та шейпінгу з багаторічним стажем.

Стереотип перший

Щоб підтримувати організм у формі, можна обійтися без регулярних занять спортом.

— Ні. Багато залежить від генетики, але наше життя загалом настільки шкідливе, що заняття спортом вже давно стали необхідною умовою підтримки молодості і здоров'я. Правильно організовані тренування не виснажують, а зміцнюють організм, львів'яни щораз більше це розуміють. Звичайно, перевагу здоровому способу життя охоче віддають **не тільки** молоді, **але й** ті, «кому за». І одні, і другі ретельніше та відповідальніше нині ставляться до свого здоров'я. Нев'януча кінозірка Джейн Фонда довела, що регулярні тренування у певному режимі **не тільки** підвищують тонус, **а навіть** омолоджують шкіру. Через 40 хвилин після початку занять організм починає виділяти «гормон щастя» — це ще одна причина для відвідання спортзалу. Цікаво, що при регулярних тренуваннях наше тіло «відгукується» тим, що може виділяти цей гормон навіть тоді, коли ми пропустили одне заняття.

Стереотип другий

Не обов'язково відвідувати фітнес-зал, можна займатися вдома під відеокасету/DVD.

— Ні. Тому що тільки в залі, під пильним наглядом фахового тренера, можна дати оптимальне навантаження на певні групи м'язів. Тіло, як правило, підсвідомо шукає найлегшого режиму, бо не любить працювати, тому **як** для ефективності, **так і** для результативності зусиль дуже важливо мати поруч «наглядача», який змушував би **не тільки** виконувати повний обсяг вправ, **а й** спостерігав за правильним їх виконанням. «Золоте» правило будь-якого тренування: мені легко — отже, я щось роблю не так.

Стереотип третій

Працюючи у залі достатньо скористатися комплексом вправ із модного часопису, тим більше, що в часописах подаються комплекси для різних груп м'язів.

— Ні. Тренер, який працює з Вами, зобов'язаний дібрати індивідуальний комплекс, зокрема для атлетичних навантажень. Втім, і в фітнесі комусь варто приділити більше уваги стегнам, а комусь спині. Дуже важливо врахувати і вік, і комплекцію, і загальну фізичну підготовку. І, знову ж таки, контроль за виконанням вправ на першому місці. При неправильному виконанні, крім зайвих витрат енергії та часу, можна отримати травму хребта, а це небезпечно.

Тренажерний зал готелю «Весна»

1 поверх

Час роботи: 07:30–22:00

Телефон: +38 (044) 254-67-88

Тренажерний зал готелю «Дніпро» налічує 7 тренажерів фірми «New Form». Це зокрема:

— мультитренажер «Mixer» для тренування всіх груп м'язів тіла;

— бігова доріжка «Medirun»;

— степпер «Medistep»;

— велотренажер «Medibike».

Кожен тренажер комп'ютеризовано та обладнано дистанційним інфрачервоним датчиком контролю пульсу. Все це дає можливість індивідуального моделювання фізичного навантаження.

З 1 квітня необмежене користування тренажерами, на умовах авансової оплати, коштує 60 грн. оо коп. за місяць. Послуги тренера за годину — 30 грн. оо коп.

Для мешканців готелю діє спеціальна пропозиція.

Стереотип четвертий

Щоб схуднути, вистачить мало їсти і багато тренуватись.

— Ні. Досвідчений тренер допоможе підібрати оптимальний <u>режим харчування</u>, розповість, які продукти варто вживати <u>саме Вам</u> для <u>досягнення мети</u> (<u>схуднути</u> чи, <u>навпаки</u>, <u>набрати вагу</u>). Важливими є **не лише** постійні години прийняття їжі, **а й** склад харчування, наприклад, <u>так зване</u> роздільне: вуглеводи <u>окремо від</u> жирів та білків. Тренування повинні бути регулярними, в певні години: відомо, що з 17 до 19 год. вони є найефективнішими. Але <u>перевантажувати</u> та <u>виснажувати</u> організм не варто. Достатньо тренуватися тричі на тиждень по 1–1,5 години, не більше. <u>При бажанні</u> можна замінити <u>шейпінг-тренування</u> на <u>біг підтюпцем</u>, але варто порадитися з тренером: навіть бігаючи, можна погладшати, <u>не кажучи вже</u> про можливі травми суглобів.

Стереотип п'ятий

Під час тренувань треба багато пити.

— Так. Пляшка негазованої мінеральної води <u>не зашкодить</u>: при навантаженнях з потом виділяється багато солі, а вода прискорює <u>метаболізм</u>, розщеплені жири краще виводяться, <u>жирові кислоти</u> і <u>калорії спалюються швидше</u>.

Стереотип шостий

Достатньо правильно дібрати і добре вивчити вправи — і можна тренуватися тривалий час, не змінюючи комплексу.

— Ні. Завжди пам'ятайте про інерцію і нашу природну лінь. Тіло швидко адаптується до навантажень і хитро вишукує нові й нові методи працювати з щонайменшими зусиллями. Тому тренер повинен змінювати комплекс вправ раз на 3–4 місяці. Отже, **не стільки** вивчення вправ важливе, **скільки** моніторинг комплексу вправ.

Стереотип сьомий

*У Львові неможливо знайти **ані** добре обладнаного залу, **ані** кваліфікованого тренера, та й послуги надаються за космічні ціни.*

— І так, і ні. Добре обладнані зали вже є, хоча їх, на жаль, не так багато. Коли Ви вибираєте, зверніть увагу, чи є душ, яка вентиляція, адже дихання відіграє неабияку роль у процесі якісного тренування. Обов'язково порадьтеся з тренером: правильний режим додасть енергії і збагатить кров киснем. Щодо тренерів. Вони в нас є, треба тільки розуміти, що, як і в будь-якій справі, тут важливим є поєднання таланту і професіоналізму. Запитуйте про все, що вас хвилює, перш ніж заплатити за абонемент. А краще — зробіть пробне тренування. Як правило, воно має бути безкоштовним. По Львову ціни на абонемент у шейпінг чи фітнес-зал від 25-ти до 40-а гривень на місяць.

Після прочитання:

3. а) Знайдіть різні розділові знаки (*кома, тире, двокрапка, крапка з комою, багатокрапка*) у тексті вище і поясніть їхнє використання (див. Додаток IV 4).

б) Додайте необхідні розділові знаки у текст, який подається нижче (див. Додаток IV 4).

І молоді і старші все ретельніше та відповідальніше ставляться як до фітнесу так і до шейпінгу. Тренування у фітнес-залі не тільки вас омолоджують але й покращують ваш фізичний стан. Цікаво те що заняття повинні бути і регулярними і під наглядом досвідченого тренера. Але якщо ви пропустите одне заняття це не проблема як стверджує тренер. Заняття фітнесом під відеокасету/DVD як правило не успішні і тому варто звернутися до професійного тренера який буде з вами працювати й обере для вас індивідуальний комплекс зокрема для фізичних навантажень. У додаток до цього тренер вам дасть поради щодо таких аспектів як вибір оптимального режиму харчування і конкретних продуктів для дієти а також допоможе визначитися не тільки з годинами прийняття їжі а й зі складом харчування. Пляшка води під час тренування не погана ідея вона вам не зашкодить бо при навантаженнях прискорюється метаболізм.

4. Перегляньте сполучникові вирази у тексті статті, які виділені шрифтом. Вони вже Вам зустрічалися у першій частині цього розділу. Поясніть їхню функцію у тексті і складіть речення з ними на тему «Фітнес у Львові» або «Фітнес у моєму рідному місті».

5. а) Знайдіть числівники у тексті статті і поясніть їхнє вживання.

б) Поставте числівники в дужках у відповідні форми. Перед початком роботи над вправою повторіть форми числівників (див. Додаток IV 1.2.8, 1.2.9).

Для того, щоб бути в формі, необхідно займатися спортом (два-три раз) _____ _____ на тиждень по (тридцять-сорок хвилина) _____ _____. Щодо фітнесу, ми провели опитування з (сім атлет) _____ _____. На думку (ці сім атлет) _____ _____ _____, необхідно вести здоровий спосіб життя. Як повідомила тренер, заняття фітнесом є найефективнішими з (п'ята година) _____ _____ до (сьома година) _____ _____. У правильному режимі харчування вміст жирів не повинен перевищувати (двадцять грам) _____ _____. На тренування бажано приходити з (дві пляшка) _____ _____ мінеральної води. З друзями ми обговорювали заняття в фітнес-залі і вирішили, що їм (обоє) _____ потрібно отримати абонемент. Ціна абонементу складає від (двадцять гривня) _____ _____ до (п'ятдесят гривня) _____ _____ на місяць.

6. Подивіться на приклад того, як можна з'єднати дві окремі частини речення в одне. Згідно прикладу виконайте вправу (див. Додаток IV 3.2).

Приклад 1:

Ми говорили про..., наскільки важливою частиною життя кожної людини повинно бути заняття спортом. ⟶ *Ми говорили про те,* наскільки важливою частиною життя кожної людини повинно бути заняття спортом.

Приклад 2:

Я погоджуюся з..., скільки разів потрібно тренуватися на тиждень. ⟶ *Я погоджуюся з тим,* скільки разів потрібно тренуватися на тиждень.

Багато залежить від..., який спосіб життя Ви ведете.

Можна обійтися без..., щоб ходити щодня у фітнес-зал.

Ми задоволені..., що тренер нам усе детально пояснив.

Під час першого тренування ми говорили про..., як краще підходити до фізичних навантажень.

Причина..., що Ви себе погано почуваєте, в..., що Ви не займаєтеся фізичними вправами.

Тренер постійно спостерігає за..., як Ви виконуєте різні вправи.

Тренажери потрібні для..., щоб розрухати всі Ваші м'язи.

Для..., щоб схуднути, необхідно багато тренуватися.

Визначіть об'єм навантаження перед..., як почати тренування.

Правильний комплекс вправ необхідний для..., щоб не виснажувати організм.

7. Напишіть підсумок статті «Подолайте сім стереотипів щодо занять фітнесом», використовуючи цитати зі статті та висловлюючи свої враження і погляди на це питання (див. Додатки I, II).

8. Уявіть себе відомим тренером, який працює у дуже престижному фітнес-залі. До Вас звернувся поважний політик за порадами, як найкраще підійти до питання фітнесу. Отже, напишіть йому офіційного листа. У цей лист включіть такі теми: фітнес взагалі та заняття у тренажерному залі, стрес у повсякденному житті, режим харчування, переваги організованого тренування, причини відвідування спортзалу, заняття фітнесом вдома і т.д. Пригадайте собі вирази для надання порад з Розділу 2 «Особисте життя», вправи 7а) (для написання листа див. Додаток III).

Словник II

абонемент	subscription
біг підтюпцем	jogging
виділяти, виділити (кого/що)	to produce, separate, detach, mark, emphasize
виснажувати, виснажити (кого/що)	to exhaust, wear out
витрата (чого)	spending, expenditure, expense(s)
відеокасета	videotape
відповідально	responsibly
вправа	exercise
гладшати, погладшати	to gain weight
енергія	energy
загальний	general
зайвий	excessive, superfluous , extra, needless
комплекція (людини)	shape, figure
навантаження (на кого/що)	load (physical)
навпаки	on the contrary
обходитися, обійтися (без кого/чого)	to manage, do without
окремо (від кого/чого)	separately (from)
омолоджувати, омолодити (кого/що)	to rejuvenate
оптимальний	optimal
перевантажувати, перевантажити (кого/що)	to overload
пильний	attentive, vigilant, alert
підвищувати, підвищити (кого/що)	to raise, increase
повний обсяг	full scope, full range
причина (для кого/чого, в кому/чому)	reason
пробне тренування	trial training session
режим	schedule, order, regulations
ретельно	diligently, zealously
спортзал	gym
стаж (роботи)	work experience, length of work
тонус	physical well-being
травма	trauma, injury
фаховий (тренер)	professional (trainer/coach)
фізична підготовка	fitness level
фітнес	fitness
фітнес-зал	exercise room, weight room
худнути, схуднути	to lose weight
шейпінг	shaping
шейпінг-тренування	shape training

Вирази

«гормон щастя»	"happiness hormone"
досягнення мети	achievement of a goal

віддавати, віддати перевагу *(кому/чому)*	to give preference
знову ж таки	once again
набирати, набрати вагу	to gain weight
навіть тоді, коли...	even then, when...
(кому/чому) не зашкодить *(хто/що)*	will not hurt
не кажучи вже про... *(кого/що)*	let alone...
під пильним наглядом *(кого/чого)*	under close supervision
при бажанні	if one wishes, desires
саме	specifically, in particular
так званий/так звана/так зване/так звані	so-called
тричі на тиждень	three times a week
хто..., а хто... *(кому..., а кому...)*	some..., and others...
як правило	as a rule

7   Подорожі і туризм

Частина I   Подорожі і туризм

Подорожі завжди приваблюють людей. Усім нам подобається подорожувати чи по своїй країні, чи по інших куточках світу. Хто часто їздить у інші міста, країни, на інші континенти, хто їздить у гори, а хто їздить на відпочинок на море чи океан.

Двоє молодих людей, Катерина і Любомир, запланували поїхати влітку на відпочинок. Дійти спільної думки, куди поїхати, їм було не легко, бо смаки в них виявилися досить різні. І тому вони вирішили звернутися до туристичного агентства, розташованого в центрі Києва. Коли вони прийшли в агентство, відбулася така розмова...

📖 Розмова

1. Прочитайте розмову.

Турагент: Вітаємо вас у нашому туристичному агентстві. Прошу, проходьте. Що вас цікавить? Чим можемо допомогти?

Катерина: Добрий день. Ми плануємо поїхати до західної чи центральної Європи. Але ми ніяк не можемо вирішити, в які країни ми б хотіли поїхати.

Турагент: Гаразд. Дозвольте мені запитати Вас, в якому сезоні року Ви плануєте подорожувати, коли Ви хочете виїхати, коли приїхати, і на яку суму Ви розраховуєте.

Катерина: Ми плануємо виїжджати на початку серпня, а приїхати назад до Києва десь під кінець місяця.

Любомир: Про ціни ми ще не думали, тому відповісти на це запитання поки не можемо.

Турагент: Чудово! Вам пощастило! У нас якраз зараз набирається група для подорожі «Світ на долоні». Перегляньте наш рекламний буклет:

Програма туру «Світ на долоні»

1-ий день	Вилітаєте з Києва до Польщі. Проїжджаєте автобусом по території Польщі.
2-ий день	Переїжджаєте по території Німеччини і приїжджаєте до Лейпцігу. Розміщення в готелі. Ночівля.
3-ій день	Сніданок. Оглядова екскурсія Лейпцігом. Вільний час. Ночівля.
4-ий день	Сніданок. Виїжджаєте о 7:00 до Амстердаму. Екскурсія на сироварню та фабрику, де виготовляють дерев'яні черевики. Екскурсія на діамантову фабрику, де Ви побачите весь процес перетворення необробленого алмазу в чудовий діамант. Для всіх надто цікавих буде надана можливість відвідати центр нічного життя Амстердаму. Ночівля.
5-ий день	Сніданок. Плаваєте на катері каналами Амстердаму. Переїжджаєте до Брюсселю. Прогулянка містом. Ночівля.
6-ий день	Сніданок. Виїжджаєте до Парижу. Під'їдете під Тріумфальну арку, поїдете на Єлисейські поля, острів Сіте, походите по Соборі Паризької Богоматері. Ви зможете обійти весь Париж. Ночівля.
7-ий день	Сніданок. Підете до Лувру — колишнього королівського замку. За додаткову плату можете сходити на шоу-кабаре «Мулен-Руж». Ночівля.
8-ий день	Сніданок. Поїдете до Діснейленду (вхідний квиток +38€). Приїдете назад до Парижу. Ночівля.
9-ий день	Сніданок. Вільний день у Парижі — можете самі походити вулицями міста.
10-ий день	Сніданок. Виїжджаєте до Франкфурту-на-Майні. Ночівля.
11-ий день	Сніданок. Оглядова екскурсія Франкфуртом-на-Майні. Походите по центру міста. Поїдете також у квартал хмарочосів — Франкфуртський «Мангеттен». Вилітаєте до України. У Київ прилетите опівночі.

Катерина: Це надзвичайно цікава подорож. А скільки коштує таке задоволення з особи?

Турагент: Ціна з особи складає три тисячі двісті п'ятдесят вісім гривень. Це включає переїзд, паспортні послуги, тобто візу, проживання, харчування і послуги агентства.

Любомир: Трошки задорого. А чи є щось дешевше?

Турагент: Звичайно. У нас також організовується цікава туристична подорож в гори Татри, що у Словаччині. Впродовж двох тижнів Ви будете в горах — свіже гірське повітря, річка — все це просто чудо. Річка дуже чиста, і в ній можна плавати. Високо в горах також є гарне озеро, до якого можна дістатися підйомником. Кожного вечора

будуть організовуватися різноманітні забави, на які переважно
сходяться не тільки туристи, а й місцеві мешканці. Путівка коштує
всього сімсот тридцять гривень з особи.

Катерина: Це більш реальна ціна, та й опис непоганий. Ми порадимося і
дамо вам знати.

Турагент: Гаразд, радо чекатимемо на вас.

🔍 Дискусія

Які плани з'явились у Катерини і Любомира?

Куди вони хочуть поїхати?

На які видатки вони розраховують?

Як Ви гадаєте, яка подорож їх зацікавить і чому?

Якби Ви були на їхньому місці, куди б Ви вирішили поїхати?

2. а) **Знайдіть та випишіть різні дієслова руху (*їздити, піти*) у тексті
'Розмови'. Поясніть значення цих дієслів.**

б) **Дієслова руху, які Ви виписали, вживаються з певними
прийменниками. Біля кожного дієслова випишіть прийменник, з яким
це дієслово вживається.**

Термін «заправка» вживається в розмовній мові, а офіційна назва – **автозаправна станція**, скорочено **АЗС.**

3. Додайте необхідні прийменники у текст (див. Додаток IV 2.4.1).

У неділю ми вирішили поїхати _____ гори, _____ маленьке містечко Славське. Ми виїхали _____ нашої квартири близько восьмої ранку. Але _____ дорозі нам треба було заїхати _____ наших друзів, які живуть _____ містом. _____ них ми приїхали із запізненням, але _____ них ми виїхали десь коло дев'ятої ранку. Одним словом, ми виїхали _____ міста вже по дев'ятій. Одразу за містом ми заїхали _____ заправку, бо потрібно було багато пального у далеку дорогу.

_____ Львова _____ Славського ми їхали три години. Коли ми в'їхали _____ містечко, ми вирішили прогулятися _____ ньому. Коли ми йшли головною вулицею Славського, то _____ дорозі пройшли _____ декілька цікавих крамничок і ресторанів. Ми вирішили не заходити _____ них, бо в нас не було досить часу. А наступного дня ми були готові їхати _____ гори. Десь коло сьомої ранку ми вийшли _____ своєї готельної кімнати, зійшли _____ сходах вниз _____ ресторану на сніданок. Після сніданку ми ліфтом з'їхали вниз _____ підвал, щоб взяти свої лижі _____ камери зберігання. Потім ми сіли _____ автобус і поїхали _____ гори. Підйомником ми зразу піднялися _____ самий верх гори, і _____ тієї гори ми на лижах поїхали вниз _____ підйомників. _____ тієї гори ми з'їжджали приблизно шість годин і виїхали _____ гори після обіду. Наступного дня ми повернулися назад _____ Львова.

Чи Вам відомо, що Славське вважається найбільш популярним гірськолижним курортом українських Карпат, який розташований на відстані 130 км від м. Львів?

Тут є гірськолижні схили різноманітних категорій складності:

— гора Тростян — відома своїми схилами, як для початківців, так і для професіоналів. Довжина схилу — 2500 метрів. Трансфер із готелю або котеджу до підніжжя гори. Вартість одного підйому — 0.5 USD. Вартість трансферу — 1 USD.

— гори Політех і Погар — знаходяться в центрі гірськолижного курорту, довжина їхніх схилів складає 450 та 650 метрів відповідно. Найкраще вчитися кататись на лижах тут. Вартість підйомнику — 0.2 USD.

— гора Грабовець — з центра Славського до неї можна дістатися на мікроавтобусі. Тут катаються любителі усамітненого відпочинку. Практично ніколи не буває ані черг на підйомники, ані переповнених кафе на горі. Довжина спуску — 850 метрів. Вартість одного підйому — 0.2 USD.

— гора Крокус — підйомники працюють тільки у вихідні дні. Довжина схилу — 1050 метрів.

Чайник – це новачок на лижах, тобто людина, яка ще не вміє їздити.

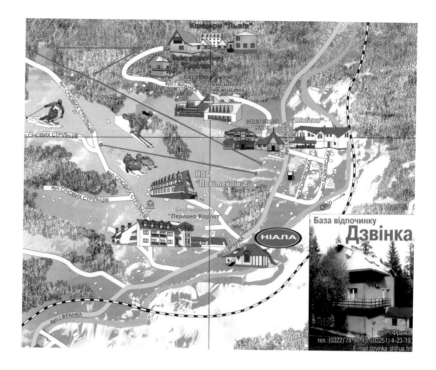

Ласкаво просимо в Славське усіх туристів, лижників і любителів активного відпочинку! Свіже гірське повітря обов'язково допоможе Вам забути усі проблеми і неприємності та насолодитися чудовою природою і сервісом.

После активного відпочинку Ви можете відвідати ресторани і бари, обладнані в старовинному дерев'яному стилі.

◯ Дискусія

Що Ви взнали про гірськолижний курорт Славське?

Де розташований цей курорт?

Які гірськолижні схили є в Славському?

На скількох горах є гірськолижні схили в Славському?

Чи цей курорт дорогий?

Які послуги пропонуються туристам у Славському?

Чи Ви б хотіли відвідати цей курорт? Чому так або ні?

Порівняйте цей курорт із гірськолижними курортами, які Ви знаєте.

4. а) Обговоріть вирази, подані нижче. Ці вирази можна використовувати для опису будь-якого процесу.

спочатку
з(і) самого початку
на початку

після цього
після того, як...
потім
далі
пізніше
тоді

перед тим, як...
крім цього
також

під кінець
у кінці кінців
у кінцевому результаті
у самому кінці
останнім/останньою був/була...

б) Уявіть, що Ви купили путівку «Світ на долоні» в туристичному агентстві. Ви розповідаєте друзям про свою майбутню подорож. Напишіть короткий опис цієї подорожі, використовуючи дієслова руху з рекламного буклету, поданого в 'Розмові' вище (також див. Додаток IV 2.4.1).

в) Уявіть, що Ви повернулися з подорожі в гори Татри. Ви дуже задоволені своєю поїздкою. Опишіть детально цю подорож у листі другові чи подрузі, використовуючи дієслова руху з 'Розмови' вище (для написання листа див. Додаток III, а також див. Додаток IV 2.4.1).

г) Детально опишіть одну зі своїх найулюбленіших подорожей. У творі використовуйте вирази, подані вище (впр. 4a). При бажанні, можете описати свою найгіршу подорож (див. також Додаток IV 2.4.1).

◯ **Дискусія**

На іншу тему...

Кожен із нас рано чи пізно чув про штрафи за порушення правил дорожнього руху. За які порушення можна отримати штраф у Вашому місті, країні?

Якщо Ви керуєте машиною, чи Вам коли-небудь доводилося отримувати штрафи? За які порушення?

📖 Прочитайте текст про штрафи за порушення водіями Правил дорожнього руху, затверджені Кабінетом Міністрів України.

Розпізнавальний автомобільний
знак України

Учбовий транспортний засіб

Шипи

ШТРАФИ ЗА ПОРУШЕННЯ ВОДІЯМИ ПРАВИЛ ДОРОЖНЬОГО РУХУ

Керування автом, яке має несправність гальм, системи рульового керування;

Несвоєчасне проходження технічного огляду;

Відсутність ременів безпеки;

Незареєстровані, підроблені номерні знаки, відсутність номерних знаків;

Перевищення швидкості більше 20 км/год;

Проїзд на заборонений сигнал світлофору;

Порушення правил обгону, маневрування і зустрічного роз'їзду;

Порушення правил проїзду пішохідних переходів;

Невиконання вимог дорожніх знаків;

Порушення безпеки дистанції;

Рух по тротуарах;

Створення аварійної ситуації;

В'їзд на залізничний переїзд на заборонений сигнал;

Керування без посвідчення водія;

Передача керування особі без посвідчення;

Керування транспортними засобами особами в стані алкогольного сп'яніння.

Кабінет Міністрів України

Обговоріть, чим ці штрафи за порушення подібні і чим відрізняються від тих, які застосовують у Вашому місті чи країні. Для порівняння можна використовувати вирази, подані нижче.

на відміну від *(кого/чого)*

у порівнянні з *(ким/чим)*

з одного боку..., з другого/іншого боку

якщо/коли порівняти..., то можна зауважити...

різниця між... полягає у тому, що...

різницю між... можна бачити/зауважити в *(кому/чому)*

якщо/коли в нашій країні..., то в Україні...

не стільки..., скільки...

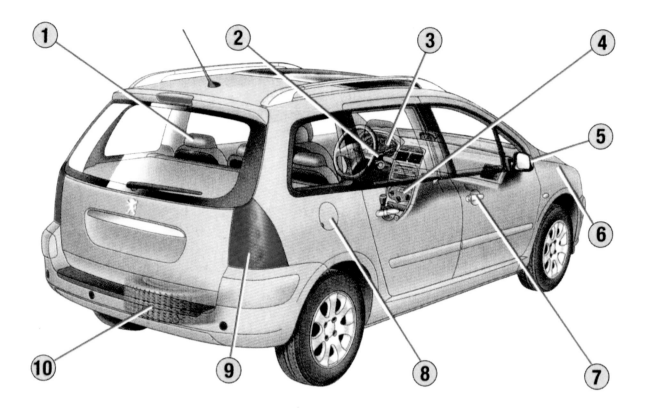

1   Багажне відділення (розмовна форма — багажник)

2   Кермо (розм. руль)

3   Панель керування

4   Коробка передач

5   Бокове дзеркало

6   Капот

7   Передні двері автомобіля

8   Бак для пального

9   Задня фара

10 Запасне колесо (розмовна форма — запаска)

5. а) Прочитайте міні-діалог. Обговоріть вирази, виділені шрифтом.

— Перепрошую, не скажете, як дійти до готелю «Козацький»?

— Звичайно, це дуже просто. Ідіть спочатку **прямо**, потім **два квартали вліво**, зверніть **направо** біля третього світлофору, потім, коли **праворуч** побачите оперний театр, перейдіть вулицю та обійдіть театр **із правого боку**. Коли **ліворуч** побачите крамницю «Дружба», відійдіть десь метрів десять **назад** і побачите маленький провулок Бічний. Зверніть у цей провулок і **попереду** побачите свій готель.

б) Пригадайте якийсь об'єкт у своєму місті: музей, театр, будинок, готель і т.д. Уявіть, що коли Ви йшли містом, до Вас підійшов турист і запитав, як дійти до цього об'єкту. Вам потрібно детально пояснити цій людині дорогу. Підготуйте пояснення, використовуючи вирази, виділені шрифтом.

✎ **в)** Уявіть, що Ви запросили до себе на вечірку своїх друзів. Ви висилаєте повідомлення електронною поштою і детально пояснюєте їм, як до Вас дійти чи доїхати. Напишіть пояснення, використовуючи вирази, виділені шрифтом, і якомога більше дієслів руху.

🔍 **Дискусія**

І ще на іншу тему...

Ви часто зупиняєтеся в готелях, коли подорожуєте?

В яких місцях Вам подобається зупинятися і чому?

Яким готелям Ви надаєте перевагу і чому?

Чи Ви були задоволені більшістю готелів, в яких Ви ночували?

Чи у Вас виникали які-небудь проблеми в готелях?

6. **Поставте слова в дужках у правильні форми (див. Додаток IV 1.1, 1.2).**

У цьому місті ми вже зупинялись у (багато різні готелі) ____ ____ ____, але цього разу ми вирішили зупинитись у (один маленький мотель) ____ ____ ____. Спочатку все було гаразд, але без (декілька проблема) ____ ____ не обійшлося. Коли ми ввійшли до (наша кімната) ____ ____, то зауважили, що на (стеля) ____ немає (жодна лампа) ____ ____. Коли ми захотіли прийняти душ, то виявилося, що у нас немає (гаряча вода) ____ ____. Ми одразу вирішили поскаржитись (адміністратор) ____ на рахунок (усі наші готельні проблеми) ____ ____ ____ ____. Адміністратор виявився досить (привітна людина) ____ ____. Через (декілька хвилина) ____ ____ усі недоліки було усунено.

🔍 Уявіть, що Ви зупинилися в готелі. Ви незадоволені багатьма речима. Поскаржтеся адміністраторові. Для скарг можна використовувати наступні вирази.

Вибачте, але...

Перепрошую, але...

Я (абсолютно/зовсім) незадоволений/незадоволена *(ким/чим)*...

Мене/нас не влаштовує...

Мені дуже шкода, але...

Не можливо, щоб...

Я буду скаржитися (Вашому керівникові, менеджерові)!

Хочу звернути Вашу увагу на *(кого/що)*...

Як можливо, що...?

Я не можу повірити в те, що...!

Хіба...?

Зовсім не прийнято, щоб...

Як не дивно, але...

Прошу звернути увагу на *(кого/що)*...

Я розчарований/розчарована *(ким/чим)*...

ГОТЕЛЬ «БОГДАН» ЧЕКАЄ НА ВАС

Сердечно запрошуємо Вас скористатися послугами нашого готелю. Готель розрахований на 36 місць. Розташований в зоні відпочинку, вільний від міського шуму і відповідає рівню європейських стандартів. Ми пропонуємо нашим гостям двокімнатні номери "Люкс" та однокімнатні двомісні номери, обладнані комунальними вигодами. В кожному номері до Ваших послуг телефон, телевізор, холодильник. Для ділових людей є телефакс та система комп'ютерного зв'язку, які розташовані в конференц-залі. В нас Ви зможете продуктивно попрацювати, відпочити і прийняти гостей. У приміщенні готелю для Вас працюють бар, кафе на 25 місць, ресторан на 36 місць, сауна, більярд. При готельному комплексі налагоджено систему автосервісу, тут Ви можете взяти в оренду автомобіль, а також користуватися стоянкою, що охороняється, для особистих автомобілів. Пропонуємо пільгові умові оплати для організації групового туризму.

Ціни – нижчі від європейських.
Для туристичних груп – значна знижка

Можливі проблеми в готелі:

вода не тече, світло не вмикається/вимикається, телефон не підключений, телевізор не працює, немає рушників/білизни/подушок/ковдри, брудна підлога, немає телефонного довідника, телефонний шнур відірваний, двері на балкон не відчиняються, скло у вікні розбите, кватирка вибита, радіо не підключене, ключі не підходять до замка, шафи скриплять, сусіди постійно сваряться...

Говерла — найвища вершина українських Карпат. Висота — 2061 метрів.

7. а) Прочитайте текст.

Врешті-решт Катерина і Любомир вирішили не їхати ні в подорож по містах Європи, ні в гори Татри. Надумали вони подорожувати по Україні. Спочатку вони поїхали до Львова. Поселилися вони в гарному готелі «Жорж», в самісінькому центрі міста. В перший день вони були змучені і тому лише трохи походили по місту. Але наступного дня вони проходили цілий день. Вони мабуть находили пішки цілих двадцять кілометрів. У Львові вони сходили в Оперний театр, де подивилися славну «Наталку Полтавку». Потім вони поїхали в Карпати, де обходили та об'їздили мабуть усі гори, навіть піднялися на Говерлу.

Зараз наші друзі відпочивають у готелі, лише Катерина нервується і чомусь в одну мить встала і заходила по кімнаті. А Любомир не розуміє, що сталося.

б) Знайдіть дієслова руху у тексті 7а), поданому вище. Обговоріть значення знайдених Вами дієслів руху. Чим деякі з цих дієслів відрізняються від тих, які Ви виписали у вправі 2?

в) Складіть речення з цими новими дієсловами руху.

8. а) Перегляньте реклами туристичних агентств в Україні (також, при можливості, перегляньте в Інтернеті сайти інших туристичних агентств). Використовуючи інформацію, одержану з реклам (і сайтів), обговоріть наступні питання.

Куди часто їздять українці?

Де їм подобається відпочивати?

Чи Вас привабила яка-небудь подорож і чому?

Які послуги пропонують агентства?

Чи ціни, на Вашу думку, доступні у цих агентствах?

Виберіть одне агентство і поясніть, чому б Ви хотіли замовити тур саме у цій фірмі?

Працює евакуатор.

б) Уявіть себе працівником туристичного агентства. Ваш менеджер дав Вам завдання створити нову рекламну картку на самий популярний тур в/на... Створіть таку рекламну картку і продемонструйте своїм одногрупникам. Чому цей тур став найпопулярнішим?

9. Ви вирішили, куди поїдете відпочивати. Заповніть анкету і замовте свій тур.

Замовлення індивідуального туру

Поля, позначені *, є обов'язковими для заповнення.

Країна (для вибору декількох країн використовуйте клавіші 'Ctrl' та 'Shift'):

Турист(П.І.Б.): *

Ваш E-mail:

Телефон для зв'язку з кодом міста: *

Кількість осіб: *   Дорослих

Кількість осіб (дітей):   Діти до 12 років

Розміщення:
одномісний
двомісний
тримісний
люкс
апартмент

Тривалість туру: *   з   по

Клас готелю: 1, 1+, 2, 2+, 3, 3+, 4, 4+, 5

Харчування:
сніданок
сніданок+вечеря
сніданок+обід+вечеря
все включено
ультра все включено

Ваші побажання відносно туру:

ЗАМОВИТИ

Початок транспортним залізничним зв'язкам між Києвом і рештою Правобережжя України поклала Курсько – Київська залізниця, прокладена в 1866-1870 роках. 1870 року було закінчено і будівництво Києво-Балтської дільниці, яка з'єднала місто на Дніпрі з Одесою. На цей час — 1868-1870 роки — припадає будівництво першого Київського залізничного вокзалу, в архітектурі якого були присутні елементи староанглійської готики. Стояв він трохи осторонь сучасного, в долині річки Либеді.

Зростали обсяги перевезень, маленька споруда вже не задовольняла вимог, і в 1913 році було схвалено проект нового великого вокзалу, розроблений відомим українським архітектором В. О. Щуко. 1914 року заклали фундаменти споруди, але подальшому будівництву перешкодила перша світова війна. Тимчасовий дерев'яний барак, розрахований на три роки, надовго залишався основною станційною будівлею.

У 1925 році почалася розробка схеми Київського залізничного вузла, виготовлено план і схему вокзалу. 1927 року оголосили конкурс на кращий проект фасаду споруди. Перевагу віддали проекту О. М. Вербицького. 7 листопада 1927 року відбулося урочисте закладання фундаменту. А в 1932 році новий вокзал було здано в експлуатацію.

У повоєнні роки вокзал дещо реконструйовували та розширювали. Нині це найбільший залізничний вузол України. Сама масштабна реконструкція вокзалу відбулася у 2000-2001 роках. У такому вигляді вокзал функціонує і сьогодні. В планах розвитку вокзального комплексу є також зведення на новій привокзальній площі офісно-готельного комплексу, який завершить її архітектурний

Головний залізничний вокзал Києва

10. Поставте дієслова руху у відповідні форми (див. Додаток IV 2.4.1, 2.4.2).

Коли ми (приїхати) ＿＿ у Київ, то одразу (поїхати) ＿＿ до готелю. Після того, як ми (зайти) ＿＿ у фойє, ми побачили багатьох людей, які (ходити) ＿＿ по коридору. Потім ми отримали ключі від своєї кімнати. Ми (вийти) ＿＿ вверх по сходах і (зайти) ＿＿ до своєї кімнати. Після того, як ми роздивилися кімнату, не гаючи часу, (піти) ＿＿ до міста. Спочатку ми трохи (походити) ＿＿ по Майдану Незалежності, (обійти) ＿＿ його навколо, (пройти) ＿＿ повз Головну пошту і (вийти) ＿＿ на Хрещатик. Тут нас надзвичайно цікавило все. По Хрещатику ми (проходити) ＿＿ цілих три години. Після цього ми (піти) ＿＿ на Бесарабський ринок. До нього ми (дійти) ＿＿ за п'ять хвилин. Тут ми побачили багатьох перекупок, які (ходити) ＿＿ туди-сюди і щось (носити) ＿＿ в руках. Багато дітей (бігати) ＿＿ по вулиці. Багато молодих пар (везти) ＿＿ у візках немовлят. А трохи старших дітей батьки чемно (вести) ＿＿ за руки. Незадовго після цього ми (піти) ＿＿ у парк, де побачили багато закоханих парочок, які поважно (ходити) ＿＿, взявшись попід руки. Біля входу в парк ми побачили сходи, якими ми (зійти) ＿＿ вниз до Дніпра. Підземним переходом ми (перейти) ＿＿ вулицю і (підійти) ＿＿ під Агентство річкового туризму. Ми купили квитки на пароплав і (попливти) ＿＿ по Дніпру.

вигляд. Щороку з міжміського вокзалу «Київ-пасажирський» відправляється понад 30 мільйонів пасажирів.

Уривки з сайтів «Сайт історії Києва» (http://www.oldkyiv.org.ua/data/railstation.php?lang=ua) і «WWW Енциклопедія Києва» (http://www.wek.kiev.ua/uk/Залізничний_вокзал)

Ми (пропливти) _____ повз багато цікавих місць. У кінці нашої подорожі ми вирішили (поплавати) _____ трохи в Дніпрі. Після того, як ми досхочу (наплаватися) _____ в Дніпрі, ми знову повернулися до міста. Спочатку (виїхати) _____ на фунікулері вверх, а потім вниз пішки (зійти) _____ на Андріївський узвіз. Увечері ми вирішили трохи (політати) _____ гелікоптером над вечірнім Києвом. Наша прогулянка Києвом нам справді вдалася.

11. Додайте необхідні дієслова руху у відповідних формах (див. Додаток IV 2.4.1, 2.4.2).

Вчора наші друзі (*left for*) _____ до Європи. Вони вирішили спочатку (*to go*) _____ до Парижу. Після того, як вони (*walked a bit*) _____ трохи по місту, вони (*went*) _____ на оперу. Вони хочуть (*to walk around/cover*) _____ весь Париж і хоча б раз (*to go*) _____ на якийсь концерт.

Коли я (*arrived*) _____ в Париж, зі мною сталася цікава історія. В той час, як я (*was passing by*) _____ повз Лувр, до мене (*approached*) _____ один із моїх колишніх знайомих — це була справді несподіванка. До речі, за ним дуже швидко (*ran*) _____ якийсь пес. Я думала, що це був його пес, але виявилося, що ні. Цей пес (*ran by*) _____ повз нас, (*ran across/crossed*) _____ вулицю, (*ran into/entered*) _____ у під'їзд одного будинку, а потім з нього (*ran out/exited*) _____.

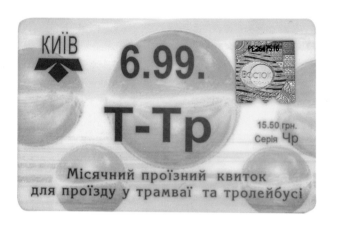

Далі він (ran) ——— вниз по вулиці, і ми його більше не бачили. А мій знайомий мовчки (took aside/walked me away) ——— мене вбік і почав розповідати якісь дивні історії про те, як йому подобається (to gather) ——— тут зі своїми приятелів, як кожний з його приятелів (arrives by plane/flies in) ——— літаком чи (arrives by boat/sails in) ——— кораблем до цього чудового міста. Мені набридло слухати ці нісенітниці, але, не знаю чому, я далі його слухала. Після нашої розмови він вирішив (to take/to walk me) ——— мене на обід. До ресторану ми (got/it took us [10 min] to get to) ——— за десять хвилин. Щоб до нього (to get/to reach) ———, спочатку ми (went down) ——— сходами вниз у дуже вузький провулок, а потім знову іншими сходами (went up) ——— нагору ще на якусь іншу вулицю. Потім ми цю вулицю (crossed) ———, (passed by) ——— повз декілька інших ресторанчиків і накінець (entered) ——— в той чарівний ресторан, в якому ми хотіли обідати. В ресторані до нас одразу (approached) ——— офіціант і (brought) ——— нам меню. Не знаю чому, але в ту мить я відчула шалену втому, і мені здавалося, що я (walked around) ——— весь Париж і (walked for/covered) ——— яких двадцять кілометрів. Після нашого обіду я (went) ——— назад до готелю.

Я планую нову подорож. Цього разу я хочу (to cross/sail across) ——— океан на кораблі. Не знаю, як довго корабель (will sail) ——— до Європи, але побачимо. В Європі я (will visit/will stop by) ——— до своїх приятелів, нарешті ми з ними (will get together) ———. Ми напевно трохи (will go around a bit) ——— по Європі разом, (will go) ——— до Відня і до Риму. Я планую (to drive for/cover) ——— багато кілометрів. Не знаю також, які сувеніри їм (to bring) ———. Мені не хочеться (to carry) ——— нічого важкого.

А куди ти (go) ——— цього разу? Чи ти (flying) ——— літаком, чи (driving) ——— машиною? Коли ти (leave) ——— з міста? Коли (return) ——— назад? Коли (departs) ——— твій літак?

Мова і культура

☺ **Батько вчить сина керувати машиною:**
— Якщо світло на світлофорі червоне — стоїш на місці, якщо зелене — їдеш, а якщо я весь зблід — гальмуй!!!

Дієслова руху часто використовуються у сленгових виразах. Ось декілька виразів.

під'їжджати до когось = залицятися	*На вечірці до мене під'їжджав один хлопець.*
не в'їжджати = не розуміти	*Я не в'їжджаю, як це могло статися.*
наїжджати на когось = не давати спокою	*Вже досить, не наїжджай на мене!*
з'їхати = пропасти, залишити щось	*Він з'їхав десь коло десятої.*
заїхати комусь в голову = вдарити когось	*Коли на нього напали, йому добряче заїхали кулаком в голову.*
зійти з розуму = робити щось дивне	*У мене таке враження, що вона зійшла з розуму.*
дійти до ручки = досягти критичної ситуації	*Він вже дійшов до ручки.*
не доходити = бути незрозумілим	*До нього не доходить, що вона не хоче з ним ходити.*
ходити з кимось = зустрічатися	*Вони ходять вже два роки.*
відходити = забути про щось погане	*Мені вже відійшло.*
плавати *(в чому)* = не розуміти *(чого)*	*У математиці я плаваю.*
літати = мріяти	*Вона постійно літає на парах.*
облітати = швидко обійти багато об'єктів	*Ми облітали всі магазини.*

Словник I

аварія	accident
брошура	brochure
виявлятися, виявитися	turn out to be, to appear
відпочинок	rest, holidays
включати, включити *(кого/що)*	to include
гальма	brakes
долоня	palm
дорослий	adult
доступна ціна	affordable price
екскурсія	tour, excursion
заблуджуватися, заблудитися *(в чому)*	to get lost, disoriented
задоволення	pleasure
заправлятися, заправитися	to fuel a vehicle
заправка	gas station
звертатися, звернутися *(в кого/що, до кого/чого)*	to turn to
зупинятися, зупинитися *(в чому, у кого)*	to stop *(at a place, at someone's place)*
катер	small boat
квартал	city block
маршрут	itinerary *(trip)*
недолік	shortcoming
несвоєчасний	untimely
номерний знак/номери	licence plate
ночівля	overnight stay
обгін	passing *(car)*
опис	description
особа	person
острів	island
перехрестя	intersection, crossroads
підйомник *(бугель)*	ski lift *(T-bar)*
пішохідний перехід	crosswalk
плата	payment, fee
погоджуватися, погодитися *(на, в чому, з ким/чим)*	to agree
подорож	trip, voyage
подорожувати, поподорожувати	to travel
порушення	violation
порушувати, порушити *(кого/що)*	to violate
посвідчення водія/права	driver's licence
приймати, прийняти душ	to take a shower
путівка	tour package
радитися, порадитися *(з ким/чим)*	to consult, discuss
ремінь безпеки	seat belt
різноманітний	wide-ranging, various

розраховувати, розрахувати (на кого/що)	to count on
розташований	located, situated
світлофор	stop lights
скаржитися, поскаржитися (кому, на кого/ що)	to complain
телефонний довідник	phone book, directory
тривалість	duration
тротуар	sidewalk
туристичне агентство	travel agency
усувати, усунути (кого/що)	to remove, eliminate, discharge
фунікулер	funicular, incline
хмарочос	skyscraper
швидкість	speed
штраф	fine, penalty

Вирази

вам пощастило	you lucked out
впродовж (чого)	during
дозвольте	allow me to
їхати на відпочинок	to go for a vacation
під кінець	towards the end
Проходьте! (Заходьте!)	Come on in! (Come in!)

Частина II   Навколосвітня подорож

Уривки зі статті «Навколо світу — за вісім років», з газети «День», № 108, 23 червня 2004.

Перед прочитанням:

1. **Про що йтиметься, на Вашу думку, у цій статті? Як Ви гадаєте, чи можливо об'їхати цілий світ за вісім років? Чи Ви б хотіли вирушити у таку подорож?**

2. **Обговоріть значення підкреслених у статті слів.**

Під час читання:

3. **Прочитайте спочатку питання, а потім статтю. Дайте відповіді на питання.**

   Яким транспортом Януш Рівер подорожує навколо світу?

   Яке завдання поставив перед собою Рівер?

   Скільки кілометрів планує об'їхати Рівер?

   Через скільки країн він планує проїхати?

   Які країни вже проїхав Рівер?

   Коли він в'їхав в Україну?

   Які області вже проїхав Рівер?

Скільки кілометрів Рівер наїжджає за день?

Якими дорогами він обирає їхати?

В які міста він в'їжджає, а яких уникає?

Який спосіб проживання обрав Рівер під час своєї подорожі?

Чи Рівер коли-небудь вже подорожував світом перед своєю навколосвітньою поїздкою?

Чому теперішня мандрівка Рівера унікальна? Чим вона відрізняється від його попередніх подорожей?

Яке враження склалося у Рівера про Україну?

Чим в Україні Рівер не може нахвалитися?

Яким українським стравам мандрівник надає перевагу?

Про які можливі небезпеки на дорозі говорить Рівер?

Чи мандрівник возить зі собою сувеніри, які йому дарують?

Куди планує в'їхати Рівер через чотири роки?

Які Ваші думки про подорож цього мандрівника? Ви б хотіли до нього приєднатися?

Стаття «Навколо світу — за вісім років» (http://www.day.kiev.ua/32838/).
Автор: Сергій Бовкун.

В Україні перебуває легендарний мандрівник. Вже чотири роки 68-річний Януш Рівер в дорозі. Україною він буде подорожувати до осені.

Людина завжди мріяла про <u>навколосвітні</u> подорожі: цікаві, сповнені пригод та яскравих вражень. Для багатьох з нас ці мрії залишаються <u>нездійсненними</u>. Але тільки не для Януша Рівера. У свої 68 років цей італієць польського походження активно <u>подорожує світом</u> на велосипеді.

Надзвичайна подорож мешканця Риму пана Рівера розпочалася чотири роки тому, коли він визначив свою <u>долю</u> на найближчі вісім років — об'їхати навколо світу (100 тисяч кілометрів через 100 країн) на велосипеді та і завершити мандрівку у Пекіні. І ось вже чотири роки цей чоловік крутить <u>педалі</u>. Позаду — Мексика, Центральна Америка, Куба (аби проїхати Островом Свободи, мандрівник з <u>неабиякими труднощами</u> отримав дозвіл самого Команданте Фіделя Кастро), вся Європа (Рівер проїхався навіть найпівнічнішою територією континенту —островом Шпіцберген).

Наприкінці травня Януш Рівер в'їхав на територію України. Свідками його подорожі вже стали Волинь, Рівненська, Хмельницька та і Житомирська області. Щодня мандрівник долає 50-60 кілометрів, але не гамірними автотрасами, а ґрунтовими сільськими дорогами. Принципово уникає великих міст: в'їжджає лише до тих, населення яких менше ніж 30 тисяч мешканців. За чотири роки Рівер жодного разу не спав у ліжку — лише в спальному мішку, та й то обирає для сну найекзотичніші місця: у Луцьку це була головна вежа замку, на Хмельниччині — цвинтар вояків Першої світової війни.

Він знаходиться у чудовій фізичній формі. Принаймні на свої шістдесят вісім він аж ніяк не виглядає.

— Я завжди мандрував, — розповів «Дню» Януш Рівер, — у молодості автостопом проїхав по Радянському Союзу. Довелося поїздити світом й по роботі: я працював військовим кореспондентом у В'єтнамі та Конго, був імпресаріо на концертах італійських естрадних зірок, футбольним менеджером. Але ця моя подорож незвичайна. Крім того, що вона найдовша (і за часом, і за відстанню), є ще одна відмінність від подібних мандрівок. Я принципово витрачаю в дорозі мінімум коштів (щоденний «бюджет» — 3 долари), аби довести, що людина у солідному віці та з невеликими грошима може активно жити та подорожувати, насолоджуючись життям. Ця моя поїздка — жест солідарності з усіма бідняками нашої планети.

Україною мандрівник не може нахвалитися: скрізь він зустрічає приязних та добрих людей. «Коли я був у Білорусі, то ця країна здалася мені найпривітнішою. А щодо України я дещо хвилювався: вважав, що українці, як люди більш західної ментальності, не такі гостинні. Але білоруси мені сказали: «Не бійся, в Україні тебе зустрінуть краще, ніж у нас». Так і є — більш гостинної країни я не бачив!» — радів мандрівник. За його словами, в нашій країні його витрати впали майже до нуля — лише 5 доларів за три тижні!

Для кожного села, через яке проїжджає легендарний велосипедист, його візит стає подією номер один: зустрічі з представниками влади, екскурсії околицями села, розкішні обіди. Втім, розкоші у їжі пан Януш не визнає: «Я їм лише «мужицьку їжу» — ніяких магазинних продуктів. Дуже подобаються Ваші вареники, налисники та борщі!»

Мандрівник ніяк не фіксує свою подорож (ані на фото, ані на відео), надаючи цю можливість журналістам (за час мандрівки Рівер дав понад 3000 інтерв'ю — рекорд, гідний книги Гіннесса!).

Проте найцікавіші матеріали про себе зберігає — вони стануть основою майбутньої книжки .

Позаду в Януша Рівера — чотири роки мандрівки та 40 тисяч кілометрів. Попереду — три континенти: Австралія, Африка й Азія. «Я усвідомлюю, що шансів завершити подорож живим небагато», — зазначав Рівер, — «щомиті мене може збити машина. А про те, які небезпеки чекають мандрівників на дорогах Африки, Азії та Росії, вже й не згадую».

Велосипедист <u>не возить зі собою</u> тисячі сувенірів, які йому дарують в кожному місті чи селі, — все роздає зустрічним дітям.

Україною Януш Рівер мандруватиме до осені. Далі Польща... Хочеться вірити, що через чотири роки мандрівник тріумфально в'їде до Пекіна на своєму двоколісному коні.

Після прочитання:

4. **Знайдіть у статті вище дієслова руху, а також прийменники, з якими вони вживаються. Додайте їх до свого списку, який Ви створили в частині I, вправі 2. Обговоріть значення цих дієслів.**

5. **Додайте необхідні дієслова руху у відповідних формах. Пам'ятайте, що дієслова руху є двох типів — просторові і часові (див. Додаток IV 2.4.1, 2.4.2).**

Мандрівник чотири роки тому *(left)* _____ з Риму і планує *(to enter)* _____ у Пекін через чотири роки. Цей чоловік вирішив *(to drive around/cover)* _____ весь світ. Він планує *(to go/pass though)* _____ через сто країн світу і в сумі *(to go for/cover)* _____ сто тисяч кілометрів. Мандрівник крутить педалі вже чотири роки і на тепер вже *(drove across)* _____ Мексику, Центральну Америку, Кубу та Європу. Коли він хотів *(to cross)* _____ Кубу, у нього з'явилися неабиякі труднощі. В додаток до цього, він *(crossed)* _____ островом Шпіцберген. Не так давно він *(entered)* _____ в Україну і вже *(drove through/passed by)* _____ багато областей. Кожного дня він долає п'ятдесят, а часом шістдесят кілометрів, але завжди *(goes)* _____ не автотрасами та шосе, а малими ґрунтовими сільськими дорогами. Так як він вирішив уникати великих міст, він *(enters)* _____ лише в малі. Раніше цей мандрівник навіть *(went/hitchhiked)* _____ автостопом. По роботі йому довелося *(to travel/to go around)* _____ світом. Під час того, як цей чоловік *(crosses)* _____ Україну, він знайомиться з багатьма людьми, якими не може нахвалитися. На сьогодні він вже *(drove by/covered)* _____ сорок тисяч кілометрів, а попереду ще сімдесят. У майбутньому він планує *(to drive around/cover)* _____ Австралію, Африку та Азію. Цьому велосипедистові не подобається *(to carry)* _____ зі собою ніяких сувенірів, він їх роздає дітям. По Україні він ще *(will travel/will drive)* _____ декілька місяців. Сподіваємося, що через чотири роки він *(reach)* _____ до Пекіна.

Бухтівецький водоспад

КОРОТКИЙ ОПИС МАРШРУТУ

Місто Надвірна — село Пасічна — село Букове (Бухтівецький водоспад) — село Пасічна — місто Надвірна.

Протяжність (в обидва боки) — 44 кілометри; тривалість — максимум 8 годин.

До і з Надвірної добираємось традиційним «раховозом» — поїздом «Івано-Франківськ—Рахів». Він вирушає з обласного центру о 9:15, у Надвірну прибуває близько пів одинадцятої; назад повертається о 19:40 і приїжджає близько дев'ятої вечора.

Маршрут нескладний, орієнтований у першу чергу на початківців.

6. Уявіть, що Ви думаєте, можливо, поїхати прогулянковим маршрутом в Карпатах на велосипеді. Мета Вашої мандрівки — «Бухтівецький водоспад», який тече крізь скелю. Перегляньте короткий опис маршруту і вирішіть, чи така мандрівка «для Вас».

7. Повторіть умовний спосіб. Зверніть увагу на відмінність у значенні речень з *якщо* і *якби*. Продовжіть незакінчені речення за прикладом (див. Додаток IV 3.4).

Приклад 1:

Якщо ти себе правильно підготуєш, ти зможеш проїхати на велосипеді через декілька країн.

Приклад 2:

Якби ти себе правильно підготував, ти б зміг проїхати на велосипеді через декілька країн.

Якщо Ви вирішите здійснити навколосвітню подорож,...

Якщо Ваше життя сповнене пригод,...

Її мрія не буде нездійсненною, якщо...

Якщо Ви активно подорожуєте,...

Якщо ми накінець вирішимо свою долю,...

Якщо ти обминеш ці неабиякі труднощі,...

Щодня на велосипеді можна подолати п'ятдесят кілометрів, якщо...

Можемо уникнути цієї гамірної автотраси, якщо...

Якщо ми поїдемо околицями,...

Якщо буде небезпека,...

Якщо Ви вирішили об'їхати цілий світ,...

Якби була ґрунтова дорога, ми б...

Якби нам вдавалося уникнути цих проблем, ми б...

Він би не виглядав на всі сто, якби...

Якби можна було поїхати автостопом,...

Якби не така велика відстань,...

Він міг би насолоджуватися життям, якби...

Його витрати впали би до нуля, якби...

Якби цей мандрівник думав про те, що буде попереду, а не позаду, він би...

Якби він не возив зі собою гаманця,...

☺ Шанси на добрі оцінки у нас ще можуть бути, якщо...

 8. У групах чи парах складіть якомога довше речення з підкресленими у статті словами. Найдовше речення виграє.

 9. Уявіть, що Ви вирішили здійснити навколосвітню подорож. Ви вирушаєте через місяць. Детально опишіть, як Ви це зробите (в майбутньому часі). Використовуйте вирази опису процесу з частини I, вправи 4а) (також див. Додаток IV 2.4.1, 2.4.2).

 10. Напишіть підсумок статті про навколосвітню подорож Януша Рівера. Додайте свої думки про його подорож (також див. Додаток IV 2.4.1, 2.4.2 і Додаток I).

Словник II

автотраса	interstate *(road)*
вежа	tower
витрати	expenditures, expenses
відстань	distance
гамірний	noisy
гідний *(кого/чого)*	worthy
ґрунтова дорога	dirt road
доводити, довести *(кому/що)*	to prove
дозвіл	permission
долати, подолати *(кого/що)*	to overcome, master
доля	destiny
жест	gesture
мандрівка	journey, trip
мандрівник	traveller
навколосвітня подорож	trip around the world
населення	population
небезпека	danger
нездійсненний	infeasible
область	region *(province, state)*
околиця	neighbourhood, region
педаль	pedal
подія	event
позаду	behind, in the past
попереду	ahead of, in the future
пригода	adventure
принаймні	at least
розкіш	luxury, comfort
свідок	witness
спальний мішок	sleeping bag
сповнений	full of, filled with
тріумфально	triumphantly
труднощі	difficulties
уникати, уникнути *(кого/чого)*	to avoid
усвідомлювати, усвідомити *(кого/що)*	to realize, comprehend
цвинтар, кладовище	cemetery
шанс	chance
щомиті	every second, moment
шосе	highway

Вирази

бути в дорозі	to be on the road
їхати/їздити автостопом	to hitchhike
може збити машина	could be hit by a car
насолоджуватися життям	to enjoy life
не виглядати на свої роки	to not look one's age
не могти нахвалитися *(ким/чим)*	could not be more happy with
солідний вік	distinguished age
у молодості	in one's youth

8   Музика і розваги

Частина I

Музика і розваги

«Таврійські Ігри» — найбільша
і найвідоміша в Україні
організація, яка працює в галузі
музики і масових видовищ.
«Таврійські Ігри» проводять
наймасштабніший фестиваль в
Україні — «Таврійські Ігри» (Свято
Музики і Краси). «Таврійські
Ігри» також дарують дітям «Казку
на березі Чорного моря» —
фестиваль «Чорноморські Ігри».
«Таврійські Ігри» дарують світові
найкращі національні традиції,
а світ дарує нам різнобарв'я
своїх культур, які представлені
на найцікавішому фольклорному
фестивалі у м. Ялта. «Таврійські
Ігри» роблять подарунки
на День Києва та на День
Незалежності: проводять одну з
найпопулярніших акцій «Свято
краси у місті краси» та не менш
популярну акцію «Незалежність.
Європа. Майбутнє». «Таврійські
Ігри» дбають про розвиток
української музичної культури і
відзначають її кращі досягнення.
Їхня Всеукраїнська премія
у галузі музики та масових
видовищ «Золота Жар-птиця»
— найпрестижніша. «Таврійські
Ігри» підтримують найпопулярніші
ігри молодих — це турнір КВК
(Клуб веселих і кмітливих) на
Кубок Президента України (http://
www.tavriagames.com/).

Музика — це мистецтво, яке відображає думки, почуття, характери людей.
Для деяких музика — це заряд енергії, для інших — це просто насолода.
У кожного з нас, мабуть, є свій кумир, чиї твори нам приносять радість,
дозволяють абстрагуватися і відволіктися від реальності. Музична сцена
України вирізняється розмаїттям, шоу-бізнес бурхливо розвивається. Рік
за роком з'являються нові зірки. Нещодавно в Україні відбувся черговий
фестиваль «Таврійські Ігри». Наші друзі побували на цьому фестивалі.
Послухайте їхні враження.

1. Прочитайте розмову.

Ліда: Юліє, який фестиваль, яка музика, які пісні! Я **в захваті** від виступу всіх виконавців!

Юлія: Мені також, **загалом**, все сподобалося. Але, **правду кажучи**, рок-виконавці мене **не вразили**.

Ліда: **Що ти**, це були найкращі пісні!

Юлія: Лідо, **хіба ж ти коли цікавилася** рок-музикою?

Ліда: Чому ж ні. Ти мене ображаєш, Юліє. Рок-музика — це одна з моїх найулюбленіших.

Юлія: Вибач. Я думала, що тебе цікавить **лише** джаз та блюз. Не ображайся, гаразд?

Ліда: **Згода, забудь! Це все дрібниці!**

Юлія: А **ти цікавишся репом**, адже ця музика **набуває все більшої і більшої популярності**?

Ліда: **Цей напрямок мені не зовсім зрозумілий**. Мелодії в них дивні, та й часто не бачу змісту у текстах пісень. Хоча є в цій музиці й деякі позитивні речі, як на мене. Наприклад, мені подобається їхня ритмічна манера виконання, сценографія, костюми, зачіски тощо.

Юлія: Цікаво! Потрібно було б нам сходити ще на якийсь рок- чи поп-концерт. **Як би нам це зробити**?

Ліда: Боюсь, що **найближчим часом** не вийде. Але може десь за два-три тижні **зможу вибратися**.

Юлія: До речі, уявляєш, Богдан з Юрком учора були на концерті Руслани.

Ліда: Як вони туди **потрапили**? Усі ж квитки були продані ще місяць тому.

Юлія: **Їм якось вдалося** познайомитися з одним із гітаристів, і він їх провів. **Їм навіть пощастило** познайомитися з Русланою. **І більше того**, вони були присутні на інтерв'ю, яке Руслана давала газеті «Експрес».

Ліда: Справжні нишпорки наші хлопці! А як у тебе субота? **Може, сходимо** на дискотеку?

Юлія: **Час покаже**, я б **з радістю** потанцювала.

Види, стилі та напрямки музики

поп

етно-поп

техно

фолк

фолк-рок

гард-рок

геві метал

ґрандж

гіп-гоп

рок

рок-н-рол

панк

реп

джаз

данс/танцювальна музика

альтернатива

естрадна музика

блюз

забава

класична музика

народна музика

церковна музика

хорова музика

🔍 **Дискусія**

Які враження у подруг після фестивалю?

Чи Ліда цікавиться рок-музикою?

Який стиль музики є одним із Лідиних найулюбленіших?

Чи Ліда цікавиться репом?

Що Ліда думає про реп?

Які складові подобаються Ліді в репі?

Чи подруги планують піти на концерт найближчим часом?

Коли їм це може вдатися?

На якому концерті були Богдан і Юрко?

Яким чином їм вдалося туди потрапити?

Куди планують піти дівчата у суботу?

Вам подобається рок чи реп і чому?

Які стилі чи напрямки музики Вам подобаються?

Якій музиці Ви надаєте перевагу?

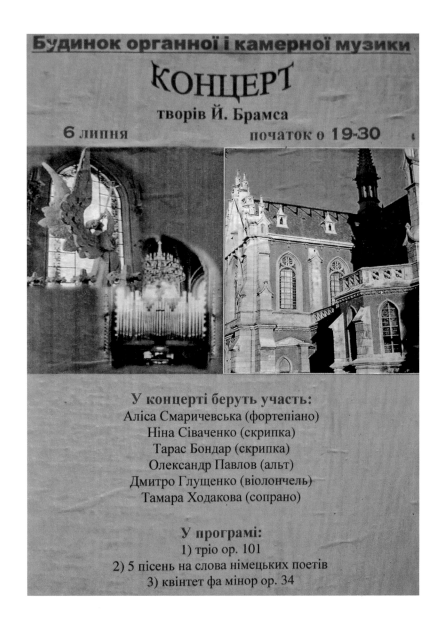

2. Підберіть синоніми до виразів, виділених шрифтом у 'Розмові'. Обговоріть їхнє значення. Складіть речення з цими виразами.

3. Знайдіть у 'Розмові' і в тексті про «Таврійські Ігри» вищий і найвищий ступені порівняння прикметників. Випишіть їх та визначте, від яких прикметників вони утворені (див. Додаток IV 1.4).

4. а) **Перегляньте слова і вирази, які можна використовувати для опису музиканта, співака чи музичної групи. Обговоріть значення цих слів та виразів.**

текст пісні/пісень

манера виконання

манера триматися на сцені

неординарність

костюми

пошук нового

мелодія

мелодика

ритм

гармонія

аранжування

рімейк

професіоналізм

новий, неординарний підхід

б) **Опишіть свого улюбленого співака чи групу, використовуючи ці вирази.**

в) **Напишіть листа своєму другові чи подрузі про концерт, який Ви відвідали на минулих вихідних, використовуючи вирази з вправи 4а) вище (також для написання листа див. Додаток III).**

5. **Проведіть умовне ток-шоу або конкурс «Музикант, співак чи музична група року». Отже, спочатку виберіть ведучих цього ток-шоу, а тоді створіть дві групи молодих людей, тобто «учасників шоу». Одна група підтримує одного співака чи музичну групу, а друга група підтримує іншого співака чи групу (див. Додаток I). Пригадайте також вирази для проведення інтерв'ю з першого розділу про студентське життя (впр. 9).**

МУЗИКА, КІНО НАШОГО МІСТА!

МЕРЕЖА МУЛЬТИМЕДІЙНИХ МАГАЗИНІВ

"МЕЛОМАН"

ЗАПРОШУЄ ШАНУВАЛЬНИКІВ ЯКІСНОЇ МУЗИКИ, КІНО ТА КОМП'ЮТЕРНИХ ІГОР.
Цікаві фільми на відеокасетах, відео-CD та DVD, музика різноманітних стилів на аудіокасетах та компакт дисках.
Широкий вибір ігрових та мультимедійних дисків на всі смаки!
Вся продукція ліцензійна!

Адреси магазинів:

Гнатюка 5,	тел. 72-86-33
Галицька 20,	тел. 298-59-87
Ш.Руставелі 44,	тел. 75-96-85
Стефаника 1,	тел. 298-16-95
Ринок "Добробут",	
Р-к "Південний" ТК "Галичина" п.№8	
Стрийська 85, ТК "Максімус" п.№202	

6. Поставте слова в дужках у правильні форми (див. Додаток IV 1.1, 1.2).

Моя подруга весь свій вільний час приділяє (сучасна музика) ____ ____. Найбільше їй подобаються такі стилі, як (рок і джаз) ____ і ____. Найбільше вона слухає (рок) ____. На відміну від неї, я часто слухаю (класична та хорова музика) ____ та ____ ____. У (ці стилі) ____ ____ мене привалюють мелодійність і глибокі традиції. В додаток до цього, стиль фолк-року (я) ____ також до вподоби. Коли слухаю таку музику, то завжди звертаю увагу на поєднання (сучасні і традиційні елементи) ____ і ____ ____. У сучасному світі музики багато (співаки та музиканти) ____ та ____ користуються успіхом. Як на мене, молодь найбільше уваги звертає на (мелодика і текст пісень) ____ і ____ ____. Деяким подобається новий підхід до (музика) ____, а деякі найбільше уваги приділяють (костюми) ____. Інші ж цінують (манера виконання та сценографія) ____ ____ та ____. Чи Ви звертаєте увагу на (костюми та зачіски) ____ та ____ виконавців? Що для (Ви) ____ найголовніше — зміст пісень чи стиль виконання?

Сучасні дискотеки — це імпровізація звуку і світла. Багато що залежить від дискжокея чи діджея, від його майстерності, знань і фантазії. Багато залежить і від самої публіки. Зараз в Україні з'явилося багато клубів та дискотек. Клубна культура в Україні на високому рівні.

7. **Багато сучасних співаків та музикантів користується шаленим успіхом, особливо серед молоді. Проведіть інтерв'ю з групою молодих людей та дізнайтеся, що насамперед приваблює молодь у тих чи інших зірках. Під час інтерв'ю можна використовувати питання, подані нижче.**

Яка музика Вам подобається і чому?

Які стилі музики є Вашими улюбленими?

Які стилі та напрямки музики популярні серед молоді?

Які музиканти і співаки користуються успіхом серед молоді сьогодні? Чому Ви так думаєте?

Яким елементам молодь приділяє більше уваги: самій музиці, тексту пісні, стилю виконання та ін.? Які елементи важливі для Вас особисто?

Ви часто ходите на концерти? Якщо так, то на які?

На що Ви найбільше звертаєте увагу, коли слухаєте музику чи ходите на концерти?

Що приваблює Вас у тому чи іншому стилі музики?

Ви ходите на дискотеки? Якщо так, то на які? Що Вас приваблює на дискотеках, що для Вас найголовніше?

Вінегрет 70-80-90-х

Дискотівка-мішанка старих гарних хітів 70-80-90-х років, які знайомі, напевно, всім, і під які гарно та весело танцюється! Гарна нагода пригадати, як Ви колись гарцювали в школі на танцях!... ☺ І при цьому не забували про поцілунки та обійми після них вночі на лавочці (http://www.morepiva.com/).

8. Закінчіть подані нижче речення.

Завжди слід звертати увагу на...

Найбільше уваги я звертаю на...

Дуже часто ми звертаємо увагу на...

Коли підеш на концерт, обов'язково зверни увагу на...

На що найбільше ти звертаєш увагу, коли...

Тексти пісень цієї групи привертають увагу...

...постійно привертають увагу молодих людей.

...привертають до себе увагу.

 9. Напишіть текст до пісні в стилі реп на основі будь-якого об'єкту, який Ви бачите перед собою. Можете також використовувати сленгові вирази (див. 'Мова і культура' нижче).

10. Складіть речення за прикладами, поєднуючи вирази з першої та другої колонок в будь-якому порядку (при потребі, можете використовувати додаткові слова) (див. Додаток IV 3.5).

Приклад 1:

Я і Ліда ⇢ **Ми з Лідою** обоє цікавимося сучасною музикою.

Приклад 2:

Ви і він ⇢ **Ви з ним** часто ходите на концерти?

Я і Ліда	привертати до себе увагу
Ти і він	слухати рок-музику
Я і Петро	ходити на концерти
Я і мама	робити цікаві зачіски
Тато і я	цікавитися сучасною музикою
Ти і тато	танцювати під цю музику
Ви і Ольга	слухати класичні мелодії
Ми і Марта	приділяти увагу сучасним напрямкам у музиці
Я і Юля	звертати увагу на нові стилі музики
Ти і Богдан	слухати, як Олег грає на гітарі
Люба і я	подобатися танцювати під народні пісні

11. Повторіть значення часток *вже* і *ще*. Впишіть ці частки у текст: *вже* або *ще* (див. Додаток IV 3.6).

— Ти _____ була на концерті Мадонни?

— Ні, _____ не була, у мене _____ не було можливості потрапити на концерт. Але я _____ ходила на багато рок-концертів. Знаєш, мені навіть _____ набридло ходити на такі концерти, їхня атмосфера мене _____ не приваблює.

— Даремно ти так говориш, я _____ далі в захопленні від деяких виконавців. Наприклад, коли я на концерті свого улюбленого музиканта, мені хочеться слухати його _____ і _____. Але досить _____ про музику. Хочеш _____ кави?

— Ні, дякую, кави _____ не хочу. Але я б з'їла _____ одне тістечко, ти не проти?

— Ні, бери собі _____.

— Дякую. Я _____ скоро піду, бо _____ не підготувалася до іспиту. Мій іспит, як не дивно, _____ завтра.

12. Повторіть використання часових виразів (див. Додаток IV 3.7, 3.7.1, 3.7.2). Додайте необхідні часові вирази в текст.

(Last week) _____ ми вирішили піти на концерт популярної класичної музики, який відбувався в філармонії. На жаль, в останню хвилину потрапити туди багатьом не вдалося, але нам пощастило купити квитки *(two days ago)* _____. Моя подруга за мною зайшла *(on Saturday)* _____ *(around six)* _____. Здому ми виїхали декілька хвилин *(after six)* _____. Філармонія знаходиться в центрі міста, і ми вирішили поїхати на таксі. До філармонії ми заїхали *(in fifteen minutes)* _____. Концерт почався *(at six thirty)* _____ і тривав *(from six thirty)* _____ *(until nine thirty)* _____, отже він тривав *(three hours)* _____. Вже *(after ten minutes)* _____ ми зрозуміли, що зможемо відпочити і насолодитися музикою. *(In these three hours)* _____ ми отримали море задоволення і заряд енергії *(for the next few days)* _____. Під час антракту ми вирішили вийти на свіже повітря *(for a few minutes)* _____, потім *(in five minutes)* _____ ми пішли в кафетерій. У кафетерії ми зустріли наших знайомих, яких вже не бачили *(for a half a year)* _____. Ми з ними поговорили *(about three minutes)* _____ і пішли назад до своїх місць. Друга частина концерту почалася *(at five after eight)* _____. Ми були в захваті від виступу виконавців. Найбільше нас привабив один твір, який особливо *(last month)* _____ набув шаленої популярності, і його передавали по радіо *(every day)* _____ і майже *(every hour)* _____. Після концерту ми знову зустріли наших знайомих і вирішили піти на каву

МЕРЕЖА КІНОТЕАТРІВ
КІНОПАЛАЦ®

ДИВІТЬСЯ
У ЧЕРВНІ

м. Львів, вул. Театральна, 22
тел. 297-50-50, 297-50-05
www.kinopalace.lviv.ua

і десерт, а також поділитися враженнями від концерту. *(In a few minutes)* _____ ми вже сиділи в одній цукерні і смакували каву з тістечками. В цукерні ми просиділи яких *(forty minutes)* _____, після чого всі розійшлися. Вдома я був *(around eleven)* _____. *(Next week)* _____ ми знову плануємо піти на черговий концерт. Цей концерт, цього разу органної музики, буде *(on Friday evening)* _____. Ми вирішили не ризикувати з квитками і купили їх *(next morning)* _____ в касах філармонії. Я в захваті від органної музики і, мабуть, буду мріяти про п'ятницю *(for an entire week)* _____.

13. Перегляньте афішу, подану нижче. Вирішіть, куди і коли Ви підете зі своїми друзями: в який день, о котрій годині, на який час/на як довго і т.д.

Афіша (м. Львів)

Кінопалац
вул. Театральна, 22
Король Артур, екшн/пригоди/драма. Поч. 12:30, 22:10.
Шрек – 3, пригоди/анімація/сімейна комедія/фантазія. Поч. 10:40, 14:50, 16:40, 18:30, 20:20.

Театр опери та балету ім. Соломії Крушельницької
пр. Свободи, 28
13.05, 18:00 «Купало». Опера на 2 дії.
29.05, 19:00 «Мадам Батерфляй». Опера на 2 дії.
3.06, 12:00 «Летюча миша». Оперета на 3 дії.

МІНІСТЕРСТВО КУЛЬТУРИ І МИСТЕЦТВ УКРАЇНИ
НАЦІОНАЛЬНИЙ АКАДЕМІЧНИЙ УКРАЇНСЬКИЙ ДРАМАТИЧНИЙ

ТЕАТР

імені

Марії Заньковецької

Рік заснування 1917

РЕПЕРТУАР на травень 2005 року

Драматичний театр ім. Марії Заньковецької
вул. Лесі Українки, 1
Години роботи: 10:00–18:00, неділя: 12:00–20:00, вихідний день —
п'ятниця
26.05 та 28.05, 17:00 «Закон». П'єса на 4 дії.

Львівський обласний театр ляльок
пл. Данила Галицького, 1
27.05, 10:30 та 16:15. «Учениця для Баби-Яги». Казка на 2 дії.

Львівська обласна філармонія
пл. Чайковського, 7
20.05, 19:00 «Київ-Брасс-Квінтет».
4.06, 18:45 Камерний хор «Глорія». Диригент Володимир Сивохіл.
5.07, 19:30 Національний ансамбль солістів України «Київська
камерата». У програмі твори українських композиторів.

Львівський будинок органної та камерної музики
вул. Бандери, 8
15.05, 17:45 «Жайвір» — молодіжний камерний хор. Вхід вільний.

Домініканський костел
пл. Музейна, 1
щоп'ятниці, щосуботи, щонеділі, 15:00. «Звуки вічності». Концерт
органної музики.

Цирк
вул. Городоцька, 83
«Леви і тигри». Будні дні: 18:00 год., субота, неділя: 12:00, 16:00 год.
Вартість квитка: 8–20 грн. (у п'ятницю); 10–25 грн. (у вихідні).

Зліт

вул. В. Великого, 14а (перед кінотеатром «Сокіл»)
Мотоз'їзд—2004 Lemberg. «Галицький Байкер».
За підтримки Львівської райдержадміністрації. Субота, неділя: 15:00 год.

Дискотеки

«Лялька»

пл. Д. Галицького, 1
Працює з 11:00 щодня, диско-лялька у вихідні з 20:00. Шоу-програми, виступи відомих людей, велика концертна програма, перегляд фільмів, вишукана кухня.

«Мілленіум»

пр. Чорновола, кінозал. Дискотека, два бари, шоу-програма.

«Пікассо»

вул. Зелена, 20. Вхід для дівчат від 18 років, хлопців — від 20 років за посвідченням особи.

«Біт Клуб»

пл. Петрушевича. Відчинено з 18:00 до 5:00. Молодіжна музика, шоу-програма.

14. a) Перегляньте програму передач на вихідні дні із сайту телевізійного каналу 1+1 (www.1plus1.net).

1+1 ПРО НАС	СЕРІАЛИ	ПРОГРАМИ	ФІЛЬМИ	ПРОЕКТИ 1+1
Загальна інформація. 1+1 International.	Сезон великих подарунків. Ведучі каналу.	Весна 2009. Дизайн 1+1		Новини каналу
НОВИНИ ТСН	ТЕЛЕПРОГРАМА	ТЕЛЕСВІТ	ВАКАНСІЇ НА 1+1	ВІДЕО

Програма телепередач

Субота, 15 березня

06:05	мультфільм «Суперкнига»
06:55	«Топ гір – 2», 31 серія
08:15	Дісней! «Чіп та Дейл поспішають на допомогу», 47 серія
08:35	Серіал «Всі жінки — відьми», 125 серія
09:05	Квартирна лотерея «Хто там?»
10:00	Інформаційно-розважальна програма «Сніданок з 1+1»
11:00	«Смачна країна», 7 випуск
11:50	«ТСН: Телевізійна Служба Новин»
12:00	«Ти суперстар», 3 випуск
14:05	Програма «Імперія кіно» представляє: романтична комедія «Щоденник принцеси – 2: королівські заручини»
16:20	Супершоу «Найрозумніший»
18:25	«ТСН: Проспорт»
18:50	Серіал «Татусеві дочки», 8 серія
19:30	«ТСН: Телевізійна Служба Новин»
20:00	Програма «Імперія кіно» представляє: бойовик «Бій з тінню – 2: реванш»
22:50	Програма «Імперія кіно» представляє: Камерон Діаз і Дрю Беррімор у пригодницькій комедії «Янголи Чарлі – повна потужність»
00:55	Програма «Імперія кіно» представляє: романтична комедія «Щоденник принцеси – 2: королівські заручини»
02:45	Нічний кінозал представляє: «Факір»
04:10	Нічний кінозал представляє: «Ленні — Диво-Пес»
05:30	«Смачна країна», 8 випуск
05:55	«Топ гір – 2», 31 серія

Неділя, 16 березня

07:00	«Бокс по-справжньому: Мені Пак'яо — Хуан Мануель Маркез»
08:30	«ТСН. Погода»
08:35	Дісней! «Алладін», 20 серія
09:05	Лотерея «Лото-Забава»
10:00	«Сніданок +»
11:00	Музично-розважальна програма «Караоке на майдані»
11:55	«Служба розшуку дітей»
12:45	Серіал «Татусеві дочки», 7 серія

13:15	Серіал «Клан Сопрано – 5», 65 серія
13:45	«Катастрофи»
14:30	Серіал «Моя прекрасна нянька», 94 серія
16:30	«Криве дзеркало № 25 (№ 38)»
18:25	«ТСН: Телевізійна Служба Новин»
18:50	Програма В'ячеслава Піховшека «Епіцентр»
19:30	Програма А. Безулик «Я так думаю»
20:15	Музично-розважальна програма «Шанс – 2», 5 випуск
22:00	Програма «Імперія кіно» представляє: Світлана Крючкова у мелодрамі «Птах щастя»
00:05	«Про Лігу»
00:35	«Кіно у деталях з Федором Бондарчуком», 101 випуск
01:25	Аргумент кіно представляє: комедія «Віктор Фогель — король реклами»
03:25	Серіал «Секс і місто», 62 серія
04:45	«Без табу з Ольгою Герасим'юк»

б) Обговоріть, які програми будуть транслювати, які Ви плануєте дивитися і коли (в який день і о котрій годині). Використовуйте у розмові вирази, подані нижче.

(В який день, о котрій годині) будуть транслювати програму...

Програма... транслюватиметься *(в який день, о котрій годині)*.

(В який день, о котрій годині) можна буде подивитися...

Два рази під час вихідних показують...

Цікава програма... буде *(в який день, о котрій годині)*.

У ці вихідні *(в який день, о котрій годині)* в програмі...

Якщо буде час, *(в який день, о котрій годині)* подивимося...

Щовихідних ми дивимося...

15. Знайдіть в Інтернеті сайт телевізійного каналу 1+1 (www.1plus1.net) або іншого українського телеканалу. Перегляньте програму передач на цей тиждень. Дайте відповіді на питання на основі програми телепередач.

Скільки разів на день показують новини?

Скільки фільмів можна подивитися сьогодні?

Скільки серіалів показують зранку/під час дня/ввечері?

Скільки гумористичних програм існує на телеканалі?

Які ток-шоу пропонує цей канал?

Яку програму Ви б хотіли подивитися і чому?

Яка Ваша улюблена телевізійна програма і чому?

📖 16. Цікаво

Як довго Ви проживете?

(за точку відрахунку візьміть 72, а потім додавайте і віднімайте)

— Якщо Ви чоловік — відніміть 3

— Якщо Ви жінка — додайте 4

— Якщо Ви живете в місті, де більше 2 мільйонів людей — відніміть 2

— Якщо Ви живете в селі чи містечку, де менше 10 тисяч людей — додайте 2

— Якщо Ваші дідусь або бабця прожили більше 85 років — додайте 2

— Якщо Ви вчилися в університеті хоча б 3 роки — додайте 6

— Якщо Ви живете з партнером більше 2 місяців — додайте 5

— Якщо Ви сидите на роботі чи навчанні від 2 до 9 годин в день — відніміть 3

— Якщо Ви фізично працюєте від 30 до 150 хвилин — додайте 3

— Якщо Ви енергійно займаєтеся спортом від 3 до 6 разів на тиждень — додайте 3

— Якщо Ви спите більше як 10 годин щоночі — відніміть 4

— Якщо Ви агресивні, вразливі — відніміть 3

— Якщо Ви спокійна, урівноважена людина — додайте 3

— Якщо Ви палите — відніміть 6

— Якщо Ви п'єте більше 50 мл. алкоголю в день — відніміть 2

— І... якщо Ваш вік від 20 до 30 років — додайте 1

Цифра, яка у Вас вийде в результаті математичних дій, і буде складати можливу тривалість Вашого життя.

17. Перегляньте рекламу банку «Family-Credit». Знайдіть вирази з вищим ступенем порівняння прислівників. Складіть нову рекламу, змінюючи вищий ступінь порівняння прислівників на найвищий (див. Додаток IV 1.4).

Мова і культура

Кілька виразів із музичного сленгу (з музичного журналу «Галас»)

бабки = гроші, «бабки в руки — будуть звуки» = якщо будуть гроші, можна створювати музику

банани = навушники, телефони

бенд = гурт, команда, група

брехунець = радіоприймач «доісторичного» походження

волосянка = гітара

вуха = навушники

діджей = дискжокей

жаби = дівчата, які шанують музикантів і супроводжують їх у подорожах та на виступах

забійна пісня = та, яка дуже подобається, хіт

здирати, зідрати = скопіювати певні елементи чи деталі у музиці, стилі, іміджі тощо

інді = незалежна музика

компакт = компакт-диск

круто, круто зіграти = дуже добре

музон = музика

парті = вечірка

піонер = юний музикант

піпл = натовп або люди, які з'являються на різноманітних заходах

по-барабану = все одно, ніяк

попсові виконавці = виконавці популярної музики або ніякі виконавці

попса = популярна музика

фан = фанат, прихильник

Словник I

адже	however, but, well then...
бувати, побувати	to visit
бурхливо	vibrantly
виконавець	performer
виступ	performance
відбуватися, відбутися	to take place, happen
враження *(від кого/чого)*	impression
дрібниці	trifles, insignificant things
емоційність	emotions, emotionality
жанр	genre
задоволення	pleasure
заряд енергії	energy burst, charge, imbue
зірка	star
зміст	content
зрештою	after all, nevertheless
зрозумілий	understandable
костюми	costumes
кумир	idol *(in entertainment)*
мелодія	melody
насолода	enjoyment, delight, pleasure
нишпорка	a person who searches for an easy way out
ображати, образити *(кого/що)*	to offend
ображатися, образитися *(на кого/що)*	to be offended, take offense
потрапляти, потрапити *(в, на кого/що)*	to end up *(at some venue, place)*
почуття	feeling(s)
приваблювати, привабити *(кого/що)*	to lure, attract
присутній	present
проводити, провести *(кого/що)*	to lead, to take *(someone to a place)*
розмаїття	array, multiplicity, range, variety
розслаблятися, розслабитися	to relax, unwind
розумітися *(на кому/чому)*	to know something well, to be an expert in something
стиль виконання	style of performance
фестиваль	festival
черговий, наступний	next *(in turn)*, usual
шоу-бізнес	showbiz

Вирази

бути в захваті *(від кого/чого)*	to be captivated
(кому) вдаватися, вдатися *(що)*	to manage *(to do something)*
(хто) вдаватися, вдатися до *(чого)*	to begin doing something
відірватися від реальності	to escape reality
манера триматися на сцені	stage performance manner
набувати, набути популярності	to gain popularity
(кому) пощастило	to luck out

Частина II   Інтерв'ю з гуртом «Плач Єремії»

Уривки з тексту на колишньому сайті http://vitaly.rivne.com/plach_jeremii/cry_a2.htm.

Перед прочитанням:

1. Ви коли-небудь чули про цей український гурт? Якщо так, то поділіться інформацією зі своїми одногрупниками. Що Ви знаєте про сучасну українську музику? Чи у Вас є улюблені виконавці? Як Ви розумієте термін «попса » або «популярна музика».

2. Якби у Вас була можливість провести інтерв'ю зі самою популярною українською музичною групою, які п'ять питань Ви б поставили музикантам?

Під час читання:

3. Прочитайте спочатку питання, а потім текст. Дайте відповіді на питання.

В яких містах України ця група переважно дає концерти?

В якому стилі грає цей гурт?

Як пишуться тексти пісень?

Звідки походить назва групи?

Які у групи плани на майбутнє?

Чим група займалася останніх півроку?

Тарас Чубай на одному зі своїх концертів.

Що для цієї групи найголовніше в їхній музиці?

В які міста планує приїхати гурт з концертами?

Які думки соліста гурту про групу «Скорпіонз»?

Текст інтерв'ю з гуртом «Плач Єремії».

Поп- і рок-музика — це не крик моди. Завдяки своїй універсальності і стандартності вона догоджає максимальній кількості смаків і тому найпопулярніша серед мас. Ось вони — найпопулярніші виконавці останнього десятиріччя, фундамент національного шоу-бізнесу.

На on-line запитання слухачів відповідає Тарас Чубай, соліст гурту «Плач Єремії».

— Чи не збираєтеся грати в Києві найближчим часом? І чому ви не даєте концертів у Києві? Шкода, що класну живу музику можемо слухати так рідко...

Тарас Чубай: Мені теж шкода... Наступний раз граємо в Києві в Палаці Спорту. Новий альбом виходить ВЖЕ.

— Багато я чув тих ваших пісень, але я не можу зрозуміти, чому ви працюєте в такому стилі? Чи ви не думали зробити щось більш енергійне? На яку публіку ви розраховуєте?

Т. Ч.: Уважніше слухай наші альбоми і почуєш «неземну енергію». А розраховуємо ми на публіку уважну!

— У вас досить своєрідні тексти, дещо навіть психоделічні. Як ви їх пишете?

Т. Ч.: Тексти я пишу, лежачи у гарячій ванні, і тому деколи маю видіння.

— Яка ваша найулюбленіша пісня (Ваша особисто та інших виконавців)?

Т. Ч.: Щомісяця я маю нову найулюбленішу пісню. Цього місяця я дуже люблю Володимира Івасюка «Я піду в далекі гори» у своєму виконанні.

— Чому назва гурту «Плач Єремії», і чия це ідея?

Т. Ч.: Назва «Плач Єремії» пов'язана з Біблією опосередковано. Цю назву я взяв із циклу поезій свого батька Грицька Чубая, на тексти якого створено більшість пісень групи «Плач Єремії».

— Що ви плануєте на майбутнє?

Т. Ч.: Любити людей, писати пісні, грати на концертах, видавати альбоми, схуднути, щасливо жити.

— Яку з ваших пісень люди найбільше ненавидять?

Т.Ч.: Маю надію, що таких немає. Але я найбільше ненавиджу пісню «Вона».

— Ваші пісні просто чудові! Яка історія вашої групи? Яке ваше хоббі? Де ви вчилися музиці?

Т.Ч.: Дякую дуже! Незабаром з'явиться наша сторінка в Інтернеті, і там Ви довідаєтеся все про нашу історію. Хоббі — люблю ловити рибу. Вчився я музиці у Львівській консерваторії.

— Чим ви займалися останнім часом?

Т.Ч.: У нас було кільканадцять виступів у Києві. А, взагалі-то, півроку, навіть більше, ми сиділи в студії і записували свій новий альбом. Цей альбом вже має вийти на касеті і на компакті.

— Братва, ви дуже класні!!! А як би ви описали стиль своєї музики?

Т.Ч.: Ви також всі дуже класні! А про стиль... Нас часто питаються, в якому стилі ми граємо... Це важко сказати, тому що ми не ганяємося за формою, а вважаємо, що важливіше — це зміст. А стилі будь-які використовуємо. В нас досить широкий спектр представлено: панк, фанк — до кислотного джазу. Все на купу. Ну і рок-н-рол, звичайно.

— Привіт, «Плач Єремії». Два роки не потрапляв на ваші концерти! Жах! Коли ви плануєте відвідати Торонто?

Т.Ч.: В Торонто збираємося приїхати цього літа. Можливо в липні-серпні. Готуйтесь!

— Чи є у групи видані на аудіокасетах альбоми? Я мешкаю в Харкові і ніде їх не бачив, а хотілося б послухати.

Т.Ч.: «Плач Єремії», альбоми: 1993 — «Двері, котрі насправді є», 1995 — «Най буде все, як є», 1997 — «Хата моя», 1998 — «Добре» і планується ще кілька.

— Привіт! Ви дуже класна команда. Більше всього мені подобається пісня «Вона». Коли ми побачимо вас у Закарпатті, в Ужгороді?

Т.Ч.: Дякую! Дуже хочу в Ужгород — кльове місто, добрий коньяк, гарний сервіс, кобіти і т.д.

— Скажіть, мелодії та пісні народжуються раптово, чи ви довго перед тим думаєте?

Т.Ч.: Це процес спонтанний.

— Які плани на майбутнє? Коли буде концерт у Львові?

Т.Ч.: У Львові плануємо аж три концерти-презентації нового альбому «Добре». Десь в травні-червні. Дякуємо.

— Чим Ви поясните той факт, що музика пісні «Вона» дуже схожа на музику із «When the smoke is going down» by «Scorpions»?

Т.Ч.: Не знаю такої пісні і мушу додати, що люто ненавиджу вокально-інструментальний ансамбль «Скорпіонс».

P.S. Ще раз всім кажу, що «Плач Єремії» дуже всіх вас любить і що на цьому тижні виходить наш альбом «Добре», а протягом місяця з'явиться наша сторінка в Інтернеті. Дякую всім. ПА-ПА.

Після прочитання:

4. а) Знайдіть у тексті 'Інтерв'ю' часові вирази. Поясніть їхнє вживання.

б) Додайте в текст необхідні часові вирази (див. Додаток IV 3.7, 3.7.1, 3.7.2).

(In the near future) _____ наш гурт дасть концерт в Києві, а новий альбом вийде *(in a week)* _____. Над текстами пісень ми думаємо *(every day)* _____, *(every hour)* _____, *(every minute)* _____ і навіть *(every second)* _____. Щодо найулюбленіших пісень, то вони змінюються *(every month)* _____. *(This month)* _____ мені найбільше до вподоби наша найновіша пісня. Мушу признатися, що ми багато чого плануємо *(for the future)* _____, але поки це секрет. Музиці ми всі вчилися *(for four years)* _____ в консерваторії з 1994 до 1998 року. *(Lately)* _____ ми все більше і більше думаємо про концерти в інших містах, заплановані *(for this and next year)* _____. У Канаду ми, напевно, приїдемо *(this summer)* _____, *(in June–July)* _____, а в Америку можливо вийде *(in the fall)* _____, *(in September–October)* _____ — це все залежить від фінансової підтримки, на яку ми сподіваємося *(this year)* _____. На закінчення, хочемо повідомити наших прихильників, що веб-сторінка з'явиться *(in the course of this month)* _____.

5. На основі інформації з тексту 'Інтерв'ю' продовжіть подані нижче речення.

Цей гурт розраховує на... публіку.

Тексти пісень часто пишуться...

Найулюбленіша пісня сьогодні...

Більшість пісень гурту базована на текстах...

На майбутнє гурт планує...

Найбільше Тарас Чубай ненавидить...

Про історію гурту можна буде довідатися...

Соліст гурту музиці вчився...

Останнім часом гурт...

Цей гурт грає в стилі...

Цей гурт видав такі альбоми, як...

Місто Ужгород подобається гурту через те, що...

Мелодії та пісні гурту народжуються...

У Львові плануються...

Про «Скорпіонз» соліст відповів...

Новий альбом гурту виходить...

Веб-сторінка повинна з'явитися...

6. Поставте слова в дужках у правильні форми (див. Додаток IV 1.1, 1.2).

Ми часто слухаємо (класна жива музика) ＿＿＿ ＿＿＿ ＿＿＿. Новий альбом цієї групи виходить за (два тиждень) ＿＿＿ ＿＿＿. Ця група працює в дуже (цікавий стиль) ＿＿＿ ＿＿＿, і музиканти розраховують на (своєрідна публіка) ＿＿＿ ＿＿＿. Тексти (свої пісні) ＿＿＿ ＿＿＿ пишуть, коли є натхнення. Про (їхня найулюбленіша пісня) ＿＿＿ ＿＿＿ ＿＿＿ важко сказати, бо їх декілька. Під час інтерв'ю з (ця група) ＿＿＿ ＿＿＿ ми взнали, що у майбутньому вони планують писати (нові пісні) ＿＿＿ ＿＿＿, грати на (концерти) ＿＿＿ та видавати багато (нові альбоми) ＿＿＿ ＿＿＿. Соліст найбільше ненавидить (своя найскладніша пісня) ＿＿＿ ＿＿＿ ＿＿＿. Щодо освіти, то соліст відповів, що закінчив (Львівська консерваторія) ＿＿＿ ＿＿＿. За останній час група мала кільканадцять (виступи) ＿＿＿ у Києві. Їхній найновіший альбом має вийти на (касета і компакт) ＿＿＿ і ＿＿＿. Також потрібно сказати, що ця група грає в (різні стилі) ＿＿＿ ＿＿＿ — від (панк-стиль) ＿＿＿ до (кислотний джаз) ＿＿＿ ＿＿＿. Незадовго відбудеться презентація (новий альбом) ＿＿＿ ＿＿＿ цієї групи, а на сторінках (Інтернет) ＿＿＿ з'явиться новий сайт.

7. а) Використовуючи інформацію з 'Інтерв'ю', напишіть короткий опис гурту «Плач Єремії» та їхньої музики (див. Додатки I, II).

б) Знайдіть записи пісень цієї групи (на YouTube) і прослухайте декілька пісень. Які Ваші враження від цієї музики? Чи Ваші враження після прослуховування подібні до Вашого попереднього опису цієї групи, зробленого на основі інтерв'ю? Що подібне, а що відмінне? Обговоріть свої думки.

8. Знайдіть в Інтернеті сайти виконавців української сучасної музики. Виберіть виконавця і пісню, які Вам найбільше сподобалися. Напишіть про те, що привернуло Вашу увагу до цього виконавця і цієї пісні, на що Ви звертали увагу, коли слухали його/її запис. Детально опишіть свої враження від стилю чи напрямку цієї музики, манери виконання, задіяних музичних інструментів, тексту і змісту пісні, мелодійності, темпу і т.д. (див. вправу 4а) з частини I цього розділу, також Додатки I, II).

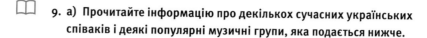

9. а) Прочитайте інформацію про декількох сучасних українських співаків і деякі популярні музичні групи, яка подається нижче.

Етно-поп. Руслана.

Руслана та її «Дикі танці» — це переворот в українській поп-музиці. Руслана завжди вирізнялася з українського поп-загалу особливим ставленням до рідної музичної традиції. Музика Руслани поєднує народні традиції з сучасною якістю звуку. Її голос і манера виконання нікого не залишають байдужими. Це музика, яка стає шквалом вогненної енергії, бурхливої і натхненної, радісної і світлої. Її музика палюча, завзята і магічна. Її стиль можна назвати «драйв-етно-денс» з музичними елементами рок-естетики. Візуальний стиль — на межі етно, мілітарі й фентезі. Такому незвичайному фьюжну складно дати єдине визначення. Це абсолютно оригінальний підхід, новий стиль музики, танців і костюмів. «Дикість» у її виконанні — це свобода й автентичність. Про енергетику, яку несе її музика, можна говорити багато, або можна сказати тільки один раз: це запалює, запалює, запалює й ще раз запалює. (Інформація з офіційного сайту співачки — http://www.ruslana.com.ua)

Олег Скрипка

Фолк-рок. Олег Скрипка.

Олег Скрипка, фронтмен фронтгурту «ВВ», випустив сольний альбом. Цей альбом слухати не буде нудно. Скрипка постійно шукає — і знаходить — щось новеньке. Постійно виходить за рамки власних знахідок. У нього можна знайти сплетіння східних мотивів з українським фолком на тлі життєрадісного панк-року. Про цей же альбом можна сказати, що це романс плюс шансон. Це збірка пісень, які любили і люблять, якщо і не в усьому світі, то в багатьох його оселях. У цій музиці зможуть знайти щось для себе люди з навіть дуже різними музичними перевагами. У цій музиці блюзовий настрій. (Інформація з сайту http://www.umka.com.ua/ukr/catalogue/folk-rock/oleg-skrypka-vidrada.html?refpar1=kmstudio)

Енергійний рок. «Тартак». Музичний лист щастя.

Це один з найенергійніших сучасних гуртів на українській сцені. Він вибухає. Незважаючи на потужний енергетичний заряд, присутній у практично кожній композиції, ця музика не є агресивною. Ніби в пику сучасній альтернативній музиці, яка час від часу схожа на колекцію ціпків, кастетів, биток та інших предметів, небезпечних для життя і здоров'я як оточуючих, так і самих виконавців, «Тартак» несе якусь дуже позитивну енергію, бажання щось робити прямо зараз і прямо тут — але не руйнувати, а створювати. Чи хоча б просто потанцювати. (Інформація з сайту http://www.umka.com.ua/ukr/catalogue/energy-rock/tartak-muzychnyj-lyst-shchastja.html)

Панк. «The Ukrainians». Історія. The best of...

Географічно цей гурт є британським. «The Ukrainians» — це дуже жвава, жива енергія, бурхлива, але водночас гармонійна музика. Це музика з відкритими долонями. Побачивши людину, вона не зволікає з привітанням, іде назустріч, обіймає за плечі і веде. Куди? Може — у безмежний степ, може — на дно річки, може — у шинок, а може — у церкву. Напрямок не має значення, бо ця музика є дуже щирим співрозмовником, який навіть сумує якось бадьоро. Так, тут практично немає шаманства, сутінкового погляду, але ця музика заворожує, заводить внутрішню пружину так, що відчуваєш здатність обійняти весь цей світ і зрозуміти його, і прийняти, і радісно вибухнути у зоряне небо. Ця музика своєю енергією надихає на життя, і хіба це не чудово? (Інформація з сайту http://www.umka.com.ua/ukr/catalogue/punk/the-ukrainians-istoriya-the-best-of-history.html)

Електронна альтернатива. «Скрябін».

Постійно вдосконалюючи якість власної музики, «Скрябін» завжди залишається відкритим для експерименту. «Скрябін» ніколи не обмежується поверхнею почуттів, подій. Але, занурюючись у життєве море, розглядаючи людські прояви, наче екзотичних і не дуже створінь природи і уяви, він часто залишається дещо відстороненим. І в цьому — простір. Він не нав'язує свій спосіб сприйняття, слухач залишається вільним — і стає співучасником. «Скрябін» своєю музикою створює туманний вимір, у якому майже немає різких контурів, але бувають блискавки — і в такі моменти все стає чітким, безкомпромісним. Ця музика — як суміш гарячого серця і холодного розуму, і не скажеш, чого в ній більше. (Інформація з сайту http://www.umka.com.ua/ukr/catalogue/music-video/skryabin-album-video.html)

Танцювальна. Ані Лорак.

Ані Лорак добре володіє гарним голосом. Але бути одночасно і виконавцем, і автором — це вже зовсім інша якість, інший рівень творчого розвитку людини. Як каже сама Ані Лорак, її альбоми, її пісні з'явилися на світ лише завдяки тому, що в її житті з'явився певний досвід. Досвід, який надихнув її написати ці пісні і дав їй право співати їх просто і чесно, від себе. (Інформація з сайту http://www.umka.com.ua/ukr/catalogue/dance-pop/ani-lorak-ani-lorak.html)

б) Якого співака чи яку групу Ви б хотіли послухати найпершими і чому? Обговоріть свої враження та думки з одногрупниками.

10. Напишіть своїми словами підсумок про кожну групу чи співака на основі інформації, поданої у вправі 9 вище. Якщо Вам вдалося послухати цю музику, додайте також свої власні враження. Використовуйте вирази з Додатків I і II.

Словник II

автентичність	authenticity
альбом	album
бадьоро	cheerfully, briskly
безмежний	endless, vast
вдосконалювати, вдосконалити *(кого/що)*	to improve, perfect
вибухати, вибухнути	to burst out, explode, outburst
видіння	vision
відсторонений	removed, remote
володіти *(ким/чим)*	to possess *(skills)*; own, rule
ганятися *(за ким/чим)*	to run (after)
догоджати, догодити *(кому/чому)*	to please
жвавий	energetic, lively, brisk
завзятий	persistent, enthusiastic
заворожувати, заворожити *(кого/що)*	to captivate, charm, mesmerize
занурюватися, зануритися в *(кого/що)*	to plunge
збиратися, зібратися	to get ready, to get *(to be doing something)*
зволікати, зволікти *(з чим, кого/що)*	to linger, delay
крик моди	the latest in fashion *(fashionable)*
мешкати	to dwell, reside
нав'язувати, нав'язати *(кого/що)*	to impose
надихати, надихнути *(кого/що)*	to inspire, motivate
назустріч *(кому/чому)*	toward(s)
незабаром	shortly
ненавидіти, зненавидіти *(кого/що)*	to hate, detest
обіймати, обійняти *(кого/що)*	to embrace
обмежуватися, обмежитися *(ким/чим)*	to be limited
одночасно, водночас	simultaneously
опосередковано	indirectly
палючий	burning, flaming, hot
переворот	radical change, upheaval
підхід до *(кого/чого)*	approach
публіка	audience, public
раптово	suddenly, unexpectedly
руйнувати, зруйнувати *(кого/що)*	to ruin, destroy
своєрідний	particular, unique
сольний альбом	solo album
спектр	spectrum
співрозмовник	conversation partner, co-discussant
сплетіння	interlacement, combination
спонтанний	spontaneous
ставлення до *(кого/чого)*	attitude
створювати, створити *(кого/що)*	to create
суміш	mixture
фундамент	foundation, basis
шквал енергії	burst of energy

9   Спортивне життя

Частина I   Спортивне життя

спорт — sport *(always singular in Ukrainian)*

вид спорту — type of sport

види спорту — sports

На Європейських юнацьких олімпійських днях, які проходили з 22 по 27 квітня в Іспанії, українські юні атлети здобули 8 медалей (4 золоті, 3 срібні та 1 бронзову) і посіли 8-е загальнокомандне місце з 46 країн-учасниць. Чемпіонами, зокрема, стали гравці футбольної команди України. Капітан команди Сергій Н. погодився дати нам інтерв'ю **для журналу** «Олімпійське життя». Сергій впевнений у собі, спокійний, врівноважений хлопчина, який знає, **за чим** шукає у житті. Під час бесіди з ним, яка тривала **півгодини**, ми багато чого відкрили **для себе** про українського футболіста...

перемога

нічия

поразка

очко

рахунок

тайм-аут

📖 **Розмова**

1. а) Прочитайте розмову.

— *Сергію, де ти розпочав свій футбольний шлях?*

— Ще коли жив в Ужгороді, то постійно з хлопцями грав у футбол, разом з батьком відвідував різні матчі, незабаром почав грати **за дублерів**. А розпочав цілеспрямовано ним займатися з 13 років. У мене взагалі сім'я спортивна: батько у свій час займався і футболом, і волейболом, мама — гандболом, дядько грав у регбі. Тобто, спортивні традиції в сім'ї були, і я, ніби, їх продовжив. Вже й молодший брат грає **за команду** «Факел» (Івано-Франківськ), робить успіхи.

— *Сергію, чому ти обрав **для занять спортом** саме футбол?*

— Як я вже казав, моя сім'я спортивна. Часто в дитинстві мене не було з ким залишити вдома, тому батько брав мене зі собою на ігри. Там я із задоволенням бігав, стрибав, і, мабуть, з цього все і розпочалося. Мама спочатку була проти моїх занять, але потім прийшла **повболівати за мене** на молодіжний кубок України, і з того часу жодного слова проти.

— *За весь цей час у тебе не було бажання спробувати себе в чомусь іншому?*

— Звичайно, було. Якби не мій тренер Іван Петрович Литвиненко, який **для мене**, як другий батько, не знаю, може, обрав би щось інше. Він завжди хвилюється **за мене**, завжди поруч зі мною під час тренувань та змагань, перемог та поразок.

— *Завжди вистачає часу **на тренування**?*

— **На заняття спортом** часу, в принципі, замало, і не вистачає часу **на все інше**. Весь мій час займають тренування та навчання, я студент Львівського університету фізичної культури і спорту за спеціальністю тренер-викладач. Сподіваюся в перспективі стати тренером і продовжувати працювати у футболі.

— *Ти у футболі вже **сім років**. В яких змаганнях брав участь?*

— У молодіжних чемпіонатах країни, кубку Європи, де наша команда посіла третє місце. Нарешті прийшов значний успіх тепер в Іспанії.

— *Які твої враження від змагань в Іспанії?*

— Церемонія відкриття була дуже схожа на олімпійську. Стільки делегацій і глядачів зі стількох країн світу приїхали сюди **на тиждень** змагань. Ми дійсно відчували дух олімпізму **цілий цей тиждень**.

— *Наступним вашим суперником буде збірна команда Греції. Як оцінюєш шанси своєї команди у цьому виїзному матчі?*

— Шанс виграти є завжди. Звісно, гра буде важкою. Сподіваюся, привеземо з Греції додому очки, навіть нічию з греками вважаю позитивним результатом **для нас**.

— *Наразі виступаєш на позиції правого півзахисника, також ти грав у центрі поля на позиції плеймейкера. А ти не пробував себе на інших позиціях?*

— Футболіст повинен бути універсалом і грати на різних позиціях. У рідному клубі грав форвардом, також у свій час грав на різних позиціях у півзахисті: центральним, потім лівим хавбеком, під нападаючим. **Для мене** не було проблем, з якої ноги бити чи подавати. **Короткий час** мені також подобалося захищати ворота, отже був воротарем, але з часом позицію кіпера я змінив **на іншу**. Мої тренери побачили, що краще виглядаю на позиції оборонця. От із того часу й виступаю на позиції правого захисника.

— *Свій перший гол пам'ятаєш?*

— Їх було небагато. Здається перший м'яч забив ще, коли грав на чемпіонаті Івано-Франківської області **за юнацьку команду** Бурштина на позиції форварда. Тоді відзначився дублем, і ми здобули перемогу з рахунком 4:1.

— *Вже вдруге поспіль вболівальники називають тебе кращим гравцем команди. Що для тебе значить таке визнання шанувальників?*

— Звичайно, **мені** це приємно, адже в першу чергу ми граємо **для вболівальників**. Коли граємо вдома, то при підтримці наших вболівальників грається набагато краще, ніж на виїзних поєдинках. Ваше визнання — **для мене** велика честь.

— *Як ти думаєш, що таке професіоналізм?*

— Відповідальність **за себе і свої вчинки**. Не можна не з'являтися на тренування, не можна працювати не на повну силу.

— *Гравці команди полюбляють **заради сміху** робити якісь «приколи». Столичні динамівці полюбляють один в одного зі стоянки відігнати автомобіль і казати, що його вкрали. Щось подібне є у вашій команді?*

— Поки що такого нема, адже зараз у команді велика кількість новачків, то ще такого не робимо. Можливо, з часом таке й траплятиметься. А, загалом, колектив у нас хороший, дружній, і нам до снаги вдало виступити у цьому сезоні.

— *Що б ти хотів побажати своїм вболівальникам?*

— Чув, що наші глядачі палко **за нас** вболівали, а це **для нас, гравців**, завжди приємність і натхнення. Тож хочеться, щоб кожен поєдинок приносив нашим вболівальникам лише задоволення і гордість **за нашу команду**.

— *Дякую.*

б) **Випишіть терміни і вирази, пов'язані зі спортом, із тексту 'Розмови' вище.**

🔍 Дискусія

Як українські атлети показали себе на Європейських юнацьких олімпійських днях?

В яких видах спорту українські спортсмени стали переможцями?

Що Ви взнали про Сергія Н. з інтерв'ю?

Як Сергій прийшов у футбол, і чому він обрав саме цей вид спорту?

Чи були у Сергія думки займатися іншими видами спорту?

Сергієві вистачає часу на тренування? Чим іншим займається Сергій?

Скільки років Сергій займається футболом? В яких змаганнях він брав участь?

Які його плани на майбутнє?

На яких позиціях доводилося Сергієві грати напротязі своєї футбольної кар'єри?

Як вболівальники оцінюють капітана футбольної команди України?

Як Сергій ставиться до своїх вболівальників? Як Сергій сприймає позицію своїх вболівальників?

Що для Сергія означає професіоналізм? А що це поняття означає для Вас?

Про які «приколи» під час спортивних ігор Ви знайте? Чи з Вами траплялися цікаві історії під час спортивних тренувань чи змагань? Поділіться своїми враженнями з одногрупниками.

2. а) **Ви виписали спортивні терміни з тексту 'Розмови' (вправа 1б). Додайте до цього списку п'ять термінів, пов'язаних з будь-яким видом спорту, які у тексті 'Розмови' не вживалися.**

б) **Перегляньте вирази, виділені шрифтом у тексті 'Розмови'. Обговоріть: яким чином ці вирази пов'язані між собою, які існують відмінності між значенням усіх цих виразів і їхніми функціями у контексті ☺** (*підказка: подумайте про англійський переклад цих виразів*).

3. **а) Випишіть повні речення, з'єднуючи початки речень із лівої колонки з відповідними виразами з правої колонки.**

Моя молодша сестра грає...	на тренування.
Усі мої друзі завжди приходять на мої змагання...	десять років і беру участь у багатьох змаганнях.
Мій старший брат обрав футбол...	наша збірна посіла третє місце.
У мене ніколи не вистачає часу...	хвилюємося за нашу команду.
Під час кожної гри збірної України з футболу ми...	для кожного гравця.
Тренер нашої команди — як рідний батько...	за збірну України з баскетболу.
На тренування у нас досить часу, але, на жаль, не вистачає...	на кубок Європи з фехтування на три тижні.
Цим видом спорту я вже займаюся...	повболівати за мене.
На молодіжній олімпіаді, яка тривала два тижні,...	нашим вболівальникам за нашу команду.
Наступного тижня ми їдемо в Іспанію...	часу на все інше.
Мені здається, що наші перемоги приносять гордість...	для занять спортом.

Для мене ніколи...	суперником буде збірна Канади, яка знана у цьому виді спорту вже роками.
У двох гравців нашої команди були травми, і тому...	заради сміху.
Наші шанувальники визнають нас, як найкращу команду України, і...	за себе та свої вчинки.
Визнання наших вболівальників — для нас...	велика почесть.
Усі гравці нашої команди в першу чергу грають...	нам це дуже важливо і приємно.
Професіоналізм, як на мене, — це відповідальність...	за мене і за нашу команду.
У нашому наступному виїзному матчі нашим...	для своїх вболівальників.
Часто деякі гравці роблять «приколи» перед грою...	немає проблем, на якій позиції грати на полі.
А найголовніше для мене — це щоб моя родина вболівала...	короткий час вигравати для нас було не легко.

б) Перекладіть речення із завдання а) на англійську мову. Обговоріть різні значення англійського прийменника 'for'.

Запрошуємо усіх бажаючих взяти участь в **Jib Night** тусовці, яка відбудеться 29 березня в сноупарку ТК Буковель.

Початок о 17:00. Потужний звук, море драйву і задоволення, фото та відео сесія.

Для участі необхідно мати при собі сноуборд/лижі і хороший настрій.

Паркові збори – 50 грн. http://snowboarding.com.ua/

4. Додайте необхідні прийменники у текст (див. Додаток IV 3.8): *для, за, на* або *без прийменника*.

Минулого місяця ми їздили _____ тиждень на чемпіонат України зі сноубордінгу. Під час нашої подорожі у нас вистачило часу і _____ відвідування змагань, і _____ відпочинок. Ми навіть взяли участь у змаганнях аматорів зі сноубордінгу, які тривали _____ чотири години в суботу. До речі, двоє дівчат з нашої компанії посіли друге місце, і ми заради сміху організували _____ них псевдо-церемонію вручення срібних медалей. А офіційні змагання чемпіонату тривали _____ три дні. Під час змагань ми палко вболівали _____ нашу тернопільську команду, яка в кінцевому результаті набрала вісімдесят шість очок і посіла десяте місце. Суперники нашої команди виявилися сильно троновані і більш підготовані _____ ці змагання. Тобто наша команда зазнала поразки, але ми все одно горді _____ них. У неділю ввечері ми святкували закінчення змагань в одному барі і не раз піднімали келихи _____ наших тернопільців і _____ їхні майбутні перемоги.

У парах чи групах підготуйте опис відомого спортсмена, спортсменки або відомої спортивної команди, не називаючи його, її чи їх у своєму описі. Прочитайте свої описи одногрупникам. Ваші друзі повинні відгадати, кого Ви описали.

5. а) Прочитайте текст інтерв'ю.

— *Перепрошую. Ми проводимо загальне опитування на тему «Місце спорту у житті пересічної людини». Скажіть, будь-ласка, Ви коли-небудь займалися спортом?*

— Так, колись у дитинстві я займався плаванням, але тепер ніколи немає часу.

— *Ви приймали участь у яких-небудь змаганнях?*

— Декілька разів ми їздили в якісь інші міста, але я вже не пам'ятаю в які. Здається, ми їздили кудись на південь України, а також якось їздили у Тернопіль, де ми чомусь, як я пам'ятаю, програли. Були якісь причини, а які? Вибачте, не пам'ятаю. А, ще були у нас змагання десь у Криму. Пам'ятаю, ми там намагалися виграти будь-яким чином, але якось нам, на жаль, не вдалося. Коли повернулися назад додому, то намагалися будь-що робити, аби забути ту поразку. Чомусь для нас ця поразка була важкою.

— *А Ви коли-небудь у яких-небудь змаганнях вигравали?*

— У декількох змаганнях ми виграли, але їх було небагато.

— *А хто-небудь із Ваших друзів активно займається спортом?*

— Так, деякі з них. Один мій друг, напевно, може грати у будь-яку командну гру. Він ніде і ніколи не відмовиться пограти у футбол, хокей чи волейбол. До речі, футбол – його улюблена гра, і він може грати у будь-яку погоду, у будь-який час дня чи ночі, у будь-якому місці і будь з ким.

— *Ваш друг неабихто! Він справжній, неабиякий фанат футболу! Ви не могли б прийти на ще одне інтерв'ю до нас у студію з ким-небудь зі своїх друзів, хто активно займається спортом?*

— У студію! Це неабикуди, це серйозно. А з ким саме прийти?

— *З будь-ким, але ця особа повинна активно займатися певним видом спорту вже якийсь час.*

— Гаразд. А коли?

— *Будь-коли наступного тижня, як Вам буде зручно, але перше подзвоніть нам.*

— Я постараюсь у понеділок чи вівторок. А скільки часу ми будемо у студії?

— *Скільки Ви зможете!*

— Скільки зможу… мені трохи страшно! До того ж, я не можу абияк говорити, мені потрібно приготуватися.

— *Не хвилюйтеся, ніхто ще не залишався незадоволеним після наших розмов у студії. До зустрічі.*

— Ой, боюся я цих кореспондентів, хтозна, що з цього всього вийде?

б) Знайдіть у тексті інтерв'ю форми: -*небудь, будь-, сь…* (див. таблицю в) нижче) та обговоріть їхнє значення і вживання.

в) Заповніть таблицю із займенниками та прислівниками згідно прикладу.

	ні	-небудь	сь	будь-	де	аби	казна-	хтозна-
хто	ніхто	хто-небудь	хтось	будь-хто	дехто	абихто	казна-хто	хтозна-хто
що								
який								
яка								
яке								
які								
де					х			
куди								
коли								
скільки					х			
як								

6. Складіть речення із займенниками та прислівниками з таблиці 5 в), використовуючи також нові слова зі Словника I (див. Додаток IV, 1.5).

7. a) Прочитайте новини спорту. Уривки з газети «Поступ», січень 2006 року (http://postup.brama.com/index.php).

На етапі Кубка світу із санного спорту, який завершився в Австрії, українка Наталія Якушенко стала володаркою срібної нагороди.

У німецькому Обергофі відбувся четвертий етап Кубка світу з біатлону, на якому українська збірна виступала експериментальним складом.

У чоловічій Суперлізі чемпіонату України з баскетболу зіграно останній тур першого кола регулярної першості.

Сьогодні у французькому Ліоні стартує Чемпіонат Європи з фігурного ковзанярства.

Останнім часом спалахнули конфлікти у Федерації боксу України. Пізніше мало кого залишили байдужим скандали в Українській федерації гімнастики. Тепер же усі біди та нещастя переслідують Федерацію стрільби з лука України.

Кілька днів тому Міжнародна федерація шахів оголосила пари учасників матчів-претендентів чемпіонату світу 2007 року.

Лідер української збірної з лижних перегонів, Валентина Шевченко, посіла п'яте місце на етапі Кубка світу в естонському місті Отепя.

Всесвітня федерація футбольної історії та статистики (IFFHS) оголосила, що за підсумками минулого року національний чемпіонат України з футболу увійшов до десятки провідних чемпіонатів світу.

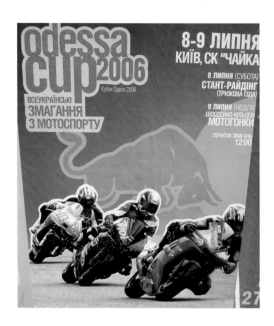

У канадському Монт-Габріелі, де завершився етап Кубка світу з фрістайлу, українка Тетяна Козаченко виборола нагороду у колі найкращих світу.

Асоціація спортивної боротьби України підбила підсумки року і визначила найкращих.

У жіночій гандбольній Суперлізі знову розпочалися матчі національної першості.

У китайському місті Маньяні, де завершився Чемпіонат світу з боксу, українець Ісмаїл Сіллах виборов срібну медаль у ваговій категорії до 75 кг.

На першому етапі Кубка світу з плавання, який завершився у Дурбані, зумів привернути до себе увагу український «містер брас» Олег Лісогор.

Хокеїсти збірної України на першому етапі «Єврочелленджа», що завершився в латвійському Вентспілсі, посіли друге місце.

Світ боксу приголомшила новина: чинний володар чемпіонського пояса Кличко через нову травму 12 листопада титул не захищатиме.

В австрійському Зольдені завершився етап Кубка світу зі сноубордингу, де випробовували долю українські сноубордисти.

Четверо українських тенісисток візьмуть участь у Australian Open-2006 — першому в нинішньому сезоні турнірі.

У київському яхт-клубі вшосте стартувала вітрильна регата «Кубок Вадима Гетьмана».

Кращі геймери змагатимуться за право представляти Україну на Чемпіонаті світу із кібер-спорту. Спортивні змагання відбуваються не лише у спортивних залах та на стадіонах, а і в комп'ютерних клубах.

Українські парашутисти відлітають до Таїланду, щоб встановити нові світові рекорди.

У Києві розпочався черговий Міжнародний турнір із фехтування.

Незвичайні екстремальні перегони відбулися цими вихідними: біг, парашутний спорт, заплив на байдарках і, насамкінець, маунтінбайк.

Друге місце у класі «Містраль» посів севастопольський серфінгіст.

б) Випишіть список різних видів спорту з тексту новин.

в) Додайте до свого списку інші види спорту, які в тексті не вживалися, але які Вам відомі.

г) Уявіть себе ведучим(и) програми «Світ спорту». Підготуйте телерепортаж про спортивні новини у світі. У своєму репортажі використовуйте вирази, подібні до тих, які вживалися в тексті новин вище.

8. Дискусії та обговорення

а) Обговоріть, якими видами спорту цікавляться Ваші одногрупники і чому? Які види спорту найпопулярніші у Вашій країні, Вашому місті і, як Ви думаєте, чому? Скільки часу Ваші друзі і Ваша родина приділяють спорту? Чи існує вид спорту, яким Ви хотіли займатися ціле своє життя, але ще не мали нагоди цього зробити?

б) Обговоріть роль спорту у житті людини, а також у житті суспільства загалом.

9. Опишіть уявне суспільство, в якому спорт не існує взагалі, «Суспільство без спорту». Будьте творчими.

а) Олімпійська збірна Вашої країни з... (якогось виду спорту) готується до подорожі на Олімпійські ігри. В парах або групах проведіть умовне інтерв'ю з одним або декількома спортсменами. Під час інтерв'ю можна використовувати вирази з Додатку I, а також вирази, які використовувалися в 'Розмові' на початку цього розділу. Включіть у своє інтерв'ю такі два питання: «Що для Вас означає бути олімпійським чемпіоном?» і «Як Ви розумієте поняття професіоналізму у спорті?»

б) Перегляньте рекламу клубу підводного плавання «Scuba-Lev». Поділіться на дві групи. Студенти однієї групи уявляють, що зацікавилися цим екзотичним видом спорту і готують питання для працівників клубу. Студенти другої групи уявляють себе працівниками клубу підводного плавання. Їхнє завдання полягає в тому, щоб зацікавити потенційних клієнтів. Проведіть розмову (використовуйте вирази з Додатку I). Намагайтеся також, як у питаннях, так і у відповідях, вживати форми: *-небудь, будь-, сь...* із вправи 5.

в) Обговоріть відповіді спортсменів на два поставлені питання із завдання а) (згадайте вирази з Додатку I).

Спортсмен 1 вважає, що бути олімпійським чемпіоном — це...

На думку команди 2, професіоналізм у спорті — це...

Для спортсменки 3 бути олімпійським чемпіоном — означає...

11. Додайте необхідні прийменники у текст ('for': *на, за, для* або *без прийменника*; див. Додаток IV 3.8).

— Ну от, закінчуємо нашу сесію, і слід почати шукати роботу
_____ декілька місяців, бажано за фахом.

— Маєш рацію. Потрібно про це подумати. Мені здається, що треба мати знайомства, щоб влаштуватися _____ добру роботу. Там можна буде заробити непогані гроші _____ літо.

— Я з тобою погоджуюся. До того ж, мені потрібно взяти позику в банку _____ навчання _____ наступний навчальний рік. Мої батьки _____ мене не можуть платити.

— Мені про це також потрібно подумати. Знаєш, у мене був один проект, після закінчення якого я отримала гонорар _____ свою клопітку роботу, але цього не буде досить, щоб _____ все заплатити наступного року. До речі, мені запропонували ще один проект, але у мене не вистачає часу _____ нього, над останнім проектом я працювала _____ три місяці. Ти не хочеш цей проект зробити _____ мене? Це була б велика послуга _____ мене, та й собі гроші заробиш.

— Я можу взятися, але зробити цілий проект _____ мене буде заважко. Як на рахунок того, щоб я зробила лише деякі частини проекту _____ тебе?

— Це було б чудово. Ще поговоримо про це пізніше, гаразд? А ти не знаєш, які плани наших хлопців _____ літо? Чи вони планують куди-небудь поїхати _____ якийсь час, _____ відпочинок?

— Я з ними вчора говорила, і вони планують поїхати в Європу _____ два місяці, а потім у Південну Америку _____ один тиждень.

— А вони не збираються шукати роботу _____ літо?

— Ні, _____ це літо вони роботи не шукають, але кажуть, що, можливо, почнуть шукати роботу _____ наступне літо.

— Непогано їм живеться. От, забула тобі сказати, вони сьогодні ввечері хочуть піти на дискотеку і коло восьмої _____ нами зайдуть.

— Чудово.

Мова і культура

Кілька виразів зі спортивного сленгу

адіки (від Adidas), кроси = кросівки

аут = крах, провал

байк = мотоцикл

велосипеди = круглі окуляри від сонця

крутити динамо = зустрічатися інтимно з декількома людьми одночасно

клюшка = нога

лижа = нога

нульовий = непідготований студент, «прийшов на іспит нульовим» = прийшов на іспит непідготованим

підсісти на наркоту = почати вживати наркотики

серфінг = шукання в Інтернеті інформації без мети

стріла, стрілка = побачення

набити стрілку = домовитися на побачення

двинути стрілку = не прийти на побачення

стрільнути = випросити у когось щось (стрільнути цигарку)

табло = обличчя

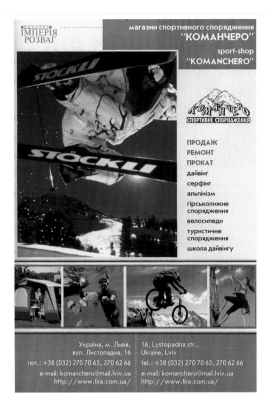
тренер = пляшка з алкоголем, яка розпивається в даний момент

фан = фанат, прихильник або спортивної, або музичної групи

чайник = людина-новачок у якомусь виді спорту

Анекдот
(Роман Дідула «Галицькі анекдоти»)

Стояти може

На спортивних змаганнях у Львові розговорилися двоє знайомих:
— Дивіться, як цей Савчак біжить! Чи Ви могли би стати з ним до бігу?
— Чому ні?! Стояти то я можу, навіть дуже довго!

А жаль

— Пане, Ви вмієте грати в більярд?
— Ні, а Ви вмієте?
— Теж ні.
— А жаль, ми б могли собі зіграти.

Рекордсмен

— Ви чули, що мій син побив рекорд бігу навпростець? Пробіг 52 секунди за хвилину.

У горах

Група лижників заблудилася в горах. Хтось питає провідника:
— Де ми знаходимося по Вашій карті?
— По карті ми знаходимося на онтамтій горі.

Наука їздити

— Як я вчився їздити на ровері, то лишень раз впав.
— Так скоро навчився?
— Ні, я вже більше не їхав!

Азартні ігри

— Знаєте, пані, мій син постійно програє у карти.
— А мій, пані, усе грає на перегонах і програє.
— То Ваш, пані, хоч на свіжому повітрі.

Словник I

вболівальник, вболівальниця	fan
вболівати, повболівати за *(кого/що)*	to root (for)
визнання	recognition
воротар	goalkeeper
вчинок	deed, act
гра (ігри)	play(s)
гравець	player
грати *(в що) (за кого/що)*	to play *(what)* (for *who/what*)
гол	goal
делегація	delegation
дублер	substitute
забивати, забити *(м'яч)*	to score *(a goal in soccer, basketball, etc.)*
займатися, зайнятися *(чим)*	to participate (in)
збірна *(команда)*	team *(country, region, Olympic, etc.)*
звісно	clearly, apparently
змагання *(з чого)*	competition
команда *(з чого)*	team
кубок *(чого)*	cup *(in sports)*, trophy
матч *(з чого)*	game, match
нападаючий	forward *(position in sports)*
натхнення	inspiration
нічия	tie *(score in sports)*, trophy
новачок	a rookie
обирати, обрати *(кого/що)*	to choose, select
оборонець, захисник	back, defender *(position in sports)*
оцінювати, оцінити *(кого/що)*	to evaluate, appraise
очко, очки	score point
палко	ardently, passionately
перемога	victory
півзахисник	halfback *(position in sports)*
подавати, подати *(м'яч)*	to serve *(a ball)*
поєдинок	match
поразка	defeat
поспіль	hurriedly, hastily
почесть	honour
стоянка	parking lot
суперник	rival
тренер *(кого/чого)*	coach
тренування	training
тривати, протривати	to last, go on, continue
фізична культура	physical exercises
хвилюватися, похвилюватися (за, про *кого/що)*	to worry, be concerned
церемонія *(чого)*	ceremony
цілеспрямовано	with a goal in mind

чемпіон, чемпіонка *(з чого)*	champion
чемпіонат *(чого)*	championship
шанс	chance
шанувальник, шанувальниця *(кого/чого)*	fan, admirer
шлях	path

Вирази

брати, взяти участь *(в чому)*	to take part, participate
відчувати, відчути дух *(чого)*	to feel the spirit
вистачати, вистачити часу *(на кого/що)*	to have enough time
заради сміху	as a joke, for laughs
нам до снаги *(вдало виступити)*	it is our strong intention, will *(to perform successfully)*
посідати, посісти перше *(шосте)* місце	to take first *(sixth)* place
працювати на повну силу	to exert maximum effort
при підтримці *(кого/чого)*	with support
робити успіхи *(в чому)*	to show progress
у перспективі	in the long run
у першу чергу	first of all

Сленг

прикол	trick, joke
Прикол!	Cool! No kidding!

Частина II   Бойове мистецтво в Україні

Уривки зі статей «Група «Тартак» пропагує бойовий гопак», з журналу «Без Цензури: Громадсько-політичний тижневик», 2 серпня 2004 та «Бойовий гопак: сучасність чи давнина?» з сайту http://www.hopak.org.ua/?action=press.

Перед прочитанням:

1. Про що йтиметься, на Вашу думку, у цих статтях? Ви коли-небудь чули про бойовий гопак? Якщо так, то поділіться своїми думками з одногрупниками. Якщо Ви ніколи не чули про бойовий гопак, то обговоріть, як Ви собі уявляєте це явище?

2. Обговоріть значення підкреслених у тексті слів.

Під час читання:

3. Прочитайте спочатку питання, а потім текст. Дайте відповіді на питання.

   Які бойові мистецтва культивуються тепер в Україні?

   Чи гопак — єдиний вид українського бойового мистецтва?

   Що Ви взнали про історію гопака?

   Чому, на Вашу думку, гопак далі сприймається, як новий і екзотичний вид двобою?

   Як би Ви коротко описали гопак? Який це двобій?

Які звичаї та традиції існують у гопаку?

Кого вважають засновником гопака, як стилю двобою?

Де в Україні найбільше розвивається бойовий гопак?

Про які рівні майстерності Ви дізналися?

Як би Ви описали філософію бойового гопака на основі інформації з тексту?

Які у Вас склалися враження про цей вид бойового мистецтва?

Які бойові мистецтва Вам відомі? Чи Ви коли-небудь цікавилися яким-небудь видом бойового мистецтва?

Уривки зі статей «Група «Тартак» пропагує бойовий гопак», автор: Василь Бучко (http://tartak.com.ua/presa/2004/bojovuj-gopak.phtml) та «Бойовий гопак: сучасність чи давнина?» з сайту http://www.hopak.org. ua/?action=press.

Ви, мабуть, чули про різноманіття <u>бойових мистецтв</u>, які <u>культивуються</u> зараз в Україні: карате, бокс, айкідо, капуера, у-шу, тхеквондо?... Ну, звісно ж, чули — <u>мало не кожна</u> тролейбусна зупинка <u>рясніє</u> оголошеннями про <u>набір</u> різних вікових груп у різноманітні східні та західні спортивні секції. А про українські бойові мистецтва чули? Якщо ні — Ви <u>відстали від життя</u>. Кліп Руслани «Дикі танці» або Тартака «Наше літо» бачили? Оце саме вони! Вірніше, невелика показова частина елементів найвідомішого українського бойового мистецтва — гопака. Найвідомішого, але не єдиного. Існують ще й інші: спас, метелиця, хрест, собор, рукопаш-гопак. Створено навіть Федерацію національних лицарських єдиноборств. Не знали?

Про народний танок гопак Ви <u>стопудово</u> чули. А знаєте, що ще за козацьких часів це був не зовсім танок. Це було справжнє бойове мистецтво. Ще <u>змалечку</u> майбутніх українських лицарів вчили <u>постояти за себе</u>, прищеплюючи мужність і <u>витривалість</u> за допомогою простих дитячих ігор, молодецьких змагань і турнірів. Про бойову <u>майстерність</u> козаків ходять легенди, які можна відшукати в українському фольклорі — легендах, бувальщинах, піснях, думах... За народними переказами, козаки-характерники навіть вміли <u>напускати ману</u> на ворогів, замовляти рани. Їх не брали кулі, вони навіть боролися з <u>чортівнею</u>.

Легенди легендами, але бойовий гопак, незважаючи на тисячолітні традиції і вже понад п'ятнадцятирічну історію розвитку, в наш час і досі <u>сприймається</u>, як новий і чимось екзотичний вид <u>двобою</u>.

То що ж таке гопак? Зараз гопак — це бойове мистецтво, яке <u>поєднує ударну та кидкову техніку</u>. Розмаїття ударів як руками, так і

У півфінальному двобої — Юрій Козак (ШБГ ім. Івана Підкови) та багаторазовий чемпіон області в змагу «Забава» Дмитро Горбаль (ШБГ ім. Святослава Хороброго). http://www.hopak.org.ua/index.php?action=photos&id=9

ногами, різноманітних блоків і захватів дозволяє бійцю комфортно себе почувати у нестандартних ситуаціях, прийняти бій у будь-якому положенні. У бойовому гопаку існують певні звичаї і традиції — тренування розпочинаються і завершуються молитвою і вітанням «Слава Україні», а перед боєм кожен суперник вітає іншого козацьким уклоном.

Своїй появі у теперішньому вигляді цей стиль завдячує львів'янину Володимиру Пилату, котрий за найвищу мету у житті поставив відродження лицарської слави наших предків — відродження не лише у словах, піснях чи томах історичних праць, а в реальній дії — через виховання нового покоління українців, що стали би гідними спадкоємцями слави свого народу.

У 1985 році у Львові було відкрито експериментальну школу. Зараз у різних центрах розвивається кілька напрямків гопака. Дедалі більше людей долучається до вивчення української бойової культури. Найбільші осередки створено у Києві, Тернополі, Львові та Чернівцях. Сьогодні в Україні проводяться чемпіонати з різних видів українських бойових мистецтв і фрі-файту (вільного бою). Змагання передбачають різний діапазон контакту: від легкого до повного. Минули ті часи, коли наші предки їздили на вік-енд в Крим до хана в гості або у відрядження до Туреччини визволяти своїх земляків, а заразом і поуправлятися на герці як шаблею, так і кулаком. Сучасні козаки їздять на міжнародні змагання і виграють їх, показуючи світові силу наших предків.

Структура школи та правила змагань з бойового гопака також підпорядковані давнім традиціям, хоча разом з тим відповідають усім вимогам сучасності. Гопаківські рівні майстерності легко вписуються у загальноприйняту спортивну класифікацію: учнівські рівні — «Жовтяк», «Сокіл» і «Яструб» — відповідають III, II та I спортивним розрядам, кандидат в майстри спорту по-гопаківськи називається «Джура» — перехідний ступінь між учнем і майстром, приблизний еквівалент I у східних єдиноборствах, а три мистецькі рівні — «Козак», «Характерник» і «Волхв» — відповідають званням майстра спорту, майстра спорту міжнародного класу і заслуженого майстра спорту України.

Змагання з бойового гопака проходять у п'ятьох обов'язкових дисциплінах, із зростанням складності відповідно до віку та рівня майстерності:

— Однотан — вільна технічна композиція у музичному супроводі, що імітує двобій із невидимим супротивником;

— Тан-двобій — наперед підготовлена композиція, що імітує двобій між двома супротивниками;

У кожному двобої хтось перемагає, а хтось програє. Але для справжнього чоловіка програний бій — це лише ще один стимул до праці над собою. http://www.hopak.org.ua/index.php?action=photos&id=13

— Забава — двобій з умовним дотиком;

— Борня — двобій з обмеженим дотиком;

— Герць — двобій із повноцінним дотиком.

Беручи за основу українські історичні корені, гопак формує лицарський дух, відроджує національну гідність і традиції у свідомості сучасної молоді. Насичені тренування, розбавлені іграми та гумором, сприймаються сьогодні дуже позитивно. Це свідчить про те, що нашому організмові, нашій філософії сприйняття світу більше підходить саме наше бойове мистецтво, так само як японцям — айкідо, китайцям — кунг-фу, бразильцям — капоейра, а тайцям — тайський бокс. А дійсно, навіщо займатися чужими бойовими мистецтвами, якщо є власне, нічим не гірше.

Після прочитання:

4. а) **Прочитайте текст нижче. Зауважте, що у цьому тексті майже всі дієслова недоконаного виду (див. Додаток IV 2.1).**

Мало не кожний студент нашої кафедри записується у різні спортивні секції. Якраз зараз проводиться набір у секцію карате. Якщо ви не записуєтеся, то це означає, що ви відстаєте від життя.

Створюється також команда університету з боксу. Про цей вид спорту ми постійно чуємо з преси, але мало хто в ньому приймає участь.

Я тепер думаю записатися на дзюдо. У цьому виді спорту, наскільки я знаю, нас будуть вчити стояти за себе, будуть прищеплювати мужність і витривалість. Цей вид спорту поки ще не досить популярний, і більшість його сприймає, як новий і чимось екзотичний. Сьогодні ввечері будуть відбуватися наші перші тренування. Наскільки мені відомо, кожні тренування розпочинаються розминкою і вітанням уклоном.

До речі, в нашому університеті тепер також відкривається експериментальна школа бойових мистецтв. Швидко розвиваються різні напрямки спортивних боїв. Дедалі більше людей долучається до вивчення бойових рухів. Діапазон різних осередків створюється не тільки в університетах, але й у школах та інших навчальних закладах. Отже популярність бойових видів спорту тепер постійно зростає.

б) Перепишіть текст із вправи 4а), ставлячи дієслова у минулий час і змінюючи, де можлибо або потрібно, дієслова недоконаного виду на дієслова доконаного виду. Якщо необхідно, змініть також прислівники (зараз ⋯› вчора і т.д.). Пари дієслів, подані нижче, Вам допоможуть (див. Додаток IV 2.1, 2.2).

записуватися – записатися, проводитися – провестися, відставати – відстати, створюватися – створитися, чути – почути, приймати – прийняти, думати – подумати, вчити – навчити, прищеплювати – прищепити, бути – стати, сприймати – сприйняти, відбуватися – відбутися, розпочинатися – розпочатися, відкриватися – відкритися, розвиватися – розвинутися, долучатися – долучитися, зростати – зрости

Приклад:

Я тепер думаю записатися на дзюдо. ⋯› Я ще раніше подумав записатися на дзюдо.

в) Перепишіть текст із вправи 4а), ставлячи дієслова у майбутній час і змінюючи, де можливо або потрібно, дієслова недоконаного виду на дієслова доконаного виду. Якщо необхідно, змініть прислівники (зараз ⋯› завтра і т.д.) (див. Додаток IV 2.1, 2.2).

Приклад:

Я тепер думаю записатися на дзюдо ⋯› Я в майбутньому подумаю записатися на дзюдо.

5. **а) Замініть речення з *якщо* (подія ще може відбутися) на речення з *якби* (подія могла б відбутися, але не відбулася) згідно прикладу (див. Додаток IV 3.4).**

Приклад:

Якщо Ви проведете цей двобій відповідно до правил гри, Ви матимете шанс на перемогу. ⋯› Якби Ви провели цей двобій відповідно до правил гри, Ви б мали шанс на перемогу.

Якщо це мистецтво поєднує і бойову, і танцювальну техніку, то воно мені сподобається.

Якщо ти собі поставиш за найвищу мету виграти на Олімпіаді, то ти справді станеш майстром спорту.

Якщо ти серйозно будеш займатися дзюдо, то твої навики дозволять тобі постояти за себе у будь-якому середовищі.

Буде справедливо, якщо змагання проходитимуть із зростанням складності відповідно до віку та рівня майстерності.

б) Замініть речення з *якби* (подія могла б відбутися, але не відбулася) на речення з *якщо* (подія ще може відбутися) згідно прикладу (див Додаток IV 3.4).

Приклад:

Якби ти поєднував своє бойове вміння зі своїм талантом, ти б стопудово виграв. ⇢ *Якщо ти будеш поєднувати своє бойове вміння зі своїм таланом, ти стопудово виграєш.*

Якби я знав свого супротивника, я б виграв на змаганнях.

Якби я не підпорядковувався правилам гри, я би програв.

Якби я поїхав у відрядження завтра, а не сьогодні, я встиг би вивчити правила змагань.

Якби цей вид спорту взяв за основу традиції народу, він би не був нічим гіршим за інші види спорту.

Якби відродилися народні традиції, цей вид спорту вважався би зовсім повноцінним.

6. Якби Ви мали можливість створити новий екзотичний вид спорту, яким чином Ви б це зробили? Опишіть цей умовний процес. Нагадайте собі вирази для опису процесу, подані нижче.

Спочатку *(з самого початку, на початку, сперш)* я б написав оголошення у студентську газету.

Після цього *(після того, як..., потім, далі, пізніше, тоді)* я б звернувся до студентського товариства.

Перед тим, як встановити правила гри *(крім цього, також)*, я би переглянув правила подібних видів спорту.

Нарешті *(в кінці кінців, у кінцевому результаті, в самому кінці, останнім/останньою був/була...)* я б зустрівся із зацікавленими людьми і обговорив би можливість фінансової підтримки.

7. Напишіть свої враження про бойовий гопак, як вид спорту. Порівняйте цей вид спорту з якимось іншим. Нагадайте собі вирази, які використовують для порівняння (також див. Додаток I).

На відміну від *(кого/чого)*; у порівнянні з *(ким/чим)*; з одного боку..., з другого/іншого боку; і..., і; ні..., ні; ані..., ані; як..., так; не так..., як; не тільки..., але й (а й.../а ще й...); не лише..., але й (а й.../а ще й...); не стільки..., скільки.

8. Напишіть казку про славного умовного українського спортсмена, спортсменку чи спортивну команду. Використовуйте якомога більше займенників і прислівників на зразок: *хтось, колись, з кимось, без будь-якої, будь-де, хтозна-коли, в якійсь, де-небудь* і т.д. (див. Додаток IV 1.5). Будьте творчими.

9. Уявіть себе відомим українським спортсменом, який займається бойовим гопаком. Ви хочете організувати змагання з бойового гопака закордоном. Напишіть офіційного листа у якусь організацію, яка б могла Вам допомогти з влаштуванням таких змагань. У лист, крім прохання, також включіть інформацію про бойовий гопак. Поясніть, чому цей вид спорту заслуговує на увагу поза межами України (для написання листа див. Додаток III).

Словник II

витривалість	endurance
відповідно до *(кого/чого)*	in accordance with
відрядження	business trip
гідний *(кого/чого)*	worthy
двобій	duel, fight
діапазон	wide range
дотик	touch
завдячувати, завдячити *(кому/чому)*	to thank, to owe (to)
змагання, змаг	competition, match, tournament
зростання	increase, rise, progression
імітувати, зімітувати *(кого/що)*	to imitate
кулак	fist
культивуватися	to be cultivated
майстерність	mastery
набір	recruitment, enrollment
невидимий	invisible
обмежений	limited
осередок	centre
підпорядкований *(кому/чому)*	subjected
повноцінний	full-fledged, full-contact
поєднувати, поєднати *(кого/що)*	to combine
розбавлений	diluted
рясніти *(ким/чим)*	(to be) luxuriant, profuse, abundant
складність	difficulty
спадкоємець, спадкоємиця *(хто/що)*	successor, descendant, heir
сприйматися, сприйнятися *(як хто/що)*	to be perceived
стопудово *(сленг)*	100 percent
уклін	bow
умовний	conditional
чортівня	devils (*also* nonsense)
шабля	sabre

Вирази

бойове мистецтво	martial arts
відставати, відстати від життя	to lag behind in life
дедалі більше	more and more
майстер спорту	Master of Sports (*sports title in Ukraine*)
мало не кожний	almost everyone
напускати, напустити оману (на *кого/що*)	to bring into delusion, mislead
нічим не гірше (ніж *хто/що*, від *кого/чого*)	not at all worse
перехідний ступінь	transitional category
рівень майстерності	level of mastery

спортивний розряд	sport classification
стояти, постояти за себе	to defend oneself
ударна та кидкова техніка	fighting and kicking techniques

Додаток I

ВИРАЗИ ДЛЯ ДИСКУСІЙ	HOW TO TAKE PART IN DISCUSSIONS
Прохання висловити точку зору	**Asking an opinion**
Як Ви думаєте,...?	What do you think...?
Що Ви думаєте про...?	What do you think about...?
Як на Вашу думку,...?	In your opinion,...?
Як Ви вважаєте,...?	What do you think / consider...?
А як на рахунок *(чого)*...?	And how about...?
Яка Ваша думка про...?	What is your opinion about...?
Як ти міркуєш,...?	What do you think...?
Прохання підтвердити точку зору	**Asking for confirmation of an opinion**
Ви не думаєте, що...?	Do you think that...?
Ви не вважаєте, що...?	Do you think / consider that...?
Вам не здається, що...?	Does it appear to you that...?
Як на Вашу думку,...?	In your opinion,...?
Як по-Вашому,...?	What is your opinion...?
Як на Вас, (то)...?	As for you,...?
Висловлення точки зору	**Expressing your own opinion**
Я думаю, що...	I think that...
Я вважаю, що...	I consider / believe that...
Мені здається, що...	It seems to me that...
На мою думку,...	In my opinion,...
На мій погляд,...	In my view,...
По-моєму,...	In my opinion,...
Як на мене, (то)...	As for me,...
Наскільки я знаю,...	As far as I know,...

Згода	Agreeing
Це правда.	It is true.
Ви маєте рацію.	You are correct / right.
Я (з Вами) погоджуюся.	I agree (with you).
Абсолютно вірно.	That's absolutely correct.
Я також так думаю.	I think so too.
Може бути.	Maybe. / Perhaps.
Це (можливо) так.	It could be so.
Думаю, що так.	I think so.
Так, звичайно.	Yes, of course.
Без сумніву. / Безсумнівно.	There is no doubt. / Obviously.
Я не сумніваюся, що...	I have no doubt that...
Безперечно.	Certainly.
Звичайно.	Of course.
Без питань. / Нема питань.	No question. / No problem.
Гаразд.	Okay.
Добре.	Fine.
Slang: Нема базару.	No problem!

Незгода	Disagreeing
Це не правда.	It is not true.
Ви не маєте рації.	You are incorrect.
Я (з Вами) не погоджуюся.	I don't agree with you.
Зовсім не вірно.	That's absolutely incorrect.
Я так не думаю.	I don't think so.
Не може бути.	It can't be true.
Це неможливо.	This is impossible.
Думаю, що не так.	I think that it is not so.
Ви помиляєтеся.	You're mistaken.
Ні, навпаки.	No, it's the other way around. / No, on the contrary.
(Це) нісенітниця.	That's nonsense.
(Це) дурниці.	That's dumb.
Ти що, з глузду з'їхав / з'їхала?	Are you crazy?
Slang: Фігня. / Бздури. / Єрунда.	Nonsense.
Гониш.	You've got to be kidding me. That's BS.

Нерозуміння	Lack of understanding
Повторіть, будь-ласка.	Would you please repeat that?
Прошу, повторіть.	Would you please repeat that?
(Перепрошую) я не зрозумів / зрозуміла.	(Excuse me) I didn't understand.
Що Ви сказали?	What did you say?

Вибачте, не так швидко. / Повільніше, прошу.	Not so fast. / Could you please speak slower?
Я не почув / почула.	I didn't hear you.

Здивування, сумнів	Surprise, disbelief
Не може бути!	Impossible!
У це важко повірити.	(That's) hard to believe.
Та що Ви (не) кажете! / Та що ти (не) кажеш!	Don't say it!
Та Ви що! / Та ти що!	No way!
Справді!	Really!
Та невже!	Could this be true?
Та ну!	No!
Та як!	How (could this be possible)?!

Slang: Прікол! / Прикол!	No kidding!
Вау!	Wow!

Сумнів, невпевненість, можливість	Doubt, uncertainty, probability
Не думаю.	I don't think so.
Я не впевнений / впевнена.	I am not sure.
Важко сказати.	It's hard to say.
Можливо.	Maybe. / Probably.
Не знаю.	I don't know.
Я вагаюся.	I doubt it.

Прохання пояснення	Asking for clarification
Що Ви маєте на увазі?	What do you have in mind? / What do you mean?
В якому розумінні?	In what sense?
Що це означає?	What does that mean?
Що Ви хочете сказати?	What are you trying to say?
Ви впевнені? / Ти впевнений / впевнена?	Are you sure?
Це правда?	Is that true?

Байдужість, нейтральність	Indifference
Мені (абсолютно) все одно.	I don't care (at all).
Це мене не цікавить.	I'm not interested (in that).
Мені байдуже.	I don't care.
Мені однаково.	I am indifferent. / It doesn't matter to me.
Яка різниця?	What's the difference?

Slang: Мені пофіг. / Мені по барабану.	I don't give a damn.

Зміна теми	Changing the subject
Мені не хочеться про це говорити.	I don't feel like talking about this.
Я не хочу продовжувати цю тему.	I don't want to continue this topic.

Про інше…	On a different topic…
На іншу тему…	On another topic…
Досить (про це).	That's enough (about that).
Давайте про щось інше.	Let's talk about something else.

Додаткова інформація	**Adding information**
Я хочу додати…	I'd like to add…
Ви чули?	Have you heard?
У додаток до цього…	In addition to this…
А також…	And also…

Початок дискусії	**Entering the discussion**
Між іншим,…	By the way,… / Among other things,…
До речі,…	By the way,…
Я би хотів / хотіла сказати…	I would like to say…

Додаток ІІ

ВИРАЗИ ДЛЯ ОБГОВОРЕННЯ КНИЖОК, СТАТЕЙ, ФІЛЬМІВ ТА РІЗНИХ ТЕМ: УСНО ЧИ ПИСЬМОВО	HOW TO DISCUSS BOOKS, ARTICLES, FILMS AND VARIOUS TOPICS: ORALLY OR IN WRITING

Початок обговорення	**Opening of a statement**

the following expressions may be used in order to start an intellectual argument. In addition, these could be used in the middle of your argument in order to clarify the subject of the discussion. When you want to make an opening statement with respect to the subject of discussion, you can use the following phrases.

Початкові фрази	*Signals to open a statement*
для початку потрібно розглянути те, що собою являє...	first, it is necessary to see, what is
для того, щоб вирішити це питання, потрібно зрозуміти, що таке...	in order to solve this question, it is necessary to understand, what is
зі самого початку необхідно встановити, що таке...	at the very beginning, it is necessary to establish, what is
на початку потрібно виясними ...	at first, it is necessary to clarify
почати потрібно / можна з того, що...	it is necessary / possible to begin with the fact that
говорячи про це питання, необхідно сперш зауважити, що...	when discussing this question, first, it is necessary to point out that
насамперед зауважу, що...	first of all, let me note that
говорячи про..., (то)...	speaking about
щодо *(чого)*..., (то)...	with respect to
на рахунок *(чого)*..., (то)...	regarding

Приклад	*Model*

Для того, щоб вирішити це питання, потрібно зрозуміти, що собою являє система освіти в Україні. Насамперед зауважу, що освіта в Україні поділяється на початкову, середню і вищу. Говорячи про початкову освіту, то вона складає чотири роки. Щодо середньої, то вона починається переважно з п'ятого класу. А на рахунок вищої освіти, то мені важко відповісти на це питання, бо ця система на сьогоднішній день досить скомплікована.

Підтримка аргументу	Supporting an argument

in order to support your argument you may quote an author, a book, or an article using the following phrases.

Цитування джерел	Signals to quote a source
за словами *(кого)*...,	based on *(someone's)* argument
за визначенням *(кого/чого)*...,	according to the definition by *(someone)*
за твердженням *(кого/чого)*...,	according to the postulation by *(someone)*
як писав *(хто)*...,	as *(someone)* noted
як говориться в *(чому)*...,	as noted in *(something)*
як кажеться в *(чому)*...,	as said in *(something)*
має рацію (автор), коли пише, що...	the author is correct, when (s)he writes that
(автор) першим зауважив / зауважила, що...	the author was the first to note that
у цій статті йдеться / пишеться / говориться про...	this article discusses
у цій статті піднімається проблема / питання *(чого)*...	this article raises the issue / question of
автор стверджує, що...	the author states that
є / існує думка, що...	it is believed that
вважається, що...	it is considered that
на основі інформації з преси...	based on information from the press
згідно засобів масової інформації...	according to mass media
автор констатує факт(и), що...	the author states the fact that
багато думають, що...	many think that
думка автора випливає з того, що...	the author's argument is derived from the fact that
думка автора базується на тому, що...	the author's argument is based on the fact that
Приклад	**Model**

Згідно статті, яку ми прочитали, можна стверджувати, що система освіти в Україні постійно змінюється. Як пише Клименко, найбільші зміни відбуваються в системах початкової та середньої освіти.

Згода і незгода	Agreeing and disagreeing

to signal your agreement or disagreement with other participants or the sources, you may use the following phrases.

Висловлення згоди	Signals of agreement
я погоджуюся з тим, що...	I agree with the fact that
я повинен / повинна погодитися з тим, що...	I would have to agree with the fact that
не можу не погодитися з тим, що...	I could not but agree with the fact that
важко не погодитися з тим, що...	it is difficult not to agree with the fact that
правда, що...	it is true that
абсолютно вірно зазначає (автор), що...	the author states absolutely correctly that
Висловлення незгоди	**Signals of disagreement**
я не погоджуюся з тим, що...	I do not agree with the fact that

не можу погодитися з тим, що...	I cannot agree with the fact that
важко погодитися з тим, що...	it is difficult to agree with the fact that
категорично не погоджуюся з тим, що...	I absolutely disagree with the fact that
можливо, я чогось не розумію, але я не можу погодитися з тим, що...	perhaps, I do not understand something; however, I cannot agree with the fact that

Пояснення	*Explanation*
тому що...	because
через те, що...	due to
із-за того, що...	due to
у зв'язку з тим, що...	in connection to, due to
адже...	because
саме тому, що...	especially because of

Приклад	*Model*

Не можу не погодитися з тим, що платне навчання краще, ніж безкоштовне. Адже, як ідеться у статті, саме платні навчальні заклади випускають найбільш кваліфікованих спеціалістів. А щодо питань середньої освіти, то я повинна з Вами погодитися.

Висловлення точки зору	**Expressing an opinion**

in order to express your opinion and explain why you think so, you may use the following phrases.

Вирази для висловлення точки зору	*Signals of expressing an opinion*
як на мене,...	as for myself
на мою думку,...	in my opinion
з моєї точки зору,...	from my point of view
на мій погляд,...	in my view
мені здається, що...	it seems to me that
моя думка на цей рахунок така...	with respect to this, my opinion is
у мене склалося таке враження, що...	I got the impression that

Пояснення	*Explanation*
ось чому...	that is why
справа в тому, що...	the point is that
власне з цієї причини...	especially due to
адже...	because
зрештою...	nevertheless, after all

Приклад	*Model*

Як на мене, то платна система освіти має більше переваг. Справа в тому, що платні вузи, як показує практичний досвід, розробляють більш вимогливу систему навчання. Зрештою, кожний абітурієнт має право вибору на освіту чи то платну, чи безкоштовну.

Розширення дискусії	**Elaborating on a discussion**

in order to elaborate on your discussion, you may use the following phrases.

Вирази для продовження дискусії	*Signals of continuation of discussion*
я б хотів / хотіла додати, що...	I would like to add that
на рахунок цього хочу додати...	with respect to this, I would like to add
до цього можна також додати...	one could add to this the following

також потрібно висловити думку про...	in addition, it is necessary to express an opinion about
у зв'язку з цим, необхідно зауважити, що...	with respect to this, it is important to point out that
не можна забути і про...	one also cannot forget about
Пояснення	**Explanation**
не тільки..., а і/й...	not only..., but also
справа не тільки в...	the matter is not only in
а саме...	specifically / in particular
адже...	because
Приклад	**Model**

Також потрібно висловити думку про те, як молодь проводить своє дозвілля, а саме: про зацікавлення і життєві інтереси сучасних молодих людей. Не можна забути і про те, як молодь поєднує дозвілля з навчанням і працею. Справа не тільки у вечірках, гуляннях і дискотеках, а і в інших способах проведення вільного часу, як наприклад, виходи в театр або організація студентських вечорів.

Зміна теми	**Changing the topic**
in order to shift to a different topic, you may use the following expressions.	
Вирази для переходу на іншу тему	**Signals of shifting to another subject**
все зрозуміло щодо...	everything is clear regarding
мені здається, що немає сенсу продовжувати цю розмову	it seems to me that there is no point of continuing this conversation
існують і інші причини, з яких...	there are also other reasons due to which
у принципі це так, але...	in principle it is so, however
це так, але потрібно пам'ятати, що...	it is so, but one should keep in mind that
мені здається, що це не головне	it seems to me that this is not the most important thing
звичайно, ви маєте рацію, але...	you are definitely correct, however
це правда, але...	it is true, but
Пояснення	**Explanation**
по-іншому стоїть ситуація з *(чим)*	the situation is different regarding
справа в тому, що...	the matter is that
адже...	because
існують і інші підходи / думки / твердження	there are other approaches / opinions / statements
не можна забувати того, що...	one cannot forget the fact that
тут можливо підійти по-іншому, наприклад...	one can approach this issue differently, for instance
Приклад	**Model**

Про систему платної освіти все зрозуміло. По-іншому стоїть ситуація з безкоштовною формою навчання.

Підсумки, висновки	Making conclusions

in order to make some conclusions at the end of your discussion, you may use the following expressions.

Вирази для підсумування дискусії. Висновки	*Signals of conclusion*
і так...	so
у кінцевому результаті...	finally
на закінчення (я) хочу додати, що...	at the end, I would like to add that
і ось чому...	and that is why
висновки, які можна зробити з того, що було сказано раніше, є такі...	conclusions that could be drawn from the foregoing are the following
таким чином можливо завершити тим, що...	therefore, one may conclude by
підсумовуючи дискусію / розмову / обговорення, необхідно звернути увагу на...	when summarizing the discussion, it is necessary to point out that
Приклад	*Model*

На закінчення хочу додати, що система освіти в Україні дуже багатогранна.

Висловлення задоволення або незадоволення	Expressing satisfaction and dissatisfaction

in order to share your thoughts about a book, an article, a movie, etc., and in order to signal your satisfaction or dissatisfaction with the reading/viewing, you may use the following expressions.

Вирази для висловлення задоволення	*Signals of satisfaction*
цю статтю варто прочитати	this article is worth reading
ця стаття варта прочитання	this article is worth reading
ти повинен прочитати цю статтю без питань / обов'язково	you should definitely read this article
обов'язково прочитай цю роботу	definitely read this work
Вирази для висловлення незадоволення	*Signals of dissatisfaction*
цю статтю краще не читати	it is better not to read this article
цю статтю не варто дивитися	this article is not worth looking at
ця стаття нічого не варта	this article is worth nothing
я не раджу читати цієї статті	I would not advise you to read this article
Пояснення	*Explanation*
справа в тому, що...	the matter is that
у автора цікавий підхід до...	the author has an interesting approach to
автор вдало описав...	the author successfully described
автор цікаво висловлюється про...	the author expresses an interesting idea about
автору не вдалося...	the author failed to
інформація не підтверджується фактами	the information is not supported by facts
нічого цінного в ній немає	there is nothing worthy here
Приклад	*Model*

Ця стаття варта прочитання. У автора цікавий підхід до питання про нові форми навчання в середніх школах. Автор вдало описав сучасну ситуацію, покладаючися на фактичну інформацію. / Цю статтю читати не варто, бо в ній нічого цінного немає.

Додаток III

МОВЛЕННЄВИЙ ЕТИКЕТ	LANGUAGE ETIQUETTE
Вітання	**Welcoming and greetings**
Офіційні ситуації	*Formal situations*
Доброго ранку (добрий ранок)!	Good morning!
Добрий вечір!	Good evening!
Добрий день! Добридень!	Good day! Hello!
Доброго здоров'я!	Hello!
Вітаю!	Greetings!
З приїздом Вас!	Welcome! (from a trip)
Неофіційні ситуації	*Informal situations*
Привіт!	Hello! Hi!
Сервус!	Hi! Hey! Cheers!
Честь!	Hi!

Прощання	**Farewell**
Офіційні ситуації	*Formal situations*
До побачення!	Goodbye!
Вибачте, мені час (іти).	Excuse me, it's time for me to go.
Бувайте здорові!	Goodbye! / Take care!
На все добре!	All the best!
Усього найкращого!	All the best!
Щасливо!	All the best!
Щасливої дороги!	Have a safe trip! Bon voyage!
Сподіваюся, ми скоро побачимося.	I hope to see you soon!
До скорої зустрічі!	Hope to see you soon!
Бажаю Вам добре провести час.	Have a pleasant time!
Надобраніч!	Good night!
Вітайте від мене своїх батьків!	My greetings to your parents!
Мої щирі вітання Вашій сестрі!	My sincere greetings to your sister!

251

Неофіційні, щоденні ситуації	*Informal, everyday situations*
До завтра!	Till tomorrow!
Бувай!	Cheers!
Па!	Bye!
До скорої!	See you soon!

Вітання зі святами, побажання, співчуття	**Congratulations, expressions of wishes and condolences**
Зі святом Вас!	Happy Holidays!
Вітаю Вас з Днем Народження (з Новим Роком! з Різдвом Христовим! з іменинами! з нагоди Вашого весілля! з нагоди Вашого ювілею!)	(I wish you) Happy Birthday (Happy New Year! Merry Christmas! Happy Name Day! [Congratulations] on the occasion of your wedding! [Congratulations] on the occasion of your anniversary!)
Многая літа!	Happy Birthday! Congratulations! (Many happy years)
Бажаю Вам здоров'я, щастя, успіхів!	I wish you good health, happiness and success!
Нехай збудуться усі Ваші мрії!	May all of your dreams come true!
Щасливих Вам свят!	Happy Holidays!
Дозвольте привітати Вас від імені...	Let me extend my congratulations from... (in the name of)
Прийміть наші щирі вітання з нагоди...	Please accept our sincere congratulations on the occasion of...
Прийміть мої співчуття!	Please accept my condolences!

Звертання (в усному мовленні та листах)	**Address (in speech and in letters*)**
Офіційні ситуації	*Formal situations*
Дорогі друзі! Дорогий друже! Дорога подруго!	Dear friends! Dear (male) friend! Dear (female) friend!
Шановні друзі!	Dear (respected) friends!
Шановна громадо!	Dear (respected) community!
Шановні пані і панове!	Dear ladies and gentlemen!
Високоповажний/-а/-і...	The honourable...
Вельмишановний/-а/-і...	The most respectable...
Вибачте, що турбую Вас, але...	Excuse me for troubling you, but...
Можна Вас на хвилинку?	Could we talk for a minute?
Послухайте, будь-ласка!	Please, listen!
Неофіційні, щоденні ситуації	*Informal situations*
Дорогий/-а/-і...	Dear...
Милий/-а/-і...	My dear...
Любий/-а/-і...	Dear / Beloved...

* In writing, especially in formal letters, various address and reference forms of Ви and Ти (Ваш, Твій, Вам, etc.) are written with capital letters, as a mark of respect.

Закінчення листа	Ending a letter
Офіційні ситуації	*Formal situations*
З повагою,	Sincerely, (name)...
Ваш,...	Yours truly, (name, masculine)...
Ваша,...	Yours truly, (name, feminine)...
Неофіційні ситуації	*Informal situations*
Твій,...	Yours, (name, masculine)...
Твоя,...	Yours, (name, feminine)...
З любов'ю,...	With love, (name)...
З дружніми привітаннями,...	With friendly wishes, (name)...
Цілую,...	Kisses, (name)...

Запрошення і прохання	Invitations and requests
Офіційні ситуації	*Formal situations*
Ласкаво просимо!	Welcome!
Проходьте, будь-ласка (прошу, проходьте).	Please, come on in.
Заходьте, будь-ласка (прошу, заходьте).	Please, come in.
Прошу, сідайте (сідайте, будь-ласка).	Please, sit down.
Дозвольте запросити Вас...	Allow me to invite you...
Чи (не) хотіли б Ви...	Would you like...
Чи (не) бажаєте Ви...	Would you wish...
Чи (не) могли б Ви...	Could you please...
Я хочу попросити Вас про послугу / зробити мені послугу.	I would like to ask you for a favour.
Чи (не) могли б Ви мені допомогти?	Could you help me, please?
Скажіть, будь-ласка,...	Please, tell me...
Будьте ласкаві, напишіть...	Be so kind as to write...
Будьте такі ласкаві, поясніть...	Be so kind as to explain...
Дозвольте мені увійти (вийти, запитати Вас, відповісти, потурбувати Вас).	Allow me to enter (exit, ask you, answer, trouble you).

Подяка	Thanks and gratitude
Дякую.	Thank you.
Щиро дякую.	My sincere thanks.
Дуже вдячний/-а за Вашу турботу (допомогу, за все).	I am very grateful for your caring (help, everything).
Дякую Вам.	I am grateful to you.
Дякую від щирого серця.	Thank you from the bottom of my heart.
Це дуже люб'язно з Вашого боку.	This is very kind of you.
Не знаю, як Вам дякувати.	I don't know how I could express my gratitude.
Не знаю, як мені Вам віддячити за Вашу допомогу.	I do not know how to express my gratitude for your help.
Ви зробили мені велику послугу.	You did me a great favour.
Мені дуже приємно, спасибі.	I am very pleased, thank you.
Я у великому боргу перед Вами (за Вашу допомогу).	I am indebted to you (for your help).

Додаток IV

ГРАМАТИЧНІ НОТАТКИ / GRAMMATICAL NOTES

Please note that these grammatical notes are intended for quick reference only, and are to be used within the parameters of *Ukrainian Through its Living Culture*. There are other, more comprehensive, Ukrainian grammar reference tools that students are encouraged to consult.

CONTENTS

СПИСОК ГРАМАТИЧНИХ ТЕРМІНІВ / LIST OF GRAMMATICAL TERMS

Parts of speech	Частини мови	Examples
noun	іменник	дискотека, університет
adjective	прикметник	цікавий, висока
numeral	числівник	тридцять шість, другий
pronoun	займенник	вони, такі
verb	дієслово	прочитати, відійти
adverb	прислівник	гарно, весело
verbal adjective / participle	дієприкметник	ведучий
verbal adverb / gerund	дієприслівник	лежачи, прочитавши
preposition	прийменник	біля, для, про
conjunction	сполучник	і, та, а, що
particle	частка	ось, навіть, хіба, -небудь
exclamation	вигук	ох! фу! ой!
Number	**Число**	
singular	однина	студент
plural	множина	студенти
Gender	**Рід**	
masculine	чоловічий	студент
feminine	жіночий	студентка
neuter	середній	сонце, дитя
Cases	**Відмінки**	
Nominative	Називний	дівчина
Genitive	Родовий	дівчини
Dative	Давальний	дівчині
Accusative	Знахідний	дівчину
Locative / Prepositional	Місцевий	на дівчині
Instrumental	Орудний	дівчиною
Vocative	Кличний	дівчино
Declension (nouns, adjectives, pronouns)	**Відміна (іменників, прикметників, займенників)**	
Degree of adjectives, adverbs	**Ступінь порівняння прикметників, прислівників**	
positive	початкова форма	холодний
comparative	вищий	холодніший
superlative	найвищий	найхолодніший
Conjugation (verb)	**Дієвідміна (дієслова)**	
Infinitive form (verb)	**Інфінітив, неозначена форма дієслова**	плати<u>ти</u>
Verbal aspect	**Вид дієслова**	
perfective	доконаний	зробити
imperfective	недоконаний	робити
Transitivity (verb)	**Перехідність дієслова**	
transitive verb	перехідне дієслово	читати

intransitive verb	неперехідне дієслово	цікавитися, дякувати
Mood (verb)	**Спосіб (дієслова)**	
declarative	дійсний	читати
imperative	наказовий	прочитай!
conditional	умовний	прочитав би, зробила б(и)
Tense (verb)	**Час (дієслова)**	
past	минулий	ходив, ходила, ходили
present	теперішній	ходжу, ходиш, ходять
future	майбутній	буду ходити, прийдуть
Impersonal verb	**Безособове дієслово**	вечоріти, свербіти, холодніти
Sentence structure	**Структура речення**	
subject	підмет	Він подарував квіти своїй дівчині.
predicate	присудок	Він подарував квіти своїй дівчині.
direct object	прямий додаток	Він подарував квіти своїй дівчині.
indirect object	непрямий додаток	Він подарував квіти своїй дівчині.
direct speech	пряма мова	Тарас мені сказав: «Я подарував квіти своїй дівчині».
indirect speech	непряма мова	Тарас мені сказав, що він подарував квіти своїй дівчині.
citation	цитата	Як пише автор статті: «Освіта в Україні на високому рівні».
Lexical terminology	**Терміни лексикології**	
word	слово	
direct meaning	пряме значення	лимон 'lemon'
figurative meaning	переносне значення	лимон = тисяча, slang for 'thousand' (for currency)
synonym	синонім	треба = слід, комплімент = похвала
homonym	омонім	пара 'steam' and 'lecture' (in university, college)
antonym	антонім	великий -- малий
dialectism	діалектизм	ровер = велосипед
professional lexicon	професійна, ділова лексика	оподаткування, ноухау
borrowing	запозичене слово, запозичення	шоу
archaism	архаїзм	корчма
neologism	неологізм	Інтернет, уікенд
idiom	ідіома, фразеологізм	схожі, як свиня на коня
jargon	жаргон	студік = студент
slang	сленг	прикид = одяг

Punctuation	Пунктуація	
punctuation marks	розділові знаки	
period	крапка	.
comma	кома	,
semicolon	крапка з комою	;
colon	двокрапка	:
ellipsis	три крапки	…
quotation marks	лапки	" " / « »
hyphen, dash	дефіс, тире	- / —
parentheses	дужки	( )
question mark	знак питання	?
exclamation mark	знак оклику	!

1. NOUNS, ADJECTIVES, PRONOUNS AND ADVERBS

Most Ukrainian nouns (дискотека), adjectives (нічна), and pronouns (вона, наша):

- have grammatical gender: masculine (твій, нічний, клуб), feminine (моя, маленька, стипендія), neuter (наше, виграшне, очко);

- are declined for number: singular (ресторан), plural (ресторани);

- are declined for case (see below).

Adverbs are so-called 'frozen' forms; that is, they do not change for gender, number, or case (сьогодні, нудно, тут).

1.1 CASES AND THEIR FUNCTIONS

By this point, you probably have learned all of the case endings (if not, you could review them below in 1.2). However, you may still struggle with the question of when to use a particular case. The secret of success is to think about which function a particular noun, adjective, or pronoun plays in a sentence. The table below will help you to determine which case to use in a particular context.

Please also note that in each unit's vocabulary entries, verbs are presented with their respective cases, when relevant:

Nominative	*хто/що*
Genitive	*кого/чого*
Dative	*кому/чому*
Accusative	*кого/що*
Locative	на, в *кому/чому*
Instrumental	*ким/чим*
Vocative (address form)	----------

It is therefore important to memorize the verbs together with the cases, if you would like to use them correctly.

NOMINATIVE НАЗИВНИЙ	*хто/що*
used for a subject; meaning the doer/actor in a sentence:	**Ми** вчимося в університеті. **Мої друзі** ходили на дискотеку.

GENITIVE РОДОВИЙ	*кого/чого*
1. *to express possession:*	Це книжка **моєї подруги**.
2. *to express 'of':*	Я вчуся на факультеті **лінгвістики**. Цікава виставка відбулася в музеї **історії**.
3. *with certain prepositions:* **до, коло, без, навколо, крім, від, з** *'from',* **у / в** *'in someone's possession', 'someone has':*	Він працює <u>коло</u> **університету**. Ми вже повернулися <u>з</u> **Аляски**. <u>У</u> **нас** є все необхідне.
4. *when discussing academic subjects with preposition* **з**:	Завтра у **нас** (as in 3) буде екзамен з **фізики** та **астрономії**. Цього року я пишу курсову з **історії**. Вчора я склав залік з **математики**. Скільки в **тебе** (as in 3) завдання з **української**?
5. *direct object of negated verbs:*	Я <u>не</u> п'ю <u>ані</u> **вина**, <u>ані</u> **пива**. <u>Не</u> маю жодного **поняття**, про що Ви говорите.
6. *absence of someone or something:*	Сьогодні <u>немає</u> **Марка**. <u>У</u> мене (as in 3) <u>немає</u> **друзів**.
7. *with certain verbs:*	Моя подруга <u>боїться</u> **домашнього завдання** і **своїх професорів**. <u>Уникнути</u> **екзамену** буде важко.
8. *to express quantifiers and measures after* **багато, мало, трохи, декілька, скільки, стільки** *and to express the notion 'some':*	<u>Багато</u> **студентів** займається правом. <u>Більшість</u> **моїх друзів** тренується в тренажерних залах. <u>Скільки</u> **грошей** Ви платите за навчання? Я б випила **кави**.
9. *for certain time expressions:*	Мої батьки повернулися з подорожі **тридцятого вересня**. **Минулого тижня** ми відвідали цікавий бар.
10. *to express 'at someone's place':*	**Наступного місяця** (as in 9) буде вечірка **у наших знайомих Марка і Дани**.
11. *after numerals (5 and higher):*	Цього року я слухаю <u>шість</u> **предметів**.

DATIVE ДАВАЛЬНИЙ	*кому/чому*
1. *to denote a person (rarely a thing) who receives something:*	Моя сестра завжди дає **мені** поради. Подаруй **своїй мамі** квіти! Чому ти **їй** не подзвониш? Студенти багато часу приділяють **своєму навчанню**.
2. *to denote a person (rarely a thing) who benefits from something or receives negative impact:*	Мій брат допомагає **батькові**. Наркотики шкодять **людському здоров'ю**. Порадь **їй**, що зробити в цій ситуації!
3. *to express age:*	Скільки **твоїм друзям** років? Мені здається, **їй** двадцять шість, а **йому** сімнадцять.
4. *in impersonal sentences, to express emotions or feelings, states (to denote a person who feels a certain way):*	**Нам** часто нудно, і **нам** не хочеться нічого робити. **Мені** дуже за неї шкода. **Тобі** не холодно?
5. *with certain verbs and expressions:*	**Мені** <u>смакує</u> свіжий салат. **Тобі** <u>подобається</u> горілка? **Нам** <u>не до вподоби</u> цей проект. **Нашим студентам** <u>під силу</u> це завдання.

6. *in obligational sentences (who/what needs to do something):*	**Усім** необхідно думати за своє здоров'я. **Вам** <u>потрібно</u> більше відпочивати. Хіба **мені** <u>треба</u> це зробити?

ACCUSATIVE ЗНАХІДНИЙ	*кого/що*
1. *as direct object of various verbs:*	Я зустрів **цікаву дівчину** на дискотеці. Моя сестра недавно прочитала **одну скандальну статтю**. Мої батьки вчора купили **новий телевізор**.
2. *with certain prepositions:*	Вона зачасто говорить <u>про</u> **свого хлопця**. <u>За</u> **два** дні починається зимова сесія. Ми плануємо поїхати в Європу <u>через</u> **рік**.
3. *with certain prepositions in contexts of directional movement:*	Щороку ми їздимо в **Україну** <u>на</u> **місяць**. Щопонеділка я ходжу <u>на</u> **лекції** італійської мови.
4. *to 'play sports':*	Вчора ми грали і <u>в</u> **хокей**, і <u>в</u> **футбол**.
5. *for expressions of time duration:*	Наше заняття триває **годину**. Вчора я робила **домашнє завдання** (as in 1) **чотири** години.
6. *with several verbs expressing people's relationships:*	Вона <u>любить</u> **свого маленького песика**. Всім відомо, що Петро <u>кохає</u> **Оксану**. Я дуже добре <u>розумію</u> **його**. Чому ти <u>ненавидиш</u> **свого директора**?

LOCATIVE МІСЦЕВИЙ *Some grammars call this case 'prepositional' as it is always used with prepositions*	*на / в кому/чому*
1. *to express location:*	Вони познайомилися <u>на</u> **вечірці**. Він вчиться <u>на</u> **третьому курсі** <u>в</u> **університеті**. В **нашому місті** багато добрих ресторанів. Я сьогодні не була <u>на</u> **лекції**.
2. *to 'play an instrument':*	Моя мама добре грає <u>на</u> **гітарі**, батько <u>на</u> **скрипці**, а я <u>на</u> **нервах**.
3. *in time expressions using 'at what time':*	Коцерт починається <u>о</u> **другій годині** сорок хвилин.
4. *in some idiomatic expressions:*	Мій брат <u>женився на</u> **дівчині** з Австралії. Я <u>сумніваюся в</u> **цих результатах**. Справа не <u>в</u> **оцінках**, а <u>в</u> **тому**, як вони отримуються.

INTRUMENTAL ОРУДНИЙ	*ким/чим*
1. *to express an instrument of an action (Note: NO prepositions here):*	Мені подобається виправляти помилки **фіолетовим пером**. Цю страву можна їсти або **ложкою**, або **виделкою**.
2. *with prepositions* **під, над, за, перед, між** *and also with preposition* **з** *(with) in context of 'accompaniment':*	Хто на концерті сидів <u>між</u> **вами**? Ми <u>з</u> **вами** разом це зробимо. В театр я ходила <u>зі</u> **своєю приятелькою**. Мені смакує борщ <u>з</u> **вушками**.

3. *after certain verbs* (*Note: NO prepositions here*):	Вона захоплюється **театром**. Він цікавиться **музикою**. Мій брат став **славним пілотом**. Я вважаю цю статтю **цікавою**. Багато хто в наш час займається **спортом**. Ти вмієш керувати **автом**?
4. *after the verb 'to be'; normally in contexts of temporal, not permanent states:*	Колись вона була **справжнім фахівцем**. Після закінчення університету він буде **кваліфікованим спеціалістом**.
5. *in certain time expressions:*	Над своєю курсовою роботою я працював **годинами**.
6. *for the agent in passive constructions:*	Цей будинок збудований **славним архітектором** минулого століття.
7. *in some constructions that convey satisfaction (or not), surprise, amazement* (*Note: NO prepositions here*):	Ми задоволені **своїм навчанням**. Я захоплена **цією виставою**. Вони здивовані **своїми оцінками**. Студенти збентежені **питаннями** на іспиті.

VOCATIVE КЛИЧНИЙ

used when addressing a person, in singular only:	**Оксано! Павле! Марто! Професоре! Пане! Пані!**

1.2 CASE ENDINGS

1.2.1. Feminine nouns

	Singular				Plural			
Cases	*hard*	*soft*	*mixed¹*	*consonant-stem / zero ending*	*hard*	*soft*	*mixed*	*consonant-stem / zero ending*
Nominative	жінка	сесія	межа	вість	жінки	сесії	межі	вісті
Genitive	жінки	сесії	межі	вісті	жінок	сесій	меж	вістей
Dative	жінці	сесії	межі	вісті	жінкам	сесіям	межам	вістям
Accusative	жінку	сесію	межу	вість	=N/G*	=N/G*	=N/G*	=N/G*
Locative	жінці	сесії	межі	вісті	жінках	сесіях	межах	вістях
Instrumental	жінкою	сесією	межею	вістю	жінками	сесіями	межами	вістями
Vocative	жінко	сесіє	меже	вісте				
*as N for inanimates, as G for animates								

1   Nouns with stems ending in -ж, -ч, -ш, -щ and in some instances ending in -р belong to the mixed type (note that 'mixed' type endings are very similar, in some places identical, to those in the soft type).

1.2.2. Masculine nouns

Cases	Singular			Plural		
	hard animate / inanimate	*soft animate / inanimate*	*mixed animate / inanimate*	*hard*	*soft*	*mixed*
Nominative	**брат / сир**	**господар / край**	**школяр / дощ**	**брати / сири**	**господарі / краї**	**школярі / дощі**
Genitive	брата / сиру	господаря / краю	школяра / дощу	братів / сирів	господарів / країв	школярів / дощів
Dative	братові / сиру	господареві / краю	школяреві / дощу	братам / сирам	господарям / краям	школярам / дощам
Accusative	=N/G*	=N/G*	=N/G*	=N/G*	=N/G*	=N/G*
Locative	братові / сирі	господареві / краї	школяреві / дощі	братах / сирах	господарях / краях	школярах / дощах
Instrumental	братом / сиром	господарем / краєм	школярем / дощем	братами / сирами	господарями / краями	школярами / дощами
Vocative	брате	господарю	школяре			

*as N for inanimates, as G for animates

1.2.3. Neuter nouns

Cases	Singular				Plural			
	hard	*soft*	*mixed*	*nouns with suffixes -ат/-ят or -ен²*	*hard*	*soft*	*mixed*	*nouns with suffixes -ат/-ят or -ен*
Nominative	**колесо**	**море, життя**	**плече**	**ім'я, теля**	**колеса**	**моря, життя**	**плечі**	**імена, телята**
Genitive	колеса	моря, життя	плеча	імені, теляти	коліс	морів, життів	плечей	імен, телят
Dative	колесу	морю, життю	плечу	імені, теляті	колесам	морям, життям	плечам	іменам, телятам
Accusative	=N/G*	=N/G*	=N/G*	ім'я, теля	=N/G*	=N/G*	=N/G*	=N/G*
Locative	колесі	морі, житті	плечі	імені, теляті	колесах	морях, життях	плечах	іменах, телятах
Instrumental	колесом	морем, життям	плечем	іменем, телям	колесами	морями, життями	плечами (плечима)	іменами, телятами

*as N for inanimates, as G for animates

2   These are neuter nouns which end in -a or -я and receive an additional suffix -ат/-ят or -ен when declined. Those with the suffix -ат/-ят designate baby animals, baby humans, or diminutive objects / things. Those that receive the -ен suffix are rare (ім'я, плем'я).

1.2.4. Personal pronouns and reflexive pronoun 'себе'

Cases								
Nominative	я	ти	він, воно	вона	ми	ви	вони	---
Genitive	мене	тебе	його, (без) нього	її, (без) неї	нас	вас	їх, (без) них	себе
Dative	мені	тобі	йому	їй*	нам	вам	їм	собі
Accusative	мене	тебе	його, (про) нього	її, (про) неї	нас	вас	їх, (про) них	себе
Locative	мені	тобі	(на) ньому	(на) ній	нас	вас		(на) них	собі
Instrumental	мною	тобою	ним	нею	нами	вами	ними	собою

*Note: In pronunciation, this form sounds very much alike the Genitive or Accusative її; do not confuse this case with others and remember the spelling **їй** (Dative of 'she'): Сьогодні я обіцяв <u>їй</u> подзвонити. Вчора я <u>їй</u> радив піти до лікаря. Завтра я <u>їй</u> обов'язково подарую квіти.

1.2.5. Adjectives

Cases	Singular				Plural	
	hard stem		*soft stem*		*hard stem*	*soft stem*
	masculine, neuter	*feminine*	*masculine, neuter*	*feminine*		
Nominative	**гордий, горде**	**горда**	**верхній, верхнє**	**верхня**	**горді**	**верхні**
Genitive	гордого	гордої	верхнього	верхньої	гордих	верхніх
Dative	гордому	гордій	верхньому	верхній	гордим	верхнім
Accusative	=N/G*	горду	=N/G*	верхню	=N/G*	=N/G*
Locative	гордому	гордій	верхньому	верхній	гордих	верхніх
Instrumental	гордим	гордою	верхнім	верхньою	гордими	верхніми
*as N for inanimates, as G for animates						

1.2.6. Demonstrative and possessive pronouns (note that endings are similar to those of adjectives)

	Singular				Plural	
Cases	*masculine, neuter*		*feminine*		*hard / mixed stem*	*soft / mixed stem*
	hard / mixed stem	*soft / mixed stem*	*hard / mixed stem*	*soft / mixed stem*		
Nominative	який, той, наш, ваш	цей, мій, твій, їхній, свій, чий	яка, та, наша, ваша	ця, моя, твоя, їхня, своя, чия	ті, ці, наші, ваші	мої, твої, їхні, свої, чиї
Genitive	якого, того, нашого, вашого	цього, мого, твого, їхнього, свого, чийого	якої, тієї, нашої, вашої	цієї, моєї, твоєї, їхньої, своєї, чиєї	тих, цих, наших, ваших	моїх, твоїх, їхніх, своїх, чиїх
Dative	якому, тому, нашому, вашому	цьому, моєму, твоєму, їхньому, своєму, чийому	якій, тій, нашій, вашій	цій, моїй, твоїй, їхній, своїй, чиїй	тим, цим, нашим, вашим	моїм, твоїм, їхнім, своїм, чиїм
Accusative	=N/G*	=N/G*	яку, ту, нашу, вашу	цю, мою, твою, їхню, свою, чию	=N/G*	=N/G*
Locative	=Dative	=Dative	=Dative	=Dative	=Genitive	=Genitive
Instrumental	яким, тим, нашим, вашим	цим, моїм, твоїм, їхнім, своїм, чиїм	якою, тією, нашою, вашою	цією, моєю, твоєю, їхньою, своєю, чиєю	тими, цими, нашими, вашими	моїми, твоїми, їхніми, своїми, чиїми
as N for inanimates, as G for animates						

Note: Possessive pronouns **його** 'his' and **її** 'her' do not change when used in different cases.

Locative case: Вчора ввечері ми гуляли на <u>його</u> (моєму, чиєму, вашому) дні народження. 'Last night we celebrated <u>his</u> birthday'.

Instrumental case: Вона задоволена <u>його</u> (моїм, чиїм, вашим) виступом. 'She is satisfied with <u>his</u> performance'.

Accusative case: Ми часто розмовляємо про <u>її</u> (мою, твою, нашу, свою) доньку. 'We speak often about <u>her</u> daughter'.

Dative case: <u>Її</u> (моїй, твоїй, нашій, своїй) доньці потрібно більше вчитися. '<u>Her</u> daughter needs to study more'.

Do not confuse the possessive feminine *її*, as in the sentences above, with the Genitive or Accusative of *вона* 'she', which has an identical form *її*, as in the sentences below.

Genitive of 'she': Сьогодні <u>її</u> не було на занятті. '<u>She</u> was absent from class today'.

Accusative of 'she': Я часто бачу <u>її</u> в університеті. 'I see <u>her</u> (=some female) often at the university'.

1.2.7. Numeral 'one' and pronoun 'all'

Cases	Singular				Plural	
	masculine, neuter		*feminine*			
Nominative	один, одне	весь, все	одна	вся	одні	всі
Genitive	одного	всього	однієї (одної)	всієї	одних	всіх
Dative	одному	всьому	одній	всій	одним	всім
Accusative	=N/G*	=N/G*	одну	всю	=N/G*	=N/G*
Locative	(на) одному	(на) всьому	(на) одній	(на) всій	(на) одних	(на) всіх
Instrumental	одним	всім	однією (одною)	всією	одними	всіма

*as N for inanimates, as G for animates

1.2.8. Numerals 2–4 and 5 and higher

Cases					
Nominative	два, дві обидва, обидві, обоє**	три	чотири	шість	десять
Genitive	двох, обидвох	трьох	чотирьох	шістьох, шести	десятьох, десяти
Dative	двом, обидвом	трьом	чотирьом	шістьом, шести	десятьом, десяти
Accusative	=N/G*	=N/G*	=N/G*	=N/G*	=N/G*
Locative	(на) двох, обидвох	(на) трьох	(на) чотирьох	(на) шістьох, шести	(на) десятьох, десяти
Instrumental	двома, обидвома	трьома	чотирма	шістьма, шістьома	десятьма, десятьома

*as N for inanimates, as G for animates

Notes:

a) Numerals that end on 1, 2, 3 or 4, that is 22, 34, 53, 61, etc.:

▶ for the decimal part (2̲2, 3̲4, 5̲3, 6̲1) follow pattern 5+ as in table 1.2.8;

▶ for the 'one' part (61, 31) follow pattern 1 in table 1.2.7;

▶ for the 'two', 'three', 'four' part (2̲2, 3̲4, 5̲3) follow pattern 2–4 in table 1.2.8:

Ми вчора познайомилися з двадцяти двома цікавими дітьми. До сьогоднішнього дня ми дали поради тридцяти чотирьом студентам.

b) These collective numerals are used to express 'both' (обидва** masculine, **обидві** feminine, and **обидвоє / обоє** neuter or masculine + feminine):

Ми були задоволені ними обидвома. Обоє, і він, і вона, добре виконали свої доручення.

c) Collective numerals such as **двоє, троє, четверо, восьмеро,** and **шістнадцятеро** are used mostly with people and only those inanimate objects that are always plural (pluralia tantum nouns) such as *двері, вікна*: двоє дверей. These collective numerals are declined the same way as numerals in table 1.2.8. Please note that when the collective numeral itself is in the Nominative case, as in the example below, it is followed by a noun in the Genitive plural:

Мої <u>троє</u> *братів* вчаться в університеті на педагогічному факультеті. vs Мої <u>три</u> *брати* вчаться в університеті на педагогічному факультеті. Я часто зустрічаюся <u>з ними трьома</u> на обід.

1.2.9. Numerals 40, 90, 100, 200–400 and 500–900

Cases						
Nominative	сорок	дев'яносто**	сто	двісті	чотириста	п'ятсот
Genitive	сорока	дев'яноста	ста	двохсот	чотирьохсот	п'ятисот
Dative	сорока	дев'яноста	ста	двомстам	чорирьомстам	п'ятистам
Accusative	=N	=N	=N	=N/G*	=N/G*	=N/G*
Locative	(на) сорока	(на) дев'яноста	(на) ста	(на) двохстах	(на) чотирьохстах	(на) п'ятистах
Instrumental	сорока	дев'яноста	ста	двомастами	чотирмастами	п'ятьмастами, п'ятьомастами
*as N for inanimates, as G for animates						

Note: A variant **дев'ятдесят** follows the pattern of **десять,** as in table 1.2.8 (please note that **дев'ятдесят** and also **п'ятдесят, шістдесят, сімдесят,** and **вісімдесят** have no soft sign at the end).

1.2.10. 'Many', 'some', 'how many', 'so many' (note that багато follows the pattern of numerals 5 and higher, and декілька, скільки, and стільки have similar endings to numeral два, see table 1.2.8.)

Cases				
Nominative	багато	декілька	скільки	стільки
Genitive	багатьох	декількох	скількох	стількох
Dative	багатьом	декільком	скільком	стільком
Accusative	=N/G*	=N/G*	=N/G*	=N/G*
Locative	(на) багатьох	(на) декількох	(на) скількох	(на) стількох
Instrumental	багатьма	декількома	скількома	стількома
*as N for inanimates, as G for animates				

1.2.11. Ordinal numerals, such as перший, другий, тридцятий, and вісімдесятий, are declined as adjectives (either hard or soft stem, see table 1.2.5.).

1.3 CASES AND SPECIFIC PREPOSITIONS (including prepositional expressions)

Prepositions used with more than one case:

Genitive	Accusative	Locative	Instrumental
у, в (де? кого?) 'at' (someone's place, possession)	**в, у** 'into', 'to' [something concrete, defined space] (directional)	**в, у** 'in', 'at' (locational)	
	на 'onto', 'to' [something abstract] (directional)	**на** 'on', 'at' (locational)	
	під 'under' (directional)		**під** 'under' (locational)
	за, поза 'behind' (directional)		**за, поза** 'behind' (locational)
	за 'in' (+time)		
	за 'than' (for comparison)		
	над 'above' (for comparison)		**над** 'above' (locational)
	перед, попред 'in front of' (in idioms, directional)		**перед, попред** 'in front of' (locational)
	по 'for' (to get something / someone)	**по** 'after' (time), 'along' (directional, locational)	
з (із, зі) 'from' (a place)			**з (із, зі)** 'with'

Prepositions used with one case:

Genitive	Accusative	Locative	Instrumental
від 'from' (a person), 'away from'	про 'about'	о 'at' (time)	поруч з 'near'
до 'to', 'toward', 'before'	через 'through', 'across'	при 'beside', 'by' (place)	поряд з 'next to'
без 'without'	крізь 'through' (inside)		між, поміж 'among'
крім 'besides'			
для 'for', 'for the benefit of'			
після 'after'			
біля, побіля 'near'			
коло 'near'			
навколо, навкруг 'around'			
довкола 'around'			
проти, навпроти 'against', 'opposite'			
із-за 'because of', 'from behind'			
зліва 'at the left of'			
справа 'at the right of'			
серед, посеред 'in the midst of', 'in between'			
обабіч 'on both sides of'			

Prepositional phrases:

Genitive	Dative	Accusative	Locative	Instrumental
заради 'for the sake of'	завдяки 'thanks to'	незважаючи на 'in spite of'		у зв'язку з 'in conjunction with'
задля 'for the sake of', 'on account of'				
відповідно до 'in accordance with'				
незалежно від 'regardless of', 'independently of'				
починаючи з 'beginning with / from'				
у напрямку до 'in the direction of'				
щодо 'regarding'				
згідно 'according'				

1.4 ADJECTIVES AND ADVERBS: COMPARATIVE AND SUPERLATIVE DEGREES

Adjectives and adverbs have three degrees of comparison: positive, comparative, and superlative. The positive degree of adjectives or adverbs is used when there is no comparison (these are the forms that you find in a dictionary). The comparative degree is used for comparing objects or persons with others. The superlative degree is used to express superiority of objects or persons to all others.

Degree	Adjectives	Adverbs
Positive 'interesting/ly'	цікавий, цікава, цікаве, цікаві	цікаво
Comparative 'more interesting/ly'	цікавіший, цікавіша, цікавіше, цікавіші більш / менш + цікавий, цікава, цікаве, цікаві	цікавіше більш / менш + цікаво
Superlative 'most interesting/ly'	найцікавіш-ий, -а, -е, -і найбільш / найменш + цікавий, -а, -е, -і *to make the superlative degree more emphatic, the following forms may be used – 'the very most interesting', 'most interesting of all':* щонайцікавіший, -а, -е, -і якнайцікавіший, -а, -е, -і цікавіший, -а, -е, -і над усе цікавіший, -а, -е, -і від / за усіх	найцікавіше найбільш / найменш + цікаво щонайцікавіше якнайцікавіше цікавіше над усе цікавіше від / за усіх

How to form comparative and superlative degrees of adjectives and adverbs:

The comparative degree is normally formed with the suffixes **–ш** or **–іш** or with the forms **більш / менш** plus the positive degree form of an adjective or adverb.

The superlative degree is normally formed by adding the prefix **най-** to the comparative degree (with suffixes **–ш or –іш**) or with the forms **найбільш / найменш** plus the positive degree form of an adjective or adverb.

Note: Some adjectives and adverbs, due to the nature of their meaning, cannot have comparative and superlative degrees (**дубовий, масляний, дерев'яний, цементний, літній, etc.**).

Some common forms to remember:

Positive degree	Comparative degree	Superlative degree
добрий 'good'	кращий, ліпший 'better'	найкращий, найліпший 'best'
добрий 'kind'	добріший 'kinder'	найдобріший 'kindest'
поганий 'bad'	гірший 'worse'	найгірший 'worst'
старий 'old'	старший 'older' (age)	найстарший 'oldest' (age)
старий 'old'	старіший 'older' (things)	найстаріший 'oldest' (things)

How to use comparative and superlative degrees of adjectives and adverbs:

When making an overt comparison of two or more things in a sentence, you may use the following constructions:

ніж + Nominative	Моє студентське життя цікавіше, *ніж* <u>твоє</u>. Студентське життя в університеті цікавіше, *ніж* у школі.
як + Nominative	Моє студентське життя цікавіше, *як* <u>твоє</u>. Студентське життя в університеті цікавіше, *як* у школі.
за + Accusative	Студентське життя в університеті цікавіше *за* шкільне (життя). Моє студентське життя цікавіше *за* <u>твоє</u>.
від + Genitive	Моє студентське життя цікавіше *від* <u>твого</u>. Студентське життя в університеті цікавіше *від* шкільного (життя).

In order to express the superlative degree, the following types of constructions may be used:

most common	Ця книжка <u>найкраща</u>, і мені <u>найлегше</u> її читати.
з(і), серед + Genitive	Ця книжка <u>найкраща</u> *з / серед* <u>усіх</u> інших, які я читала. Її <u>найлегше</u> читати *з / серед* <u>усіх</u> інших, які я вже прочитала.
між + Instrumental	Ця книжка <u>найкраща</u> *між* усіма іншими, які я читала.

Note: Comparatives are also used in constructions of the type: *'The earlier, the better…'*: Чим скорше, тим краще. Чим раніше встанемо, тим скорше виїдемо. Чим краще підготуєшся до іспиту, тим легше буде отримати високу оцінку. Чим більше вітамінів у їжі, тим вона корисніша. Чим більше займатимешся спортом, тим краще будеш себе почувати.

1.4.1 Spelling: -н- and -нн- in adjectives and adverbs

When you spell adjectives or adverbs that have **-н-** in their suffix(es), you may wonder whether to write one **-н-** or double **-нн-**. The answer is simple:

▸ when you form an adjective or an adverb from a noun that already has an **-н-** at the end of its stem (before the ending), then the adjectival / adverbial form will most likely yield one with a double **-нн-**:

ціна	цінний	цінно
осінь	осінній	
день	денний	денно
будні (будень)	буденний	буденно
щодня (щодень)	щоденний	щоденно
туман	туманний	туманно
вікно	віконний	

▸ when you form an adjective or an adverb from a noun or a verb that does not have an -н- at the end of its stem, the adjectival / adverbial form will yield one with a single -н-:

from a noun:

радість	радісний	радісно
скло	скляний	
дерево	дерев'яний	
бюджет	бюджетний	
літо	літній	

from a verb:

кохати	коханий, закоханий	закохано
зберегти	збережений	збережено
зробити	зроблений	зроблено
повторити	повторений	повторено
написати	написаний	написано
сказати	сказаний	сказано
задоволити	задоволений	задоволено

1.5 PRONOMINAL AND ADVERBIAL EXPRESSIONS: 'ANYTIME', 'SOMETIME', 'WHENEVER', 'NEVER', ETC.

Certain pronouns (*хто, що, який,-а,-е,-і*) and adverbs (*де, куди, коли, скільки, як*) may be transformed into indefinite forms by adding the following particles: **сь, -небудь, будь-, казна-, хтозна-, аби, де, ні**. Note that pronominals change their forms depending on their function in a sentence; that is, they take case, number, and gender endings (see table 1.2.6). Here are the forms, meanings, and uses of pronouns and adverbs with the indefinite particles:

Particle and meaning	Pronominal forms	Adverbial Forms
ні *no one, nowhere, etc.*	*ніхто, ніщо, ніякий,-а,-е,-і, нічий,-я,-є,-ї,*	*ніде, нікуди, ніколи, ніскільки, ніяк*
Used in negative sentences (remember to negate the verb)	На вечірці я **нікого** зі своїх знайомих <u>не</u> бачила. Я ще <u>не</u> думаю **ні** про **які** іспити. Вчора я **ні** з **ким** <u>не</u> розмовляв по телефону. Мені здається, що я **нічого** <u>не</u> знаю. Вони **ні** про **що** <u>не</u> говорили, а я **ні** про **що** <u>не</u> питав. Also: Він мене залишив **ні** з **чим**.	Ми **ніколи** цього <u>не</u> робимо. Вони **нікуди** <u>не</u> їздили цього літа. Я **ніскільки** <u>не</u> жалкую, що поїхала в Крим. Чому ти **ніяк** цього <u>не</u> можеш зробити?

| **-небудь, сь**

These are the most common particles, both may be translated as *some-* or *any-*, depending on the meaning and sentence structure | *хто-небудь, що-небудь, який,-а,-е,-і-небудь, чий,-я,-є,-ї,-небудь*

хтось, щось, якийсь, якась, якесь, якісь, чийсь, чиясь, чиєсь, чиїсь | *де-небудь, куди-небудь, коли-небудь, скільки-небудь, як-небудь*

десь, кудись, колись, скількись, якось |

-небудь is used: 1. if the particle is part of a question 2. if the particle is used in a sentence with a general meaning or a time expression of frequency (always, often, etc.) 3. if the particle is in a construction of imperative (also invitation) **сь is used:** 4. in answering questions, when you could finish the statement with "but I do not know / remember / am not sure…" 5. if the particle is in a construction in the past or future tense (if you could finish the statement with: "but I do not know / remember / am not sure…")	1. — Ви що-небудь мені казали? 4. — Так, я щось казав, але вже не пам'ятаю що. 1. — Ти про кого-небудь з українських музикантів знаєш? 4. — Так, я про когось чула, але мені щось не пригадується про кого саме. 2. Я завжди тобі привожу з України які-небудь цікаві книжки. 3. Купи мені який-небудь сувенір, як будеш на канікулах. 5. Вчора в університеті відбувся якийсь концерт. Під час концерту він мені розповідав про якусь дискотеку і про когось, з ким він познайомився на ній. Також він мені віддав чийсь квиток, а чий не знаю.	1. — Ви куди-небудь поїдете цього літа? 4. — Звичайно кудись поїдемо, але ми ще не вирішили куди. 1. — Ви коли-небудь їздили на Багами? 4. — Так, колись їздили, але це було так давно. 2. Дуже часто зимою ми куди-небудь їздимо. Цю роботу я можу робити де-небудь і скільки-небудь часу (*тобто всюди і завжди*). 3. Давай сьогодні де-небудь зустрінемося. 5. Вчора мої друзі кудись поїхали. Колись і якось я візьмуся до цього питання.
будь- This particle is usually translated as *any-*	*будь-хто, будь-що, будь-який, -а, -е, -і, будь-чий, -я, -є, -ї*	*будь-де, будь-куди, будь-коли, будь-скільки, будь-як*
and is used: 1. when the meaning is 'any out of many other possibilities; that is, 'any- possible', 'any- you could think of', 'any- out of the list', etc. 2. in constructions with the meaning 'any-' but those that you could finish with a statement "I do not care / it does not matter…"	1. У цьому тренажерному залі може займатися будь-хто. У неї такий характер, що вона будь з ким собі дасть раду і може себе впевнено почувати в будь-якому середовищі. 2. — Які газети я повинен купити? — Будь-які, мені все одно. — Про кого мені написати статтю? — Про будь-кого, аби була стаття. — Чию пісню заспівати? — Будь-чию, лиш співай.	1. Я можу почати писати свою курсову роботу будь-коли, навіть цього місяця. Ти можеш заробляти будь-скільки, але для нас це не найважливіше. 2. — Де і коли у Вашій країні можна кататися на лижах? — У нашій країні можна кататися на лижах будь-де і майже будь-коли зимою. — Як мені організувати цікаву вечірку? — Будь-як, але вечірка повинна бути унікальною.

завгодно	хто завгодно, що завгодно, який, -а, -е, -і завгодно чий, -я, -є, -ї завгодно	де завгодно, куди завгодно, коли завгодно, скільки завгодно, як завгодно
This particle is usually translated as *any-*		
and is used: when the meaning is 'any- you may / would like', 'any- you may / would want', 'any- you may / would wish'	На дискотеці можна було побачити кого завгодно: і студентів, і музикантів. Можеш використовувати для своєї презентації чию завгодно світлину, але щоб була доречною. Можеш думати про що завгодно, але цей проект треба закінчити.	В Україні повеселитися можна де завгодно: чи на дискотеці, чи в клубі, чи на концерті. У цьому ресторані їжі було скільки завгодно. До цього питання можна підійти як завгодно.

де	дехто, дещо, деякий, -а, -е, -і	декуди, деколи, деяк
This particle is usually translated as *some-*		
and is used: 1. when the meaning is 'some- out of others', 'some- out of other known', 'some- out of other possible', etc. 2. when answering a question and the meaning is '<u>some</u>, but <u>not</u> all / everyone / everywhere / always, etc.'	1. Дехто зі студентів серйозно підготувався до іспиту, а дехто ні. Я тобі про дещо сьогодні розповім, а саме: про деякі цікаві пригоди, які зі мною сталися вчора. Ми вже деякий час їдемо машиною, десь за дві години доїдемо до гір. 2. — Ти кого-небудь з наших бачив на дискотеці? — Так, декого я бачив, але не всіх. — Ти вже собі купив які-небудь підручники? — Так, деякі я вже купив, але ще не всі.	1. Деколи я собі мрію про подорож на Аляску. Цього літа, з такими високими цінами, просто неможливо поїхати всюди, куди заманеться, а лише декуди (*...one could go to certain places only*). 2. — Ти коли-небудь читаєш сучасну літературу? — Так, деколи, але мені більше до вподоби класики.

аби	абихто, абищо, абиякий,-а,-е,-і	абиде, абикуди, абиколи, абискільки, абияк
This particle is usually translated as *any-*		
and is used: 1. in exclamatory constructions of the type 'not just any- , but… (something / someone, etc. of real importance / significance)'! 2. in constructions with meanings: 'no matter who / what / which / where / when / how many, much / how' or 'just anyone / anything / whichever / anywhere / anytime / no matter how many, much / anyhow'	1. Він не абиякий спортсмент — він справжній чемпіон! На виставці в галереї були картини не абикого, а відомих художників двадцять першого століття! Це тобі не абищо, а справжній український гопак! 2. Він планує написати статтю про абищо, але головне, щоб її надрукували в газеті. Він може годинами говорити аби з ким (з абиким), але головне, щоб про політику.	1. Їхня зустріч відбулася в Парижі. Це тобі не абиде! За свій дім вони заплатили півмільйона, це не абискільки! 2. До свого виступу мені потрібно серйозно приготуватися — я не можу говорити абияк. Я готова з вами зустрітися абиколи і абиде, тільки б нарешті зустрітися.

Note: The particle **аби** may also be used in constructions of 'wishful thinking' of the type: "If only…". In such constructions, **аби** is written separately from pronouns and adverbs (as well as nouns, verbs). Here are a few examples:

Аби хто міг сьогодні прийти на лекцію! 'If only someone could attend the lecture today!'

Аби куди нам поїхати цього літа! 'If only we could go anywhere this summer!'

Аби мені зараз щось написати! 'If only I could write something now!'

Аби той хлопець запросив мене до танцю! 'If only that guy would invite me for a dance!'

Аби трохи потанцювати, і мені б стало вже веселіше! 'If only I could dance a bit, I would feel happier!'

казна-, хтозна- 'who knows who / what, etc.'	казна-хто, казна-що, казна-який,-а,-е,-і, казна-чий,-я,-є,-ї	казна-де, казна-куди, казна-коли, казна-скільки, казна-як
	хтозна-хто, хтозна-що, хтозна-який,-а,-е,-і хтозна-чий,-я,-є,-ї	хтозна-де, хтозна-куди, хтозна-коли, хтозна- скільки, хтозна-як
бозна- 'God knows who / what, etc.'	бозна-хто, бозна-що, бозна-який,-а,-е,-і бозна-чий,-я,-є,-ї	бозна-де, бозна-куди, бозна-коли, бозна-скільки, бозна-як
Used in declarative sentences or imperatives.	Мені тебе важко розуміти. Ти часто говориш про казна-що або казна про кого. Музика на вечірці була хтозна-яка: і сучасна, і класична, і зовсім не зрозуміла. Мені здається, що наше молоде покоління читає бозна-що, тільки не літературу. Бозна-чиї романи ти читаєш, мене це дуже дивує.	Не хочу тебе бачити, їдь казна-куди, але щоб тебе тут не було. Хтозна-коли мені вдасться скласти всі свої іспити. Хтозна-як, але я повинна скласти свою зимову сесію якнайшвидше. Знаєш, за літо мій один товариш заробив казна-скільки грошей і тепер цілий рік відпочиває. Ніколи нічого не можу знайти в цій хаті, всі речі розкидані бозна-де.

2. VERBS

Ukrainian verbs may generally be grouped into two classes, or two conjugational patterns:

▶ *first conjugation*, or verbs that take the ending **-уть/-ють** in the third person plural nonpast tense (**вони** form) and have **-е/-є** as part of the ending in other forms (except the **я** form, which is **-у/-ю**): пишу-пишеш-пишуть, читаю-читаєш-читають;

▶ *second conjugation*, or verbs that take the ending **-ать/-ять** in the third person plural nonpast tense (**вони** form) and have **-и/-ї** as part of the ending in other forms (except the **я** form, which is **-у/-ю**): бачу-бачиш-бачать, стою-стоїш-стоять.

There are only a few verbs that are considered irregular; that is, they follow neither first nor second conjugational patterns: їсти (їм-їси-їдять), відповісти (відповім-відповіси-відповідять).

2.1 VERBAL ASPECT

Most Ukrainian verbs come in pairs of imperfective and perfective variants, respectively: **говорити-сказати, писати-написати, цілувати-поцілувати.**

Perfective verbs are used to describe a single event in its entirety, stressing the result of a verbal action.

Imperfective verbs are used to describe processes, ongoing events, and habitual actions or events.

In deciding when to use the imperfective or the perfective verb, it may be helpful to visualize the two aspectual forms on a timeline. The horizontal lines represent the imperfective verbal action (ongoing action or state, or habitual action). The vertical arrows represent the perfective verbal action (an action or change of state at a specific point in time).

Note that under 'present tense', there is no possibility for the use of 'perfective'; remember that the perfective always points to a result, which can only be past or future!

perfective	Past	Present	Future
	↓		↓
	What happened? (result)		What will happen? (result)
	Вчора я прочитала цю статтю.		Завтра я прочитаю цю статтю.
imperfective			
	‹————————›	‹————————›	‹————————›
	What was going on? How were things?	What is going on? How are things?	What will be going on? What will the situation be?
	Вчора я читала цю статтю. or	Якраз тепер я читаю цю статтю. or	Завтра я буду читати цю статтю під час обідньої перерви. or
	‹——›‹——›‹——›	‹——›‹——›‹——›	‹——›‹——›‹——›
	Often, usually, always, rarely, for how long in the past	Often, usually, always, rarely, for how long in the present	Often, usually, always, rarely, for how long in the future
	Я часто читала багато статей.	Тепер я часто читаю багато статей.	У мене буде більше часу, і я буду читати багато статей.

When deciding on which aspect to use, some adverbs may be helpful.

The following adverbs require the perfective:

накінець   'finally'

зненацька   'suddenly'

несподівано   'unexpectedly'

в одну мить   'in one moment'

миттєво   'momentarily'

зразу ж   'right away', 'immediately'

These adverbs require the imperfective:

завжди   'always'

часто   'often'

рідко   'rarely'

деколи   'sometimes'

довго   'for a long time'

довший час   'for quite some time'

коротко   'for a short time'

якийсь час   'for some time'

цілий день, тиждень, місяць, рік, і т.д.   'for the entire day, week, month, year, etc.'

ніколи   'never'

When you encounter new aspectual variants and need to decide which is perfective and which is imperfective, you may follow these tips (as you may have guessed, they will not apply to all verbs):

perfective	imperfective
with prefix	**no prefix**
приготувати	готувати
прочитати	читати
відрізати	різати
no suffix	**with suffix**
дати	давати
лягти	лежати
спасти	спасати
shorter suffix	**longer suffix**
організувати	організовувати
виконати	виконувати
купити	купувати
suffix –и-/–і-	**suffix –а-/–я-**
пустити	пускати
заступити	заступати
прилетіти	прилітати
затопити	затопляти
suffix –ну-	**suffix –а-**
стрибнути	стрибати
крикнути	кричати
махнути	махати

Quite often you may use either the perfective or the imperfective, depending on the perspective you would like to stress in a particular context:

imperfective: Ти повинен <u>писати</u> своїй сестрі. 'You should write to your sister'. (In general, not just now.)

perfective: Ти повинен <u>написати</u> своїй сестрі. 'You should / must write to your sister'. (Right now, in the near future, one action with result.)

When using aspectual variants, keep in mind that the meaning of each verb in an aspectual pair or aspectual group may differ in some instances:

imperfective **складати іспит** 'to take an exam' *vs.* perfective **скласти іспит** 'to pass an exam';

imperfective **слухати когось** 'to listen to someone' *vs. perfectives* **вислухати когось** 'to listen attentively to someone', **прослухати когось** 'to miss something that someone said' or 'to listen to something in its entirety' and **послухати когось** 'to finish listening', or 'to listen to someone for a bit', or 'to obey someone / to take someone's advice'.

2.2 VERBAL TENSES

Ukrainian verbs may be used in three tenses: past, present, and future.

	Past	Present	Future
Imperfective	говорив, говорила, говорили	говорю, говориш, говорить, говоримо, говорите, говорять	буду, будеш, буде, будемо, будете, будуть + говорити or: говоритиму, говоритимеш, говоритиме, говоритимемо, говоритимете, говоритимуть
Perfective	сказав, сказала, сказали	X	*скажу, скажеш, скаже, скажемо, скажете, скажуть

*Note: These forms have future meaning; do not use **буду** with perfective verbs to convey future meaning. Future forms with **бути** are only used with imperfective (process, duration, habitual) verbs. Consider the following two examples, perfective and imperfective, which both express future meaning:

Я тобі завтра <u>скажу</u> про те, що я взнала. 'I will tell you tomorrow what I found out'.

Ми з друзями завтра <u>будемо говорити</u> про наші плани на майбутнє. 'My friends and I will talk tomorrow about our plans for the future'.

2.3 IMPERATIVES

Imperatives, simply speaking, are commands, directives or requests (**читай, візьміть**). To form imperatives, take the **вони**, the third person plural form in the present tense, as your base form. For instance, the stem for **говорити** would be **говор–**, which is formed from вони **говор–ять** minus the ending **–ять**. Similarly, the stem for the verb **читати** would be **чита–**, that is **чита–ють** minus **–ють** (linguistically speaking, the stem of **читати** ends on an invisible **–й, читай+уть**; however, for the sake of simplicity, let us view **чита–** as a stem ending in a vowel).

After you determine the stem:

▸ if the present tense stem ends in a *vowel*, as in **чита–ють**, the imperative endings are **–й, –ймо,**

–йте (**чита–й, чита–ймо, чита–йте**);

▸ if the present tense stem ends in a *consonant*, as in **говор–ять**, the position of stress in *the first person singular*, or the '**я**' form, is important.

Specifically:

*if the ending is stressed (**говор–Ю**), add the following stressed endings: **–и, –імо, –іть** (**говор–И, говор–Імо, говор–Іть**);

if the stem is stressed and ends in *two consonants* (підкр<u>Е</u>сл–ю**), add the following unstressed endings: **–и, –імо, –іть** (**підкрЕсл–и, підкрЕсл–імо, підкрЕсл–іть**);

***if the stem is stressed and ends in *one consonant* (**вІр–ю**), add the zero ending to the stem **вІр–** for the singular (**вІр**), **–мо** for the first person plural (**вІр–мо**), and **–те** for the second person plural (**вІр–те**). A similar rule applies to **цікавитися**, in which the **–л** that occurs only in the **я** and **вони** forms of the present tense (**цікАв[л]–юся, цікАв[л]–яться**) is dropped in the imperative (and other forms of the present tense). Therefore, the imperatives would be: **цікАв–ся, цікАв–мося, цікАв–теся**. Please note that if the verbal stem is stressed in the first person singular and ends in any of the following consonants: **т, д, с, з, н, л** (**стА<u>н</u>–уть**), it becomes palatalized (or soft). Therefore, the endings will acquire a soft sign and become **–ь** (singular), **–ьмо** (first person plural 'ми'), and **–ьте** (second person plural), as in **стАнь, стАньмо, стАньте**.

	Вони [present]	Я [present]	Ти [imperative]	Ми [imperative]	Ви [imperative]
(I)	пита–ють	пита–ю	пита–й	пита–ймо	питай–те
	співа–ють	співа–ю	співа–й	співа–ймо	співай–те
(II)*	візьм–уть	візьм–У	візьм–И	візьм–Імо	візьм–Іть
	зрОб(л)–ять	зроб(л)–Ю	зроб–И	зроб–Імо	зроб–Іть
(II)**	воскрЕсн–и	воскрЕсн–у	воскрЕсн–и	воскрЕсн–імо	воскрЕсн–іть
(II)***	дістАн–уть	дістАн–у	дістАн–ь	дістАн–ьмо	дістАн–ьте
	поцікАв(л)–яться	поцікАв(л)–юся	поцікАв–ся	поцікАв–мося	поцікАв–теся

Uses of imperatives and verbal aspect:

▸ In order to express a positive command that would produce a single action, use the *perfective* variant of the verb (you would like an action to be finished with a result!):

Підготуйте презентацію статті на наступний тиждень!

Напишіть підсумок статті!

▸ In order to express a positive command that would produce multiple actions or habitual activity, use the *imperfective* verb:

Чистіть зуби хоча б два рази на день!

Приходьте на заняття підготованими!

▸ When using imperatives for invitations, use the *imperfective* verb (you would like to be polite and avoid implying 'only once', or you would like to stress 'as always' in your invitation):

Заходьте до нас на каву при нагоді!

Проходьте, будь-ласка, почувайте себе, як удома!

Прошу, пригощайтеся, не стидайтеся!

Їжте, пийте, будь-ласка!

Note: if the *perfective* were used in the examples above, the meaning would be transformed into very strict, direct orders/commands (almost like in prison!):

Зайдіть до нас!

Пройдіть далі!

З'їжте, випийте!

▶ When expressing negative commands, including forbidding, use the *imperfective* verb (when issuing such a command, you want to make sure that it is meant in general, forever, always, etc.):

Не переживайте за українську граматику, вона не така важка!

Не забувайте приносити підручники на заняття!

Не жуйте жувачки під час занять!

▶ In negative commands used as warnings, the *perfective* is used (these are of the type "[watch out] do not do [something] [or else something very negative will happen]"):

Вважай, не впади! На дорогах сьогодні слизько.

Не програй всі свої гроші в казино!

Не забудьте підготуватися до іспиту!

▶ In order to express urgency, or to express impatience or intolerance, use the *imperfective* imperative:

Скільки вже можна чекати? Став вже все на стіл! Я вмираю з голоду!

Менше говори, а плати вже швидше! Нам час іти.

Включай вже якусь музику, хочеться потанцювати!

Other imperative forms: 'let me', 'let him / her / them':

In order to express an imperative directed towards oneself, as in 'let me do it', you may use the forms **давай, давайте** + future tense (either perfective or imperfective).

▶ The form **давай** is used when addressing one person, and **давайте** is used when addressing one person respectfully/formally or more than one person:

Давай я куплю квитки на оперу!

Давайте я приготую сьогоднішню вечерю!

▶ The form **давайте** is also used to express 'let's':

Давайте не будемо з Вами сьогодні сперечатися!

▶ The third person imperative forms, that is, 'let him / her / them do it', involve the use of the particle **хай** or **нехай** with the appropriate form of the verb (either perfective or imperfective):

Я вже змучена, нехай він або вона це зробить!

Нехай студенти принесуть свої цікаві світлини на заняття!

Хай Олег напише статтю в газету!

Note: A type of third person imperative is used in expressions when referring to God:

Нехай Бог Вам дасть щастя та здоров'я на многії літа!

Не дай Бог, щоб нам не повезло на іспиті!

2.4 VERBS OF MOTION

Verbs of motion form a group of verbs which have in common some form of motion. They are:

Unidirectional: 'movement in one direction'	Multidirectional: 'movement to and from, there and back, many times, often'	Meaning: Both variants are translated similarly, but used in different contexts
іти (йшов, йшла, йшло, йшли)	ходити (ходив, ходила, ходило, ходили)	to walk, go on foot
їхати (їхав, їхала, їхало, їхали)	їздити (їздив, їздила, їздило, їздили)	to drive, go by vehicle, ride
летіти (летів, летіла, летіло, летіли)	літати (літав, літала, літало, літали)	to fly
пливти (плив, пливла, пливло, пливли)	плавати (плавав, плавала, плавало, плавали)	to swim, sail
бігти (біг, бігла, бігло, бігли)	бігати (бігав, бігала, бігало, бігали)	to run
нести (ніс, несла, несло, несли)	носити (носив, носила, носило, носили)	to carry in hands (when walking)
везти (віз, везла, везло, везли)	возити (возив, возила, возило, возили)	to carry (when riding, driving)
вести (вів, вела, вело, вели)	водити (водив, водила, водило, водили)	to lead, take someone to a place
тягти (тяг, тягла, тягло, тягли)	тягати (тягав, тягала, тягало, тягали)	to drag
повзти (повз, повзла, повзло, повзли)	повзати (повзав, повзала, повзало, повзали)	to crawl
лізти (ліз, лізла, лізло, лізли)	лазити (лазив, лазила, лазило, лазили)	to creep, climb
брести (брів, брела, брело, брели)	бродити (бродив, бродила, бродило, бродили)	to wade, wander

Verbs of motion differ from other verbs in that they form special pairs of uni-directional and multidirectional variants, as seen in the table above (note that verbs in both columns above, unidirectionals and multidirectionals, are imperfectives in their base form). Both unidirectional and multidirectional verbs may also form perfective and/or additional imperfective variants. For instance, the following variants may be formed from **іти / ходити** by adding different prefixes:

unidirectional	multidirectional	
imperfective іти ⚓	*imperfective* ходити ⚓	*imperfective* ходити ⚓
perfective прийти, зайти, вийти і т.д. (see spatial verbs)	*imperfective* прих**о**дити*, зах**о**дити, вих**о**дити і т.д. (see spatial verbs)	*perfective* ход**и**ти, наход**и**ти, проход**и**ти і т.д. (see temporal verbs)

*Note: here and in other verbs of motion, when a vowel is marked in bold, it indicates that that vowel is under stress; importantly, the stress in such verbs is significant to differentiate verbal meanings: прох**о**дити 'to pass by' *vs*. проход**и**ти 'to walk for a long time / while'.

Usage of unprefixed unidirectional and multidirectional verbs of motion:

Unidirectionals are used in very restricted contexts and less often than the multidirectionals:

► mostly to indicate one trip in one direction in progress at the time of speech (in past, present or future tense):

Коли я <u>йшла</u> в університет, я зустріла Петра, який вже <u>йшов</u> з університету. Зараз <u>іду</u> собі та думаю, як готуватися до іспиту. Під час того, як <u>будемо</u> <u>летіти</u> в Україну, можемо подивитися якісь фільми.

Multidirectionals are used much more frequently:

- a single round trip:

Вчора ми <u>ходили</u> в театр.

- repeated round trips, also, repeated 'attendance':

Нам подобається <u>ходити</u> в театр, і ми завжди <u>ходимо</u> на вистави, коли є час. Моя сестра вечорами <u>ходить</u> на карате.

- a single trip in multiple directions or without an indication of a specific direction (walking/running around, etc.):

Щоранку я <u>бігаю</u> в парку.

- to indicate movement itself:

Мій племінник швидко росте – вже почав <u>ходити</u>. Минулого тижня ми цілий день <u>плавали</u> в морі і <u>бігали</u> по пляжі.

2.4.1 Verbs of motion: Spatial

Prefixes with spatial meanings (movement in space = to, from, across, away from, etc.) can be attached to both unidirectional and multidirectional verbs of motion to create perfective and imperfective variants respectively. With respect to verbs of motion: *perfectives* are those that indicate a single movement in one direction, with the result of that movement still in effect; *imperfective* verbs of motion convey frequent movement in one direction or a single round trip:

- *perfective*: Вчора до нас <u>приїхали</u> наші друзі з Китаю. Сьогодні ввечері ми разом <u>підемо</u> на дискотеку, а завтра <u>заїдемо</u> до моїх батьків.

- *imperfective*: Щороку наші друзі з Китаю <u>приїжджають</u> до нас. Щоразу, коли вони <u>приїжджають</u>, ми <u>заїжджаємо</u> до моїх батьків.

Formation and meaning of spatial verbs of motion

UNIDIRECTIONAL + PREFIX ⟶ Perfective = ОДИН РАЗ

prefix	past	іти 'by foot'	future	past	їхати 'by vehicle'	future
п(о)- 'departure, leaving'	пішов, пішла	**піти**	піду, підеш, підуть	поїхав, поїхала	**поїхати**	поїду, поїдеш, поїдуть
при- 'arriving'	прийшов, прийшла	**прийти**	прийду, прийдеш, прийдуть	приїхав, приїхала	**приїхати**	приїду, приїдеш, приїдуть
у/в- 'entering' or 'moving in'	увійшов, увійшла	**у/ввійти**	увійду, увійдеш, увійдуть	в'їхав, в'їхала	**в'їхати**	в'їду, в'їдеш, в'їдуть
ви- 'exiting', 'moving up' or 'moving out'	вийшов, вийшла	**вийти**	вийду, вийдеш, вийдуть	виїхав, виїхала	**виїхати**	виїду, виїдеш, виїдуть
д(о)- 'reaching'	дійшов, дійшла	**дійти**	дійду, дійдеш, дійдуть	доїхав, доїхала	**доїхати**	доїду, доїдеш, доїдуть
від- 'moving away from'	відійшов, відійшла	**відійти**	відійду, відійдеш, відійдуть	від'їхав, від'їхала	**від'їхати**	від'їду, від'їдеш, від'їдуть
об- 'moving around'	обійшов, обійшла	**обійти**	обійду, обійдеш, обійдуть	об'їхав, об'їхала	**об'їхати**	об'їду, об'їдеш, об'їдуть
пере- 'moving across'	перейшов, перейшла	**перейти**	перейду, перейдеш, перейдуть	переїхав, переїхала	**переїхати**	переїду, переїдеш, переїдуть
про- 'passing by'	пройшов, пройшла	**пройти**	пройду, пройдеш, пройдуть	проїхав, проїхала	**проїхати**	проїду, проїдеш, проїдуть
під- 'approaching'	підійшов, підійшла	**підійти**	підійду, підійдеш, підійдуть	під'їхав, під'їхала	**під'їхати**	під'їду, під'їдеш, під'їдуть
з(і)/с- 'moving down'	зійшов, зійшла	**зійти**	зійду, зійдеш, зійдуть	з'їхав, з'їхала	**з'їхати**	з'їду, з'їдеш, з'їдуть
за- 'entering' or 'visiting'	зайшов, зайшла	**зайти**	зайду, зайдеш, зайдуть	заїхав, заїхала	**заїхати**	заїду, заїдеш, заїдуть
з(і)/с- (ся) 'to gather'	зійшовся, зійшлася, зійшлися	**зійтися**	зійдуся, зійдешся, зійдуться	з'їхався, з'їхалася, з'їхалися	**з'їхатися**	з'їдуся, з'їдешся, з'їдуться
роз- (ся) 'separating' or 'moving into different directions'	розійшовся, розійшлася, розійшлися	**розійтися**	розійдуся, розійдешся, розійдуться	роз'їхався, роз'їхалася, роз'їхалися	**роз'їхатися**	роз'їдуся, роз'їдешся, роз'їдуться
на- 'to move over'	найшов, найшла, найшли	**найти** (rarely, but used: *найшла коса на камінь*)	найду, найдеш, найде	наїхав, наїхала	**наїхати**	наїду, наїдеш, наїдуть

MULTIDIRECTIONAL + PREFIX ⋯⟶ Imperfective = ТУДИ І НАЗАД, БАГАТО РАЗІВ, ЧАСТО

prefix	past	ходити 'by foot'	future	past	їздити 'by vehicle'	future
при- 'arriving'	приходив, приходила	**прихОдити**	буду, будеш, буде, будемо, будете, будуть + infinitive (приходити)	приїжджав, приїжджала	**приїжджати**	буду, будеш, буде, будемо, будете, будуть + infinitive (приїжджати)
у/в- 'entering' or 'moving in'	входив, входила	**вхОдити**	⬇	в'їжджав, в'їжджала	**в'їжджати**	⬇
ви- 'exiting', 'moving up' or 'moving out'	виходив, виходила	**вихОдити**	⬇	виїжджав, виїжджала	**виїжджати**	⬇
до- 'reaching'	доходив, доходила	**дохОдити**	⬇	доїжджав, доїжджала	**доїжджати**	⬇
від- 'moving away from'	відходив, відходила	**відхОдити**	⬇	від'їжджав, від'їжджала	**від'їжджати**	⬇
об- 'moving around'	обходив, обходила	**обхОдити**	⬇	об'їжджав, об'їжджала	**об'їжджати**	⬇
пере- 'moving across'	переходив, переходила	**перехОдити**	⬇	переїжджав, переїжджала	**переїжджати**	⬇
про- 'passing by'	проходив, проходила	**прохОдити**	⬇	проїжджав, проїжджала	**проїжджати**	⬇
під- 'approaching'	підходив, підходила	**підхОдити**	⬇	під'їжджав, під'їжджала	**під'їжджати**	⬇
з(і)/с- 'moving down'	сходив, сходила	**схОдити**	⬇	з'їжджав, з'їжджала	**з'їжджати**	⬇
за- 'entering' or 'visiting'	заходив, заходила	**захОдити**	⬇	заїжджав, заїжджала	**заїжджати**	⬇
з(і)/с- (ся) 'to gather'	сходився, сходилася, сходилися	**схОдитися**	⬇	з'їжджався, з'їжджалася, з'їжджалися	**з'їжджатися**	⬇
роз- (ся) 'separating' or 'moving into different directions'	розходився, розходилася, розходилися	**розхОдитися**	⬇	роз'їжджався, роз'їжджалася, роз'їжджалися	**роз'їжджатися**	⬇
на- 'to move over'	находив, находила, находили	**нахОдити**	⬇	наїжджав, наїжджала	**наїжджати**	⬇

Meaning and usage of spatial verbs of motion:

Consider the chart below showing commonly used prefixes with verbs of motion and prepositions most commonly used with spatial verbs of motion, illustrated by examples [pf = perfective, if = imperfective] (review meanings and usage of prepositions in 1.3):

prefix	example verbs	preposition	usage in a sentence
п(о)- 'departure, leaving'	pf: полетіти, побігти if: X	**в, на, до**	Вчора мої батьки <u>полетіли</u> **в** Україну **до** своїх друзів.
при- 'arriving', 'bringing'	pf: приїхати if: привозити	**в, на, до, з, від,** no preposition + Dative	Петро <u>прийшов</u> **на** заняття добре підготованим. Мої друзі завжди <u>привозять</u> мені **з** України цікаву музику.
у/в- 'entering' or 'moving in'	pf: увійти, в'їхати if: входити, в'їжджати	**в, на, до**	Подивись, він <u>вбіг</u> **у** хату і навіть не роздягнувся. Які товари з України <u>ввозять</u> **у** Вашу країну? Молода сім'я вчора <u>в'їхала</u> **в** нове помешкання.
ви- 'exiting', 'leaving', 'moving up' or 'moving out'	pf: винести if: виходити	**з, від, на**	Чому ти не <u>виніс</u> сміття **з** хати? Коли ти <u>виїхав</u> **від** бабці? Після занять ми завжди <u>виходимо</u> **з** університету коло другої. Канадські альпіністи <u>вийшли</u> **на** одну з найвищих гір за десять днів. Вони <u>виїхали</u> **з** квартири за день.
до- 'reaching, moving up to'	pf: долетіти if: доходити	**до**	**До** Києва ми <u>долетіли</u> за десять годин. Я <u>доходжу</u> **до** університету за шість хвилин.
від- 'moving away from'	pf: відійти if: відносити	**з, від**	<u>Відійди</u> **від** вікна. Чому ти не <u>відносиш</u> макулатури **з**дому на переробку?
об- 'moving around'	pf: обійти if: оббігати	**навколо,** no preposition + Accusative	Вони <u>обійшли</u> **навколо** театру і пішли далі. По дорозі в університет я часто <u>оббігаю</u> інших студентів.
пере- 'moving across'	pf: переплисти if: перелазити	**через,** no preposition + Accusative	Цей чемпіон <u>переплив</u> океан. Ті діти часто <u>перелазять</u> **через** паркан.
про- 'passing by' or 'moving through'	pf: пройти if: пролітати	**через, повз, над, під, за, перед,** no preposition + Accusative	Ми <u>пройшли</u> **повз** один магазин, в який не заходили. Наш літак якраз тепер <u>пролітає</u> **(через)** Атлантичний океан / **над** Атлантичним океаном.
під- 'approaching'	pf: підвезти if: підходити	**в, на, до, під**	<u>Підвези</u> мене **на** заняття в університет, і, прошу, **під** самі двері. На вечірці **до** мене <u>підійшла</u> цікава дівчина. Щоранку цей пес <u>підбігає</u> **під** наші двері.
з(і)/с- 'moving down'	pf: зійти if: з'їжджати	**з,** no preposition	Ми швидко <u>зійшли</u> сходами вниз. Коли ти <u>з'їжджаєш</u> **з** гори, про що ти думаєш?
за- 'entering', 'visiting' or 'moving behind'	pf: забігти if: заводити	**в, на, до, за**	<u>Забіжи</u> **до** нас якось на каву. Чому ти <u>зайшов</u> **за** двері? Ти завжди <u>заводиш</u> свою сестру **на** уроки аж **до** дверей аудиторії?
з(і)/с- (ся) 'to gather'	pf: зійтися if: сходитися	**в, на,** no preposition	Нам потрібно <u>зійтися</u> **в** університеті після занять. Вони часто <u>сходяться</u> **на** вихідні. Колись мої всі друзі <u>з'їдуться</u>, і нам всім буде весело.
роз- (ся) 'separating' or 'moving into different directions'	pf: розбігтися if: розходитися	**в, на, по,** no preposition	В одну мить всі <u>розбіглися</u> **в** різні боки. Після занять всі <u>розходяться</u> **по** хатах.
на- 'to move over or upon'	pf: наїхати if: наїжджати	**на**	Ти чув, що вчора **на** нього <u>наїхала</u> машина? Він справді не вміє паркуватися – постійно <u>наїжджає</u> **на** тротуар.

2.4.2 Verbs of motion: Temporal

Multidirectional verbs can be used to create perfective verbs of motion with temporal meaning; in other words, various types of motion with respect to time or quantity and quality of movement. Note that these temporal perfectives can only be created from multidirectional verbs. Remember that these will always mean 'result / finished movement in time or in its entirety'. Note also that stress patterns of these temporals differ from stress patterns of some spatial verbs of motion, indicating different meanings.

MULTIDIRECTIONAL + PREFIX ⋯⟶ Perfective (temporal)

prefix	past	ходити 'by foot'	future	past	їздити 'by vehicle'	future
по- 'for a short while'	походив, походила	**походИти**	походжу, походиш, походять	поїздив, поїздила	**поЇздити**	поїжджу, поїздиш, поїздимо
про- 'for a long while'	проходив, проходила	**проходИти**	проходжу, проходиш, проходять	проїздив, проїздила	**проЇздити**	проїжджу, проїздиш, проїздимо
з/с- 'quick round trip'	сходив, сходила	**сходИти**	сходжу, сходиш, сходять	з'Їздив, з'Їздила	**з'Їздити**	з'Їжджу, з'Їздиш, з'Їздимо
на- 'covering distance, territory, mileage, etc.'	находив, находила	**находИти**	находжу, находиш, находять	наЇздив, наЇздила	**наЇздити**	наЇжджу, наЇздиш, наЇздимо
за- 'to begin movement'	заходив, заходила	**заходИти**	заходжу, заходиш, заходять	заЇздив, заЇздила	**заЇздити**	заЇжджу, заЇздиш, заЇздимо
об- 'to cover every object, place'	обходив, обходила	**обходИти**	обходжу, обходиш, обходять	об'Їздив, об'Їздила	**об'Їздити**	об'Їжджу, об'Їздиш, об'Їздимо

Usage of temporal verbs of motion, shown by examples:

Вчора ми трохи **походИли** по місту.	Yesterday, we walked around the city a bit.
Наші друзі **проходИли** цілий день по магазинах і нічого не купили.	Our friends spent an entire day shopping (walking around stores) and bought nothing.
Зараз я швидко **з'Їжджу** на базар і куплю все необхідне, а ти **сходИ** за хлібом.	I will now quickly go / drive to the market and buy everything necessary. You go get some bread.
Як мене болять ноги! Я напевно **находИв** яких двадцять кілометрів. До речі, під час нашої подорожі в Україну, ми без перебільшення **наЇздили** тисячі кілометрів.	Oh, my feet hurt so much! I probably walked about twenty kilometres. By the way, during our trip to Ukraine, we drove [covered territory] thousands of kilometres, without exaggeration.
Чому ти раптом **заходИла** по кімнаті? У тебе стрес?	Why did you suddenly begin walking / pacing around the room? Are you under stress?
Ми вже **обходИли** всі ресторани і бари в цьому місті.	We've already covered / visited / gone to all the restaurants and bars in this city.

3. **SOME SYNTACTIC CONSTRUCTIONS**

3.1 **RELATIVE CLAUSES**

In order to produce a connected text, either in speech or writing, use compound sentences that consist of connected simple sentences. For instance, you may connect two English sentences such as: '*Yesterday we were at a party. The party was well organized*' into one: '*Yesterday we were at a party, which was well organized*'. Your connected sentence now consists of a main clause and a relative clause. Similarly, in Ukrainian you would need to connect simple sentences into one. The most common ones are those connected by: **який (яка, яке, які), котрий (котра, котре, котрі), що, хто,** and they form relative clauses. Relative pronouns **який (яка, яке, які), котрий (котра, котре, котрі)** are declined as adjectives (see tables 1.2.5 and 1.2.6) and they mean 'that', 'which', or 'who/whom'; the pronominal forms **хто** and **що** also decline (refer to section 1.1). All of these connecting pronominal forms agree in gender and number with the antecedent to which they refer:

a) Вчора ми були на <u>вечірці</u>, **яка** була добре організована.

b) Ми завжди ходимо на <u>вечірки</u>, **які** добре організовані.

In sentence a), **яка** is used because its antecedent is <u>вечірка</u> which is a feminine singular noun. In sentence b), one would have to use **які** because of its antecedent <u>вечірки</u> being a plural noun.

The case of these relative pronouns is determined by the clause in which it is used. When you reverse the process to create two sentences out of a), you get:

c) Вчора ми були на <u>вечірці</u>. **Вечірка** була добре організована.

In the second sentence of c), **вечірка** is a subject used in Nominative case. Therefore, your relative pronoun would also have to be in the Nominative; thus **яка**.

Let's say you would like to connect the following two sentences:

Ти знаєш ту <u>дівчину</u>? Ми говорили **про дівчину** вчора.

First, you need to determine that the antecedent is <u>дівчина</u>, which is feminine singular; therefore some form of **яка** needs to be used. The second step is to determine in which case **дівчина** is used in the clause you need to convert: in this example, **про дівчину** is Accusative with preposition **про** (you need to keep the same preposition in your relative clause) and Accusative of pronoun **яка** is **яку**. Therefore, your final result is:

Ти знаєш <u>дівчину</u>, **про яку** ми говорили вчора?

Consider another example in which you need to connect two sentences into one with a relative clause:

Ми розмовляли зі <u>студентами</u>. **Студентів** не було на лекції.

These two sentences would yield: 'Ми розмовляли зі <u>студентами</u>, **яких** не було на лекції' because the antecedent is <u>студенти</u>, which is plural and the form **студентів** in the second sentence is Genitive; therefore, the Genitive plural form **яких** is used.

Pronominal forms **котрий, котра, котре, котрі** are used similarly (they do have a slightly different connotation of 'which=out of some / many others'):

У мене завтра <u>два важливі екзамени</u>. Мені потрібно скласти **ці два екзамени** на відмінно. ⋯⟩ У мене завтра <u>два важливі екзамени</u>, **котрі** мені потрібно скласти на відмінно.

The examples above are those with antecedents as nouns. When an antecedent is a pronoun (<u>все, всі, те, ті</u>), various case forms of **хто** and **що** are used (animate and inanimate, respectively):

Наша організація допомагає <u>всім</u>. Усі потребують допомоги. ⋯⟩ Наша організація допомагає <u>всім</u>, **хто** потребує допомоги.

Мої друзі зустрілися <u>зі всіма</u>. Ми не могли зустрітися **зі всіма**. ⤳ Мої друзі зустрілися <u>зі всіма</u>, **з ким** ми не могли зустрітися.

Перед іспитом ми забули <u>про все</u>. **Все** нам було потрібне. ⤳ Перед іспитом ми забули <u>про все</u>, **що** нам було потрібне.

Ми змогли знайти <u>те</u>. **Того** не було в Інтернеті. ⤳ Ми змогли знайти <u>те</u>, **чого** не було в Інтернеті.

3.2 SUBORDINATE CONSTRUCTIONS OF THE TYPE: ...*ПРО ТЕ, ЩО...***; ...***ПРИЧИНА В ТОМУ, ЩО...*

Another way to produce connected sentences is by way of the so-called subordinate clauses that contain a form of neutral pronoun **те** (in various cases). For instance:

Студенти говорили **про те**, <u>як</u> краще підготуватися до іспиту.

The English translation of this sentence would be: 'Students talked **about** <u>how</u> to prepare better for the exam.'

At first glance, the Ukrainian sentence is unproblematic; however, notice **про те**, <u>як</u>, whereas in English you only have '**about** <u>how</u>'. The difference here lies in the fact that in Ukrainian you need to have a form of **те** after a preposition (here **про**) because you need to have something that will take the case ending. The Ukrainian <u>як</u>, or for that matter the English 'how', or the entire clause, cannot be assigned any case endings; therefore, you need something to which you may attach the case ending. For this function, the neuter pronoun **те** 'that' is used and its case depends on its role in the sentence:

N Це **те**, що мені подобається.

G Я не боюся **того**, з ким він прийде додому.

   Він не може жити **без того**, щоб не випити кави зранку.

   Після того, як ми закінчимо заняття, можемо піти на пиво.

   Ми зустрілися **для того**, щоб обговорити це питання.

D Я дивуюся **тому**, що мало хто зі студентів їздить у Латинську Америку.

A Давайте поговоримо **про те**, як вийти зі скрутного становища.

   Я розумію **те**, що ви маєте на увазі.

L Ми зупинилися **на тому**, що всім все зрозуміло.

   Зрозумій, прошу, що причина **в тому**, як все спланувати.

I Вони зовсім не задоволені **тим**, як рухається ця справа.

To check whether you need to use the 'dummy' **те**, see whether you can insert the phrase 'the fact that / the fact how' into your English sentence. In other words, if you have a sentence such as 'I am surprised at how things are going', you may also produce 'I am surprised *at the fact* of how things are going'; if you can do this, then probably you need to use some form of **те** in your Ukrainian sentence: 'Я дивуюся **тому**, як ідуть справи'.

3.3 VERBAL ADVERBS

Verbal adverbs are used to form complex sentences that combine two different actions in two clauses. For instance, two sentences such as 'I was eating. At the same time I was thinking about calories' may be transformed into one: 'While eating, I was thinking about calories'.

Verbal adverbs are formed from verbs, either imperfective or perfective. Most commonly, the imperfective verbal adverbs are translated as: 'while working', 'while reading'; and perfective verbal adverbs that signal resulted action as: 'having finished work', 'having read', etc.

Imperfective verbal adverbs are used when events are simultaneous: 'while I was doing one thing, I was also doing something else'. In Ukrainian, sentences with imperfective verbal adverbs are similar to those with **коли** (+ imperfective verb), **в той час, як** or **під час того, як**:

Читаючи цю книжку, я думала про кохання.	У той час, як я читала цю книжку, я думала про кохання.
Співаючи в хорі, я покращив свої знання музики.	Під час того, як я співав у хорі, я покращив свої знання музики.
Говорячи про іспити, я завжди переживаю.	Коли я говорю про іспити, я завжди переживаю.

Perfective verbal adverbs are used when events are consecutive to one another: 'having finished one activity, I did something else'. In Ukrainian, sentences with perfective verbal adverbs are similar to those with **коли** (+ perfective verb) or **після того, як**:

Прочитавши статтю, він пішов на прогулянку.	Після того, як він прочитав статтю, він пішов на прогулянку.
Забувши про домашнє завдання, студенти пішли на пиво.	Коли студенти забули про домашнє завдання, вони пішли на пиво.

Note that you could form sentences with verbal adverbs (as in examples in the left columns) only if the subject in both clauses is the same: 'While [I was] doing homework, I was thinking about a vacation'. Sentences with different subjects in two clauses, such as 'When I was doing homework, Peter was thinking about a vacation' cannot be transformed into those with verbal adverbs.

You have probably already encountered some commonly used verbal adverbs in Ukrainian in constructions similar to:

Говорячи про роботу, коли вже ти до неї візьмешся? '<u>Speaking of</u> work, when are you finally going to get to it?'

Українські відмінки складні, **не говорячи** вже про дієприслівники. 'Ukrainian cases are difficult, <u>to say nothing of</u> verbal adverbs'.

Formation of verbal adverbs:

The easiest way to form *imperfective* verbal adverbs is to take the **вони**, the third person plural form in the present tense: **читають, говорять,** then drop the **-ть** part and add **-чи**. Thus, **читаю+чи, говоря+чи.**

The easiest way to form *perfective* verbal adverbs is to take masculine past tense of a perfective verb: **прочитав, вимив, вибіг** and add **-ши**. Thus, **прочитав+ши, вимив+ши, вибіг+ши.**

3.4 CONDITIONAL MOOD

The conditional mood in Ukrainian is expressed with the help of two particles, **якщо** and **якби**. Both of these translate into 'if' in English; however, they are used to express different conditional constructions in Ukrainian.

Possible, realizable conditions:

The particle **якщо** is used for the so-called 'realizable condition'; that is, the condition described might actually happen:

Якщо ми успішно закінчимо семестр, ми поїдемо в гори. 'If we successfully finish the semester, we will go to the mountains'.

In this conditional sentence, the reference is to a future possibility. In English, 'if we finish' is in the present tense; however, in Ukrainian, all references to future events require the use of the future tense: **закінчимо** 'will finish'.

In order to express possible, realizable conditions, both perfective and imperfective verbs may be used:

perfective: Ми зможемо добре наїстися, якщо <u>підемо</u> в ресторан.

imperfective: Якщо <u>будете в</u> Києві, зайдіть до нас.

The particle **якщо** may also be used with the infinitive. Such sentences convey the question as to whether or not to undertake a course of action:

Якщо вже це <u>робити</u>, то вже до самого кінця. 'If you are doing this work, then follow it through to the end'.

Impossible, unrealizable conditions:

The particle **якби** is used for the so-called 'unrealizable condition'; that is, the condition described did not / does not / will not happen, or is unreal and contrary to fact (normally, you could finish such sentences with 'but it did not / will not happen'):

Якби ми успішно закінчили семест, ми **б** поїхали в гори (але не поїхали).

Notice that in constructions with **якби**, past tense verbs are used in both clauses **закінчили** and **поїхали**. Although structurally the past tense is used in both clauses, the meaning may be either past, present or future, depending on the context in which the conditional is used (you may use either perfective or imperfective verbs, depending on your intentions):

reference to past: **Якби** минулого літа було менше дощів, ми **би** більше часу проводили поза містом.

reference to present: **Якби** ти зараз мав зі собою словник, ми **б** могли працювати над домашнім завданням.

reference to future: **Якби** ти завтра дописав статтю, ми **б** могли поїхати на шашлики, але ти зайнятий.

The second clause, as you can see from examples, requires the conditional particle **б(и)**, which may be placed in various positions in the conditional sentence, but normally closer to the verb:

Якби вчора була добра погода, ми **б** грали в теніс.

Якби вчора була добра погода, ми грали **би** в теніс.

Avoid confusing the English 'if' and 'whether':

In English, 'if' and 'whether' are often used synonymously. For instance: 'Do you know <u>if</u> she could do this by tomorrow?' In this sentence, the 'if' is not conditional, but rather means 'whether': 'Do you know <u>whether</u> she could do this by tomorrow?' In such instances, you should use neither *якщо* nor *якби*, but **чи**:

Ти не знаєш, **чи** вона може це зробити до завтра? 'Do you know if = whether she could do this by tomorrow?'

Я не впевнена, **чи** з цього щось можна зробити. 'I am not sure if = whether anything could be made out of this.'

Therefore, if you mean 'whether', use **чи**!

3.5 CONSTRUCTIONS OF THE TYPE 'MY FRIEND AND I'

Constructions of the type 'My friend and I' or 'My parents and I' require special structures in Ukrainian:

Ми з друзями вчора були на вечірці. 'Yesterday, my friends and I were at a party'.

Ми з батьками їздили в Крим. 'My parents and I went to Crimea'.

Ми з сестрою поїдемо на відпочинок. 'My sister and I will go on vacation'.

Ми з ним добре розуміємося. 'He and I understand each other well'.

Нам з братом не подобається ходити в ресторани. 'My brother and I don't like to go to restaurants'.

Вони це купили **для нас** з чоловіком. 'They bought this for my husband and me'.

In Ukrainian, the inclusive **ми** 'we' (in various cases combined with the preposition **з**+Instrumental) is used instead of an individual 'I'. In Ukrainian, in such constructions the emphasis is on 'together': 'I' and 'someone else' did / do / will do something 'together'.

3.6 CONSTRUCTIONS WITH *ЩЕ* AND *ВЖЕ*

In negative constructions, the Ukrainian **ще** means 'yet', while in positive sentences it translates as 'still':

past	Ми **ще** цього не зробили.	We have not done this <u>yet</u>.
present	Ми **ще** цього не робимо.	We are not doing this <u>yet</u>.
future	Ми **ще** цього не зробимо.	We will not do this <u>yet</u>.
present	Ми **ще** це робимо.	We are <u>still</u> doing this.
future	Ми **ще** це зробимо.	We will <u>still / also</u> do this.

In positive constructions, the Ukrainian **вже** means 'already' and in negative sentences it translates as 'anymore':

past	Ми **вже** це зробили.	We have done this <u>already</u>.
present	Ми **вже** це робимо.	We are doing this <u>already</u>.
future	Ми **вже** це зробимо.	We will do this <u>already</u>.
present	Ми **вже** цього не робимо.	We are not doing this <u>anymore</u>.
future	Ми **вже** цього не зробимо.	We will not do this <u>anymore</u>.

3.7 TIME EXPRESSIONS

3.7.1 Clock time and dates

Clock time:

The English expression 'What time is it?' is rendered in Ukrainian by **Котра година?** The English 'At what time...?' is rendered in Ukrainian by **О котрій годині?** When stating time, English uses the expressions 'a.m.' and 'p.m.'. In Ukrainian, the time is clarified by adding **ранку, дня, вечора, ночі: Зараз сьома година ранку.** The approximate distribution of these periods is:

4:00 a.m. – 11:59 a.m.   ранку

12:00 p.m. – 4:59 p.m.   дня

5:00 p.m. – 11:59 p.m.   вечора

12:00 a.m. – північ

12:01 a.m. – 3:59 a.m.   ночі

Note that in English, for the period of 5:00 p.m. until midnight, it is common to use 'night': 'at seven o'clock <u>at night</u>'. In Ukrainian, **вечора** is used: **о сьомій годині вечора.**

Time	Котра година?	О котрій годині?
4:00	Зараз четверта година.	О четвертій годині.
2:15	Зараз п'ятнадцять по другій / чверть по другій / чверть на третю.	О п'ятнадцять по другій. / О чверть по другій. / О чверть на третю.
3:30	Зараз третя тридцять / пів на четверту.	О третій тридцять. / О пів на четверту.
6:45	Зараз за п'ятнадцять сьома / за чверть сьома.	*За п'ятнадцять сьома. / За чверть сьома.
12:00 a.m.	Зараз північ.	**Опівночі.
12:00 p.m.	Зараз дванадцята дня.	О дванадцятій дня.

*In expressions of 'between the half hour and the hour', in constructions 'at what time', the preposition **o** is omitted.

О четвертій він за мною зайшов, і ми вийшли _ **за десять п'ята**.

** 'At midnight', **опівночі**, is written together.

Approximate time:

When discussing approximate time, '...ish', in Ukrainian the preposition **коло** plus the Genitive of **перша, друга**, etc. is used: **коло другої, коло десятої**. In addition, a reversed word order contributes to the meaning of approximateness (...ish!): **о годині п'ятій.** When expressing approximate time between hours, then the following are common: **коло пів на третю, коло чверть на десяту.**

Deadlines:

When stating that something must be completed by a certain time, the preposition **до** plus the Genitive of **перша, друга**, etc. is used: **до другої дня.** When the deadline falls between hours, then the following are used: **до пів на третю, до чверть на десяту.**

'From...to':

Such constructions are expressed by the preposition **з** or **від** followed by the Genitive and then **до** also followed by the Genitive: **з другої до п'ятої, від першої до третьої.** When times fall between hours, then the following are common with double prepositions, but without case endings: **від за десять шоста до двадцять по десятій.**

'After':

To express the time 'after', the preposition **після** plus the Genitive of **перша, друга**, etc. is used: **після другої, після третьої, після одинадцятої.** When expressing time between hours, then the following are used: **після пів на другу, після за десять перша.**

'When' during the day:

If the hour is not specified, but the question is a general 'when', the following expressions are used: **зранку, до обіду, після обіду, пополудні, вдень, ввечері,** and **вночі.**

Dates:

When asking 'What is today's date?' or 'What day is it today?', the Ukrainian constructions **Який сьогодні день? Яке сьогодні число?** and **Яка сьогодні дата?** are used. The answer is in the <u>Nominative of the day and/or Nominative of ordinal numeral</u> followed by the *Genitive* of the month: Сьогодні <u>понеділок, шосте</u> *липня*.

When asking when something occurred or will occur, the questions are: **Коли? Якого числа? Якого тижня? В якому місяці?** and **В якому році?**

The answers vary:

When			Коли:
on which day:	В який день?	в / у+Accusative	у понеділок, у суботу
when=which week	Якого тижня?	Genitive	цього (минулого, наступного) тижня
when=which month	Якого місяця?	Genitive	цього (минулого, наступного) місяця
when=which year	Якого року? В якому році?	Genitive, or в / у+Locative	цього (минулого, наступного) року, у цьому (минулому, наступному) році
when=which season	Якої пори року?	Genitive	цього літа, цієї зими (весни, осени)
when=in which month	В якому місяці?	в / у+Locative	у січні, в червні, у вересні, в лютому
when=in which year	В якому році?	в / у+Locative	у тисяча дев'ятсот дев'ятдесят сьомому році, в дві тисячі десятому році
when=in which century	В якому столітті?	в / у+Locative	у двадцятому столітті
when=exact date	Коли точно?	Genitive	двадцять п'ятого січня, третього травня, дві тисячі восьмого року
when=season	В якій порі року?	[these are adverbs]	взимку (зимою), навесні (весною), влітку (літом), восени
ago	Як давно тому?	[expression]	два тижні тому
every	Як часто?	що+[Genitive]	щоранку, щодня, щороку, щотижня

To summarize the most important points, the following chart may help:

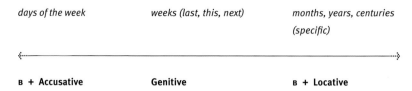

days of the week	weeks (last, this, next)	months, years, centuries (specific)
в + Accusative	Genitive	в + Locative

3.7.2 Time expressions of duration and relating events to time

In these time expressions, verbal aspect, perfective and imperfective, is important.

Duration:

When expressing duration ('for how long'), an imperfective verb is used and the time phrase is in the Accusative <u>without any prepositions</u>!!! (note that in English, the preposition 'for' is used):

Вона живе в Канаді вже **п'ять років**. 'She has been living in Canada <u>for</u> five years already'.

Я вчуся **три місяці**. 'I have been studying <u>for</u> three months'.

'How long it took to accomplish / finish something':

In constructions stressing the time required to complete an action, a perfective verb is used, as well as the preposition **за + Accusative** of the time expression:

Я прочитала газету **за двадцять хвилин**. 'I read the newspaper in twenty minutes' [it took me twenty minutes to finish reading the paper].

Ми доїхали до університету **за півгодини**. 'We got to the University in half an hour' [it took us half an hour to get to the University].

'In', after a specified time elapses:

If the event takes place after a specific amount of time has elapsed, prepositions **за** or **через + Accusative** of the time expression are used (note that the verb may be either perfective or imperfective):

Ми полетимо до Фінляндії **за три місяці**. 'We will fly to Finland in three months' time'.

Вони будуть читати **через вісім хвилин**. 'They will be reading in eight minutes'.

'For how long' something is in effect:

If an event has consequences that remain in effect for a specific period of time, the preposition **на + Accusative** of the time expression is used (note that the verb may be either perfective or imperfective, although perfectives are more common):

Ми поїдемо до Франції **на два тижні** (на рік, на місяць). 'We will go to France for two weeks (for a year, month)'.

Ми щодня заходимо до Петра **на півгодини** (на півтори години). 'Every day we stop by Peter's place for half an hour (for one hour and a half)'.

Я запам'ятаю це **на все життя**. 'I will remember this for my entire life'.

3.8 RENDERING OF ENGLISH PREPOSITION 'FOR' IN VARIOUS UKRAINIAN CONTEXTS

Take a look at the eleven English sentences below. Notice that each of them contains the preposition 'for'. When you think about the meaning of these constructions and the context in which you would use them, you will notice that 'for' has very different meanings in all of these sentences.

1. She baked a cake especially *for me*.

2. I bought a nice present *for you*.

3. I'd do anything *for a cup* of hot chocolate.

4. We can buy this trip *for 300 dollars*.

5. I root *for our team*.

6. Can't you do this by yourself? I am tired of doing all of this *for you*.

7. Which exercises do we need to do *for homework*?

8. I received a stipend *for two semesters* and will go to Ukraine *for six months*.

9. Take one cup of butter *for one cup* of milk.

10. Before the exam we studied *for three days*.

11. She went to the store *for beer*.

Genitive	to indicate intended recepient, 'for' someone who will benefit from... ('especially for you / someone')	для + G	1. Вона спекла торт спеціально **для мене**.
Dative	to indicate intended recipient, 'for' someone who will benefit from...	*no preposition* + D	2. Я **тобі** купила гарний подарунок.
Accusative	'one thing for another'	за + A	3. Я все зроблю **за горнятко** горячого шоколаду. Прийміть мій подарунок і подяку **за Вашу працю**. Ти **за це** дістанеш.
	price, 'to buy for...'	за + A	4. Путівку можна купити **за триста** доларів. Тільки тут можна купити комп'ютер **за цю ціну**.
	'to root for'	за + A	5. Я вболіваю **за нашу команду**.
	when 'for' is used in the meaning of 'instead', 'in place of'	за + A	6. Хіба ти цього сам не можеш зробити? Мені набридло все робити **за тебе**. Я не можу думати **за неї**.
	when 'for' is used in the meaning of 'towards something' or 'toward a particular goal / occasion / purpose'	на + A	7. Які вправи потрібно зробити **на домашнє завдання**? Які у вас плани **на завтра**? Давай підемо **на гарну вечерю**. Візьми канапку **на дорогу**.
	when 'for' is used in the meaning of 'toward a specific period of time', 'for how long something is in effect'	на + A	8. Я отримала стипендію **на два семестри** і поїду в Україну **на шість місяців**.
	when 'for' is used for proportions	на + A	9. Візьми одне горнятко масла **на одне горнятко** молока.
	when 'for' is used for duration of time (imperfective verb)	*no preposition* + A	10. Перед іспитом ми вчилися **три дні**.
Instrumental	when 'for' is used in the context 'in order to get someone / something'	за + I	11. Вона пішла в магазин **за пивом**. Ввечері ми поїхали спочатку **за Петром**, а потім **за Галею**.

In English, the preposition 'for' is also used in various set constructions. These have to be memorized:

'*to look for*', '*search for*': Він шукає **свого песика**, or Він шукає **за своїм песиком**.

'*to have cravings for*', 'I would die for (something)': Я <u>вмираю</u> **за шоколадом**, or Я <u>би так зараз з'їла</u> шоколаду.

'*care for some* (milk in your coffee)?': Ти <u>б хотів</u> молока до своєї кави?

'*for some time*': Я вже <u>якийсь час</u> готуюся до іспитів.

'*for centuries / months / weeks*': Люди про ці події вже думали <u>століттями / місяцями / тижнями</u>.

'*for example*': <u>Наприклад</u>, подивіться на цю картину.

4. PUNCTUATION

Ukrainian uses the same punctuation marks as English (see table of grammatical terms at the beginning of Appendix IV). However, there are some differences in their use.

The period [.] marks the end of a declaratory sentence:

Поки мені все зрозуміло.

The question mark [?] is used at the end of interrogative sentences or in sentences that convey the author's doubt:
Невже цього ніяк не можна зробити?

The exclamation mark [!] is used

▸ in imperative sentences:
Зроби це одразу!

▸ for exclamations:
О, молодість моя!

▸ for poetic address:
Україно моя!

The comma [,] is used

▸ to separate equivalent parts of a simple sentence that are not joined by a conjunction:
У нас іспити завтра, післязавтра і наступного тижня. (Note that there is no comma before **і**, as there would be in English.)

▸ between parts of a sentence that are joined with two or more identical conjunctions such as:

і..., і
ні..., ні
або..., або
то..., то
чи..., чи

or with conjunctions of the types:

не тільки..., але і/також
не так..., як
хоч..., але
не стільки..., скільки

І він, і вона вчаться в університеті. В Україні ми не тільки знайомилися з культурою, але і вчили мову.

- between parts of a sentence that are joined by conjunctions **а, ніж**:
  Мій брат вчиться на першому курсі, а я на третьому.

- when the second part of a sentence adds new information, before conjunctions **а також, і також, ще й, та й, та ще**:
  Я слухаю курси мови, а також літератури.

- when the second part of a sentence explains in detail the meaning of the first part, before conjunctions **а саме, тобто, або=тобто, як-от, як**:
  Сьогодні ми обговорювали українську музику, а саме український рок.

- after an address:
  Оксано, давай підемо на оперу.

- after exclamatory words:
  Ой, як мені не легко це все зрозуміти.

- after affirmative or negative words such as **так, гаразд, аякже, авжеж**, and **ні**:
  Гаразд, я це зможу зробити.

- before and after words or phrases inserted into a sentence (these will not change the main meaning of a sentence):
  Сьогодні, наприклад, ми зможемо поговорити про джаз, але, як Ви розумієте, всього ми не зможемо обговорити.

- before expressions of comparison such as **як, немов, ніби, неначе**, and **ніж**:
  Сьогодні так гарно надворі, неначе наступила весна.

- in complex sentences separating a clause with a verbal adverb:
  Прочитавши цю книжку, я зможу зрозуміти український гопак.

- in complex sentences to separate main and relative or subordinate clauses:
  Ми говорили про професора, який дає нам мало домашнього завдання. Чому ти не говориш про те, як ми вчора забавлялися?

- NO COMMA after time expressions at the beginning of a sentence:
  Вчора ввечері ми ходили на дуже цікаву вечерю. (Note in English: Last night, we went to a very interesting dinner.)

The semicolon [;] is much less common in Ukrainian than in English. In Ukrainian, you would either use a comma or start a new sentence:

I try to study hard; nevertheless, my marks are not that high.

'Я намагаюся серйозно вчитися, але мої оцінки не такі високі', or 'Я намагаюся серйозно вчитися. Але все ж таки мої оцінки не такі високі'.

If used, the semicolon in Ukrainian connects parts of a sentence that are very distant in meaning and usually those parts of a sentence already have some punctuation marks:

Університет – місце, де я проводжу більшість свого часу; я тут і вдень, і ввечері багато вчуся, щоб дістати диплом з відзнакою.

The colon [:] is common in Ukrainian and is used similarly to English. Most commonly it is used after some generalizing word prior to a list of items:

В новому супермаркеті можна купити все: овочі, фрукти, готові салати і все інше необхідне.

The ellipsis [...], as in English, indicates incompleteness, an interrupted thought, or an unfinished sentence. Ellipses are also used for omissions in quotations:

Під час канікул ми робили багато чого цікавого...

Як говорить автор: «Студентський досвід... незамінний».

Quotation marks [«»] are used in the same way as English. One important mechanical difference is that in handwriting, in Ukrainian, the opening quotation mark is written on the bottom line facing left and the closing mark is on the top right corner of the last letter: „...". In printed format, Ukrainian quotation marks are the following: «...»

The dash [—] in Ukrainian

▶ replaces the verb 'to be' in the present tense:
Київ — столиця України.

▶ replaces the predicate:
Я тішуся їхніми досягненнями, а вони — моїми.

▶ before an object, if an object is in the Nominative case or in the form of the infinitive and is preceded by **це, оце, то, значить, все це**:
Бути студентом — це постійне випробовування. Приймати участь у студентських огранізаціях — значить жити повноцінним студентським життям.

▶ after a list, when a list is placed in the middle of a sentence:
Усі навколо мене: і батьки, і друзі, і сестра — намагаються мені допомогти.

Parentheses [()] are used similarly to English; that is, for enclosed words or sentences inserted in a text for amplification, for explanations of new, little known or foreign words, and in citations for placing the author's or source name at the end of a quotation:

«Українська фентезі (або, як раніше казали, фантастика) набуває все більшої популярності» (як пише газета «Україна молода»).

Додаток V

The chart below provides some of the most important differences between the Kharkiv Orthographic Standard and the orthographic conventions prevalent in contemporary Ukraine. The former is still used among many communities in the Western Diaspora, especially North America, Germany, and France, and has been adopted by some scholarly publications in Ukraine, including the prominent journal *Krytyka*. The latter conventions predominate among communities in the Eastern Diaspora (e.g., Poland, Slovakia, former USSR) and are prevalent among Ukrainian citizens and the popular media in Ukraine.

Kharkiv Orthogrphaphic Standard (1928–29)	Orthographic Conventions prevalent in Ukraine today
Letter **г̒** is common, when rendering Latin-script **'g'**: **ґатунок, ґвинт, ґрант, манґо, морґ**	Letter **г̒** is used rarely: **гатунок, гвинт, грант, манго, морг** but **ґрунт, ґанок, аґрус**
Soft endings of some adjectives, e.g.: **західній, східній, народній**	Hard endings of some adjectives, e.g.: **західний, східний, народний**
Ending **–и** in Genitive singular of the 3rd declension consonant-stem feminine nouns with stems ending in two consonants, the nouns кров, любов, осінь, Русь, Білорусь, and сіль, as well as some neuter nouns of the **–ен** subgroup: **радости, любови, імени, племени, тімени, вимени** **Note:** 3rd declension nouns ending in a single consonant take the **–i** ending in all editions of the *Український правопис*: **печі, ночі**	Ending **–i** in Genitive singular of the 3rd declension consonant-stem feminine nouns with stems ending in two consonants, the nouns кров, любов, осінь, Русь, Білорусь, and сіль, as well as some neuter nouns of the **–ен** subgroup: **радості, любові, імені, племені, тімені, вимені** However, ending **–и** has been kept in the -ат-subgroup of the neuter nouns: **теляти**
Ending **-у** in Genitive case of non-Ukrainian place names such as **Берліну, Парижу, Лондону** unlike the **–а** ending in Genitive case of Ukrainian place names: **Києва, Львова.**	Ending **-а** in Genitive case of (most) non-Ukrainian and Ukrainian place names: **Берліна, Парижа, Лондона** as in: **Києва, Львова.**

Endings **-ові, -еві, -єві** in Dative case masculine animate nouns and some neuter nouns: **братові, сторожеві, краєві, військові**	Endings **-ові, -еві, -єві**, as well as **-у, -ю**, in Dative case masculine and some neuter nouns: **братові, сторожеві, краєві, військові** and **брату, сторожу, краю, війську**
Initial Greek 'epsilon' as **е-:** **Европа, Евген**	Initial Greek 'epsilon' as **є-:** **Європа, Євген**
Greek 'theta' as **-т-:** **Атени, ортографія**	Greek 'theta' as **-ф-:** **Афіни, орфографія** [But: **теологія, ортодоксія**]
Latin or English 'h' as **г:** **Гельсінкі, Гаммер, Гемінґвей**	Latin or English 'h' as **х:** **Хельсінкі, Хаммер, Хемінгвей** [But: **гуни, готель**]
With the exception of all foreign words with –io-, for instance *радіо, біологія, патріот*, no two vowels may be spelled together without the mediation of a 'йот'. Thus, foreign 'ia' as **–ія**, 'iu' as **–ію**: **варіянт, комедіянт, колоніяльний, тріюмф**	Foreign 'ia' as **–ia**, 'iu' as **–iy**: **варіант, комедіант, колоніальний, тріумф** However, there are inconsistencies: **колоніальний** but **колонія, матеріалізм** but **матерія**
Foreign vowel + semivowel (descending diphthong) 'au' as **–ав:** **авдиторія, авдієнція**	Foreign vowel + semivowel (descending diphthong) 'au' as **–ау:** **аудиторія, аудієнція** However, there are inconsistencies: **автор, автомат, автохтон, Австралія**
Greek diphthong 'eu' (epsilon + upsilon) as **–ев:** **евфорія, невтральний, неврологія**	Greek diphthong 'eu' (epsilon + upsilon) as **–ей:** **ейфорія, нейтральний, нейрологія** However, there are inconsistencies: **евкаліпт, евристика, Євангеліє, Євпаторія, невропатолог**
German diphthong –ei as **-ай:** **Айнштайн, капельмайстер**	German diphthong –ei as **-ей:** **Ейнштейн, капельмейстер**
Soft **–л-:** **лямпа, кляса**	Hard **–л-:** **лампа, клас**
Feminine nouns: **генеза, метода, кляса, роля, спіраля**	Masculine nouns (or feminine consonant stem): **генезис, метод, клас (роль, спіраль)**
Greek long 'eta' as **–е:** **хемія, амнестія**	Greek long 'eta' as **–і:** **хімія, амністія**
Epenthetic **–е-:** **міністер, циліндер, Олександер, театер**	No epenthetic **–е-:** **міністр, циліндр, Олександр, театр**
Foreign words ending in **–о** decline: **кіно - без кіна, Торонто - з Торонта**	Foreign words ending in **–о** do not decline: **кіно - без кіно, Торонто - з Торонто**

Note: According to the Проєкт *"Український правопис"* (*Ukrainian Orthography* Project) of 1999, the rule about initial **ін-, ір-** in native words was modified to allow **инший, инакше, иржа, ирій**. Some publishers in Ukraine, notably "Свічадо" (Svichado), follow this convention.

Ukrainian-English Glossary

This glossary offers students a selective list of words found in *Ukrainian Through its Living Culture*, accompanied by their English equivalents. Due to space limitations, basic Ukrainian vocabulary is not included. For the same reason, not all words possessing the same root are listed. In most instances, verbs are listed as imperfective/perfective pairs with one perfective variant that is considered either basic or most common. Verbs that are used mainly as imperfectives, or as perfectives only, are presented in one form. Sparing reference is made to verbs ending in –ся; these are listed only when possessing a distinct meaning from that of the root verb. Gender (feminine, masculine or neuter) is marked only for those nouns that lack some common or easily discernable indicators of grammatical gender.

Abbreviations

abbrev.	abbreviation
adv.	adverb
arch.	archaic
coll.	colloquial
dim.	diminutive
f.	feminine
impf.	imperfective
impers.	impersonal
int.	interjection
n.	neuter
pf.	perfective
pl.	plural
sl.	slang

А

абітурієнт	prospective university student, applicant (*to the higher education institution*)
абонемент	subscription, (*monthly or seasonal*) pass
абстраговуватися, абстрагуватися	to separate, withdraw (*from reality*)
автовідповідач	answering machine
автозаправна станція, автозаправка (*coll.*), заправка (*coll.*)	gas station
авторитет	prestige, authority
автостоп	hitchhiking
агентство	agency
адаптовуватися, адаптуватися	to adapt
азартна гра	gambling (*game*)
актуальний	relevant for today
акція	promotional/marketing event
альтернатива	alternative music
альтруїст	altruist
анкета	application form; questionnaire
ансамбль	ensemble, band
антена	antenna
апеляція	appeal
аранжування (*n.*)	musical arrangement, adaptation of a musical composition
архаїчний	archaic
атмосфера	atmosphere
аудіокасета	audio cassette
афіша	playbill

Б

багажник (*coll.*)	trunk (*of a car*)
багатий	rich, wealthy
багатолюдно (*adv.*)	crowded
бадьорість (*f.*)	vivacity, briskness
бадьоро (*adv.*)	cheerfully, briskly
бажання (*n.*)	wish, desire, will
бажано (*impers.*)	it is desirable
бажати, побажати	to wish, desire
базар	farmer's market
базований	based on
байдарка	kayak
байдуже (*кому*) (*adv.*)	someone doesn't care

байдужий	indifferent
бак	gas tank
бакалавр	bachelor (*degree*), baccalaureate
балакучий	talkative
балачки (*pl.*)	babble, idle talk
басейн	pool
беззмістовний	senseless
безкомпромісний	uncompromising
безкоштовний	free (*of cost*)
безліч (*f.*)	multitude, great number
безмежний	endless, vast
безпека	safety, security
безпечний	safe, secure
безпосередній	immediate, direct
безсоромний	shameless
безсумнівно (*adv.*)	doubtlessly
безтурботний	carefree
безумовно (*adv.*)	absolutely, without a doubt
берегти, зберегти	to take care of, look after, protect, keep
берегтися (*impf.*)	to keep oneself safe, take care of oneself, guard oneself against
береза	birch (*tree*)
бесіда	conversation
бити, побити	to kick, beat, strike
бібліотека	library
біг	running
бігти, побігти	to run
біда	misfortune, misery, distress, calamity
бідний	poor
бій	fight
бік	side
білизна	underwear
білки (*pl.*)	protein
більшість (*f.*)	majority
більш-менш (*adv.*)	more or less
більярд	billiards, pool (*game*)
близькість (*f.*)	closeness, proximity
близько (*adv.*)	close, near
блискавка	lightning
блискучий	shiny
блищати, заблищати	to shine
бодай (*int.*)	*here:* at least

боєць	fighter
бойовий	martial
бомонд	crème de la crème, elite
боротися, поборотися	to wrestle, compete
боротьба	wrestling, fight
босоніжки (*pl.*)	sandals (*for women*)
боятися, побоятися	to fear, be afraid of
бракувати, забракувати	to lack, miss, be short of
брати, взяти (*участь*)	to take part, participate
братися, взятися	to begin doing something
брехун	liar
брови (*pl.*)	eyebrows
брудний	dirty, filthy
бувальщина	past (*olden*) times
бувати, побувати	to visit
будівництво	construction
будні (*pl.*)	weekdays
буквально (*adv.*)	literally
буклет	booklet
бурхливо (*adv.*)	vibrantly

В

вага	weight
вагатися, завагатися	to hesitate
вада	shortcoming, drawback
вантажний ліфт	service elevator
вартість (*f.*)	cost
вбивати, вбити	to kill
вболівати, повболівати	to root for
вважати	to consider, believe
вдаватися, вдатися	to turn to, get into
вдалий	successful
вдача	character, nature, disposition
вдосконалювати, вдосконалити	to improve, perfect
ведучий	anchorman
вежа	tower
везіння (*n.*)	luck
великодушний	generous, magnanimous
велотренажер	exercise bike
верства (*населення*)	(*population*) strata
вершина	peak, summit
вживати, вжити	to use
взаєморозуміння (*n.*)	mutual understanding
взнавати, взнати	to learn, find out

взувати, взути	to put on shoes
взуття (*n.*)	footwear
взяти *pf. of* брати	to take
вибирати, вибрати	to choose
вибір	choice
вибухати, вибухнути	to burst out, explode, outburst
вигадувати, вигадати	to invent, imagine, create
виглядати (*impf.*)	to look, have a particular appearance
вигода	benefit
вигравати, виграти	to win
видавати, видати	to release (*e.g., a music album*), publish, hand out
видання (*n.*)	publication
виділяти, виділити	to allocate (*e.g., money*), mark (*e.g., text*)
видовище	spectacle, show
визволяти, визволити	to free (*from captivity*)
визнавати, визнати	to admit, recognize
визначати, визначити	to determine
викликАти, вИкликати	to give rise to, call up, evoke
виключати, виключити	to turn off, switch off; exclude, expel
виконавець	performer
виконувати, виконати	to carry out, execute, perform
використовувати, використати	to use
вимагати (*impf.*)	to require, demand
вимір	dimension
вимога	requirement
вимогливий	demanding, particular (*about something*)
вина	fault
винаймати, винайняти	to rent
виникати, виникнути	to appear, occur
випадок	case, occurrence, accident
випікати, випекти	to bake
виповнювати, виповнити	to fill out (*e.g., a form*)
випробовувати, випробувати	to test
випускник	graduate
вираз	expression, phrase
вирішення (*n.*)	resolution
виробник	producer, manufacturer
вирушати, вирушити (*у подорож*)	to set out (*on a trip*)
висилати, вислати	to send, mail
висіти на шиї у когось (*sl.*)	to live off somebody

вискакувати, вискочити	to jump out
висловлювати, висловити	to express
виснажувати, виснажити	to exhaust, wear out
висновок	conclusion
висота	height, altitude
вистава	play
вистачати, вистачити	to suffice
виступати, виступити	to perform; compete (*about sports*)
висувати, висунути	to put forward, suggest
витрачати, витратити	to spend
виховання (*n.*)	upbringing, education
вишуканий	exquisite
виявлятися, виявитися	to turn out
відбуватися, відбутися	to take place, happen
відвага	bravery, courage
відважний	brave, courageous
відвідувати, відвідати	to visit
відділення (*n.*)	department; compartment
віддячувати, віддячити	to thank, express gratitude
відзначати, відзначити	to celebrate, mark
відзначатися, відзначитися	to be notable for, distinguish oneself
відкритість (*f.*)	openness
відкриття (n.)	opening; discovery
відлюдькуватий	estranged, alienated
відмінний	great, excellent
відмовлятися, відмовитися	to refuse
відносини	relations
відношення (*n.*)	attitude
відрізнятися, відрізнитися	to differ
відродження (*n.*)	renewal, rebirth, renaissance
відростати, відрости	to grow long
відрядження (*n.*)	business trip
відсоток	percent
відставати, відстати	to fall behind
відстань (*f.*)	distance
відстежувати, відстежити	to monitor, keep track of
відсутність (*f.*)	absence, lack
відтінок	shade
відчувати, відчути	to sense, feel
відчуття (*n.*)	sensation, feeling
війна	war
військовий	military

вірити, повірити	to believe
вірний	loyal, faithful
вірність (*f.*)	loyalty, faithfulness
вірш	poem, verse
вітання (*n.*)	greeting, congratulation
вітати, привітати	to greet, congratulate
вішак	coat hanger
включати, включити	to turn on, switch on
влада	power
власний	own
власність (*f.*)	ownership, property
влаштовувати, влаштувати	to suit somebody; arrange; organize
вміння (*n.*)	ability, capability, skill
вміти, зуміти	to be able, be capable
внутрішній	internal; domestic
водій	driver
водоспад	waterfall
володар	owner, ruler
володіти (*impf.*)	to possess (*skills*); own, rule
воля	will, desire; freedom
ворог	enemy
ворожити, поворожити	to tell fortunes
ворота (*pl.*)	goal zone (*in sports*)
воротар	goalkeeper
впевнений	confident
вражати, вразити	to impress
враження (*n.*)	impression
вразливий	sensitive, susceptible
враховувати, врахувати	to consider, allow for
врівноважений	even-tempered
врода	beauty
встановлювати, встановити	to determine; set a record
встигати, встигнути	to manage; be on time
вступати, вступити	to enter (*university, college*)
вступні іспити (*pl.*)	entrance exams
втікати, втекти	to run away, flee
втілювати, втілити	to realize, fulfill
втрачати, втратити	to lose
вузол	knot
вузький	narrow
вчинок	deed, act

г

гадати (*impf.*)	to think, mean, suppose
галас	noise, uproar, bustle
галузь (*f.*)	field, area, branch
гальма (*pl.*)	brakes
гаманець	wallet
гамірний	noisy
ганятися, поганятися	to run after, chase
гарнір	garnish, side dish
гасло	slogan, motto
гаяти, згаяти	to waste
гідний	worthy
гідність (*f.*)	dignity
глибокий	deep, profound
глухий	deaf
глядач	viewer, spectator
гнів	anger
година	hour
годувальник	provider
головний	main, chief
голодний	hungry
голос	voice
гора	mountain
гордий	proud
горе	misfortune, sorrow, grief, misery
гостинний	hospitable
гостювати, погостювати	to visit, be a guest
гравець	player
гребінь	comb
грива	mane
гріти, зігріти	to warm up, heat up
громадянин	citizen
грошовий	monetary
гурт	band, group
гуртожиток	dormitory
густий	thick

ґ

ґрунтова дорога	dirt road

д

давнина	the past, good old times
давній	past, ancient, old
далекий	far, distant, remote

дарувати, подарувати	to give a gift
датчик	sensor
дах	roof
дбати, подбати	to care, take care of
двір	yard
девіз	slogan, motto
дерев'яний	wooden
державний диплом	state diploma
дзвонити, подзвонити	to call, phone
дзеркало	mirror
дивний	strange
дивувати, здивувати	to surprise
дикий	wild
дитина	child
дитинство	childhood
дихання (*n.*)	breathing, breath
дізнаватися, дізнатися	to find out
ділитися, поділитися	to share
діловий	business-like, pertaining to business
діставати, дістати	to get, obtain, procure
дія	action
діяльний	active
доброта	kindness
довгий	long
довжина	length
історична довідка	historical information, historical note
довідуватися, довідатися	to inquire, learn, get information
довіряти, довірити	to trust, confide
догоджати, догодити	to please
додавати, додати	to add
додатковий	additional
дозвіл	permission
дозвілля (*вільний час*) (*n.*)	leisure, free time
дозволяти, дозволити	to allow, permit
докладати, докласти зусиль	to put effort towards
долати, подолати	to overcome, master
долоня	palm
долучатися, долучитися	to join
доля	destiny
домовлятися, домовитися	to make arrangements, arrange
допомагати, допомогти	to help
доречний	appropriate, relevant

дорога	road
дорогий	expensive; dear (*in a letter*)
досвід	experience
досвідчений	experienced
дослідження (*n.*)	research
досліджувати, дослідити	to research
доступ	access
доступний	accessible
досягати, досягти	to reach, achieve
досягнення (*n.*)	achievement
дотик	touch
дотримуватися, дотриматися (*режиму*)	to stick (*to a routine*)
дрібниця	trifle, insignificant thing
дружелюбний	friendly
дружина	spouse (*wife*)
дух	spirit
душевний	mental, emotional; heartfelt

Е

екран	screen
електроприлад	electrical device
естрадний	pop (*about music*)
етап	stage, phase; lap
етикетка	label

Є

євроремонт	European-standard renovation
єдиний	unique, sole, the only one
єдиноборство	combat sport
єдність (*f.*)	unity

Ж

жаба (*sl.*)	groupie
жалкувати, пожалкувати	to regret
жарт	joke
жартувати, пожартувати	to joke
жах (*as in:* Жах!) (*int.*)	*here:* Awful! Unbelievable!
жвавий	energetic, lively, brisk
жест	gesture
живий	living, alive; brisk, quick, vivacious; eager, keen, vivid
жирність (*f.*)	*here:* fat percentage, fat content
житло	housing; dwelling, residence
життєвий	vital, of life, necessary to life

життєрадісний	optimistic, jovial, cheerful
життя (*n.*)	life

З

забезпечувати, забезпечити	to provide for, secure, guarantee
забивати, забити (*м'яч*)	to score (*a goal in soccer, basketball, etc.*)
забирати, забрати	to take away
заборонений	prohibited
забувати, забути	to forget
завдання (*n.*)	task, assignment
завершувати, завершити	to complete; graduate (*about school, university*)
завзятий	persistent, enthusiastic
заводити, завести	to start something (*e.g., business*), get a pet
заворожувати, заворожити	to captivate, charm, mesmerize
зав'язувати, зав'язати (*знайомство*)	to strike up an acquaintance
загальний	general
загальноприйнятий	generally accepted
заголовок	heading, title
загублений	lost
задоволений	satisfied, pleased
заєць	rabbit, hare
зазирати, зазирнути	*here:* to drop in, stop by
зазначати, зазначити	to indicate, note, state
зайвий	excessive, superfluous , extra, needless
займатися, зайнятися	to participate in
зайнятий	busy, occupied
закінчувати, закінчити	to complete, finish; graduate (*about school, university*)
заклад	institution
закон	law
закоханий	in love
закритий	closed
закуска	appetizer
залежати (*impf.*)	to depend
залежний	dependent
залишати, залишити	to leave behind
залишатися, залишитися самим собою	to be oneself
залізничний вокзал	railway station
замінювати, замінити	to replace

замкнений (*корпус*)	quadrangle (building)	звичка	habit
замовляти, замовити	to order	зволікати, зволікти	to linger, delay
зАмок	castle	зворушувати, зворушити	to move, touch, stir, shake
замОк	lock	звук	sound
занурюватися, зануритися	to plunge, dive	згадувати, згадати	to recall
заняття (*n.*)	class, lesson; occupation	згода	agreement
заочний	distance (*e.g., education*)	здатний	capable of
запалювати, запалити	to light, kindle, set on fire	здивований	surprised
запам'ятовувати, запам'ятати	to memorize	здібність (*f.*)	capability, ability
запасний	spare	здійснювати, здійснити	to fulfill, realize, perform
запеклий	fierce, determined	здобувати, здобути (*перемогу, медалі*)	*here:* to win; conquer
запис	note; recording	здоровий	healthy
записуватися, записатися	to register, subscribe to	здоров'я (*n.*)	health
запізнення (*n.*)	tardiness	земляк	(*fellow*) countryman
запобігати, запобігти	to prevent	з'єднувати, з'єднати	to connect, unite
заповнювати, заповнити	to fill up; fill out (*a form*)	зір	sight
запрошення (*n.*)	invitation	зірка	star
запрошувати, запросити	to invite	злий	bad, wicked, evil; angry, irritated
зараховувати, зарахувати	to enroll; be accepted (*to school, university*); to accept	зловживати, зловжити	to overuse, abuse
заробіток	wages, earnings; pay, job	змагання (*n.*)	competition, contest
заробляти, заробити	to earn	зменшувати, зменшити	to decrease
заручини (*pl.*)	engagement	зміна	change
засіб масової інформації (*ЗМІ*)	mass media	змінювати, змінити	to change
застосовувати, застосувати	to apply, use	зміст	content
застуджуватися, застудитися	to catch a cold	зміцнення (*здоров'я*)	strengthening
затишний	comfortable, peaceful, easy	змучений	exhausted, tired
затишок	coziness, comfort	змучуватися, змучитися	to become exhausted, tired
зауважувати, зауважити	to notice; point out	змушений	forced to, obliged to
захворювання (*n.*)	illness	змушувати, змусити	to force (*to do something*)
захищати, захистити	to defend	знайомий	acquaintance (*a person*)
захоплення (*n.*)	admiration, hobby	знайомитися, познайомитися	to make somebody's acquaintance
зачіска	hairdo, hairstyle	знайомство	acquaintance
зашкоджувати, зашкодити	to hurt, harm	знак	sign
збагачувати, збагатити	to enrich	знання (*n.*)	knowledge
збагнути (*pf.*)	to realize	знахідка	discovery, find
збентежений	confused, perplexed, shocked	знаходити, знайти	to find
зберігати, зберегти	to preserve, keep, save, store	значення (*n.*)	meaning
збиратися, зібратися	to get ready, to get (*to be doing something*)	значний	significant
		знесилення (*n.*)	exhaustion, fatigue
збільшувати, збільшити	to increase	знижувати, знизити	to reduce, decrease
звертати, звернути увагу	to pay/direct attention	зобов'язаний	bound, obliged
звертатися, звернутися	to turn to	зовнішній вигляд	appearance
звикати, звикнути	to get used to, accustomed to		
звичай	tradition, custom		

зовнішність (f.)	appearance	кафедра	division, section (*within the faculty*)
зосереджуватися, зосередитися	to focus	квартал	city block; quarter of a year
зразок	example, sample	квартира	apartment
зріст	height	квасоля	kidney bean(s)
зростати, зрости	to grow, increase	кватирка	small hinged pane for ventilation in a window
зручний	comfortable	квиток	ticket
зуб	tooth	келих	(*beer, wine*) glass, chalice, goblet
зубожівати, зубожіти	to grow poor	керівництво	management
зупинка	stop (*e.g., a bus stop*)	керувати, покерувати	to manage, to steer
зупинятися, зупинитися	to stop	килим	carpet, rug
зусилля (*n.*)	effort	кисень	oxygen
зустріч (f.)	meeting	кислота	acid
зустрічати, зустріти	to meet; receive, welcome	китайські палички (*pl.*)	chopsticks
зустрічатися, зустрітися	to meet; *also:* to date	кишеня	pocket
зустрічний	oncoming, coming from the opposite direction	кількість (f.)	quantity
з'являтися, з'явитися	to appear, emerge	кінець	end
		кінозірка	movie star

І

імовірність (f.)	probability
імпонувати, заімпонувати	to appeal to
ім'я (*n.*)	(*first*) name
іноземний	foreign
іпотека	mortgage
існувати, проіснувати	to exist
іспит	exam
істота	creature

Ї

їдальня	dining room; cafeteria

К

каблук	heel
казати, сказати	to say
казка	fairy tale, story
канал	canal, channel, strait
канал (*as in:* телеканал)	(*television*) station, TV channel
канікули (*pl.*)	school break
карта	map
каса	box office
каструля	saucepan
кататися, покататися на лижах	to ski
кататися, покататися на роликах	to rollerblade

кінцевий	final
класний (*sl.*)	cool, great
кліп	video clip, music video
кльовий (*sl.*)	cool, great
ключ	key
кмітливий	smart, intelligent
ковдра	blanket
колектив	collective, group, body (*of people*)
колишній	former
коліно	knee
команда	team
комора	pantry, closet
компакт-диск	CD (*compact disc*)
компот	stewed fruit, compote
конкретний	specific
конкуренція	competition
конкурс	competition, contest
конкурувати, поконкурувати	to compete
консерваторія	conservatory (*of music*)
констатувати (*impf.*)	to state, establish (*a fact*), make a statement
корабель	ship
кордон	border
кореспондент	correspondent (*of a newspaper*)

корисний	useful, helpful; healthy (about food)	купатися, покупатися	to swim, bathe
користуватися (impf.)	to use	купівля	purchase, buying, bargain
користь (f.)	usefulness, profitableness	купувати, купити	to purchase, buy
корінь	root	курка	chicken
коробка передач	(car) transmission	курорт	resort
король	king	курс	course, year in school
короткий	short	куртка	sport jacket, winter jacket
корпус	building (in a building complex)	кут	corner
коса	braid (about hair); scythe	кухня	kitchen
космічний	cosmic	кухоль	(beer) mug
костюм	suit, costume		
кохання (n.)	love, affection	**Л**	
кохати, покохати	to love	лагідний	soft, mild, meek, delicate, gentle
коштувати (impf.)	to cost	лад	order, harmony
крабові палички (pl.)	crab sticks, imitation crab meat	ласкавий	affectionate, amiable, courteous
країна	country	легкий	light, easy
крайній	last, uttermost, extreme	легко (adv.)	easy
крамниця	shop, store	легковажний	light-minded, frivolous
кран	faucet	лежати, полежати	to lie
крапка	period	лекція	lecture
краса	beauty	летюча миша	bat
красень	handsome man	лижі (pl.)	skis
красномовний	eloquent	лижник	skier
крах	collapse; failure	лицар	knight
креветка	shrimp, prawn	лицарський	knightly, chivalrous
креслити, накреслити	to draw, sketch, draft	личити (impf.)	to look nice on someone, suit
кривда	harm, injury	ліжко	bed
кривдити, скривдити	to harm, injure	лікар	doctor
крик моди	the latest in fashion (fashionable)	ліки (pl.)	drugs, medicine
критичний	critical	лінивий	lazy
кров (f.)	blood	лінь (f.)	laziness
крок	step	літак	airplane
кросівки (pl.)	sneakers, tennis shoes	ліфт	elevator
круглий	round	лічильник	meter (e.g., gas or power meter)
крутити (педалі)	to turn, pedal	лоб	forehead
кубок	cup (in sports), trophy	ловити, зловити рибу	to fish
кукурудза	corn	любитель	lover (of something)
кулак	fist	любити, полюбити	to like, love
культуризм	body building	любов (f.)	love
культурний	cultural, cultured	людина, люди	person, people
куля	bullet	людський	human
кум	godfather of one's own child	люлька	smoking pipe
кумир	idol (in entertainment)	лялька	doll

М

магазин	shop, store
магістр	Master of Arts/Science
магічний	magic(al)
майбутній	future
майстер спорту	Master of Sports (*sports title in Ukraine*)
майстерність (*f.*)	mastery
малий	small
маляр	painter
мандрівка	journey, trip
мандрівник	traveller
мандрувати, помандрувати	to travel
марнотратство	extravagance, wastefulness
марнувати, змарнувати	to waste
маршрут	itinerary (*trip*)
масштабний	dimensioned, scale, scaled
машина	car
меблі (*pl.*)	furniture
мед	honey
межа	border, boundary; limit
межувати (*impf.*)	to border
мелодійність (*f.*)	melodiousness
мережа	web, network
мета	goal, objective
метелиця	snow storm
мешканець	resident
мешкати, помешкати	to reside, live
минати, минути	to pass, go by
минулий	past, bygone
мир	peace
мистецтво	art
мистецький	artistic
мить (*f.*)	moment
миша	mouse
міжнародний	international
мінливий	unsteady, variable
міркувати, поміркувати	to think, consider, weigh options
міст	bridge
містити, вмістити	to contain
місто	city, town
місце	place
міський	urban, municipal
міцний	strong

мішок	bag, sack
млинець	crepe, pancake
мова	language
могти, змогти	to be able (*to do something*)
мода	fashion
можливий	possible
можливість (*f.*)	possibility
мокрий	wet
молитва	prayer
молодість (*f.*)	youth, young age
молодь (*f.*)	the youth, young people
море	sea
морочити, заморочити	to annoy, bother, trouble someone excessively
мотузка	rope
мрійливий	dreamy
мрійливість (*f.*)	dreaminess
мрія	dream
мріяти, помріяти	to dream
мудрий	wise
мужність (*f.*)	manhood, manly courage, stoutness
музей	museum
мультитренажер	exercise machine
мусити, змусити	to be forced (*compelled, obliged*); must
муха	fly (*insect*)
м'яз	muscle
м'який	soft
м'ясо	meat
м'яч	ball

Н

набір	recruitment, enrollment
набридати, набриднути	to tire, weary, annoy; cause annoyance (*boredom*)
навантаження (*n.*)	(*physical*) load
навик	skill
навколишній	surrounding, neighbouring
навколосвітній	around-the-world
наводити, навести	*here:* to give, to bring forth
навушники (*pl.*)	headphones
навчання (*n.*)	studies
навчати, навчити	to teach
навчатися, навчитися	to learn

нав'язувати, нав'язати	to impose
нагадувати, нагадати	to remind
нагляд	supervision
наглядач	supervisor
нагода	opportunity, occasion
нагорода	award, prize
надавати, надати перевагу	to give preference (to)
надзвичайний	extraordinary
надихати, надихнути	to inspire
надійний	reliable
надійність (f.)	reliability
надія	hope
надмірний	excessive
на жаль (adv.)	unfortunately
наживатися, нажитися	to gain profit, to acquire wealth (fortune)
назва	name, title
називати, назвати	to name
наїдатися, наїстися	to eat one's fill
наймати, найняти	to hire
налисник	crepe with a cheese or jam filling
налічувати, налічити	here: to contain
намагатися, намогтися	to attempt
нападати, напасти	to attack
напиватися, напитися	to drink one's fill
напій	drink, beverage
наполегливий	persevering, persistent
наполегливість	perseverance, persistence
направлення (n.)	job assignment/placement after graduation
направляти, направити	to direct, to turn, to lead
напрям	direction
наркоман	drug addict
наркотик	narcotic, drug
народ	people
народжуватися, народитися	to be born
населення (n.)	population
насичений	intense; saturated
наслідок	consequence
насолоджуватися, насолодитися	to enjoy
настрій	mood
наступний	next (in turn)
натовп	crowd
натхнення (n.)	inspiration
наука	science

науковий	scientific
начинка	filling; topping (about crepes, pizza)
наявність (f.)	here: existence, presence
небо	sky
невід'ємна риса	inalienable, integral quality
неврівноважений	unbalanced, unequable
неврівноваженість (f.)	unbalanced state (character)
недержавний	private
недолік	shortcoming
незадовільний	unsatisfactory
незадоволений	unsatisfied
незалежний	independent
незалежність (f.)	independence
незнайомий	unfamiliar
немовля (n.)	infant
ненавидіти, зненавидіти	to hate, detest
необхідний	necessary
непохитність (f.)	firmness, steadfastness, perseverance
нервуватися, знервуватися	to be nervous
нерішучий	irresolute, indecisive
нерухомість (f.)	real estate
несподіваний	unexpected
несподіванка	surprise
несправність (f.)	malfunction, disrepair
нестача	lack of
нестерпний	unbearable
нестійкість (f.)	instability
нестриманий	unrestrained, impulsive
нещастя (n.)	misfortune
нинішній	current
німий	dumb, mute, speechless
ніс	nose
нісенітниця	nonsense
ніч	night
новачок	rookie
новини (pl.)	news
нововведення (n.)	innovation
нога	leg, foot
носити, поносити	to wear
нотатки (pl.)	notes
ночувати, заночувати	to stay overnight
нудитися, знудитися	to be bored
нудьга	boredom
нуль	nil, zero

O

обговорювати, обговорити	to discuss
обґрунтовувати, обґрунтувати	to justify, substantiate
обдурювати, обдурити	to fool somebody
обережний	careful
оберігати, оберегти	to protect
об'єднання (n.)	association
об'єм	volume
обирати, обрати	to choose, select
обізнаний	knowledgeable
обіймати, обійняти	to embrace
обіцяти, пообіцяти	to promise
обкладинка	cover
обладнаний	equipped
обласний	regional
область (f.)	region (province, state)
облаштовувати, облаштувати	to decorate
облизувати, облизати	to lick
обличчя (n.)	face
обман	deceit
обманювати, обманути	to deceive
обмежений	limited
обмежуватися, обмежитися	to be limited
обмін	exchange
обмінюватися, обмінятися	to exchange
обов'язковий	mandatory, compulsory; responsible (person)
обов'язок	responsibility
оборонець	defender
ображати, образити	to offend
ображатися, образитися	to be offended, take offense
обслуговувати, обслужити	to serve
обсяг	scope, range, sphere, extent
обурювати, обурити	to irritate, shock, provoke
обходитися, обійтися	to manage, do without
оголошення (n.)	advertisement; announcement
одержувати, одержати	to receive
однодумець	like-minded person
одноліток	peer, of the same age
одружуватися, одружитися	to get married
одяг	clothes
одягати, одягнути	to put on
оздоровчий комплекс	sports and fitness centre
озеро	lake
ознайомлювати, ознайомити	to acquaint, familiarize

око, очі	eye, eyes
околиця	neighbourhood, region
окремий	separate
окуляри (pl.)	glasses
омана	delusion, deceit
омар	lobster
омолоджувати, омолодити	to rejuvenate
оновлення (n.)	renovation
операція	operation, surgery
опинятися, опинитися	to find oneself (in, on)
опис	description
описувати, описати	to describe
опитувати, опитати	to interview, to conduct an opinion poll
оплата	payment, here: rent
опосередковано (adv.)	indirectly
організовувати, організувати	to organize, to arrange
органна музика	organ music
орден	order, medal
оренда	rent
освіта	education
оселя	dwelling, residence
осередок	centre
основа	base, foundation
основний	main, chief, key
особа	person
особистий	personal
особистість (f.)	personality
особливий	special, particular
особняк (also: осібняк)	single-family house
останній	last, ultimate, final
остаточний	last, final, definitive
острів	island
оточення (n.)	environment, surrounding(s)
оточувати, оточити	to surround
отримувати, отримати	to receive
отруєння (n.)	poisoning
отруювати, отруїти	to poison
офіціант	waiter
оцінка	mark, grade
оцінювати, оцінити	to evaluate, mark
очевидний	obvious
очко	point
ощадливий	thrifty, economical
ощадливість (f.)	thriftiness

П

палас	carpet (wall-to-wall)
пальне	fuel
пам'ятати, запам'ятати	to remember, keep in mind
пам'ятник	monument
пара	pair; also: lecture (consisting of two parts)
пароплав	steamboat
парта	desk
пасувати (impf.)	to look nice on someone, suit
певний	certain, sure
перебувати, перебути	to stay, remain
перевага	benefit, advantage
переважно (adv.)	mainly, chiefly, especially
перевантажуватися, перевантажитися	to overload oneself
перевезення (n.)	transport(ation)
перевищувати, перевищити	to surpass, excel, exceed
перевіряти, перевірити	to examine, verify, check
переворот	radical change, upheaval
перевтомлюватися, перевтомитися	to overstrain oneself, be overtired
перегляд	here: viewing
перегони (pl.)	race (in sports)
передавати, передати	here: to broadcast
передача	TV show; also: rendering
передбачати, передбачити	to foresee
передоплата	deposit
переказ	retelling, legend
переклад	translation
перекладати, перекласти	to translate
переконливий	convincing, persuasive
перекушувати, перекусити (coll.)	to have a bite
перемагати, перемогти	to win
переповнений	overcrowded, overfilled
перерва	recess, break, intermission, interval
пересічний	average
перешкоджати, перешкодити	to prevent, impede, preclude
перспективний	prospective, having prospects, promising
перукар	hairstylist
печеня	roast meat
печериці (pl.)	field/white mushrooms
печінка	liver

пишний	pompous, magnificent, voluminous
підбирати, підібрати	to select, choose
підвал	basement
підвищувати, підвищити	to raise, increase
підганяти, підігнати	to drive/urge on, hurry
підготований	ready, prepared
підготовуватися, підготуватися	to prepare
піджак	(suit/club) jacket
підказка	prompting, tip
підключений	connected
підкреслювати, підкреслити	to underline, emphasize
підлість (f.)	baseness, meanness, vileness
підліток	teenager, youth, adolescent
підлога	floor (hardwood, laminate, etc.)
піднімати, підняти	to raise, lift up
підніматися, піднятися	to rise
підприємець	businessman, entrepreneur
підприємство	firm, company, enterprise, establishment
підробіток	additional work, side job
підроблений	forged, falsified
підсвідомо (adv.)	subconsciously
підступний	artful, guileful, insidious
підсумок	summary
підтверджувати, підтвердити	to confirm
підтримувати, підтримати	to support, sustain, maintain
підхід	approach
підштовхувати, підштовхнути	to push
пікантний	piquant, spicy, savoury
піклуватися, попіклуватися	to take care of, protect
пірнання (n.)	diving
пішохідний перехід	crosswalk
плавати, поплавати	to swim
плата	payment, fee
платити, заплатити	to pay for
платний	paid; here also: private
плече	shoulder
плита	stove, oven
площа	square, surface, area
пляшка	bottle
побажання (n.)	wish
побачення (n.)	date (between two people)
поблажливий	lenient, indulgent
побутова техніка	home appliances

поважний	respectable, estimate, honourable
повертатися, повернутися	to return, come back
поверх	floor (*storey*)
повідомляти, повідомити	to notify, inform, give notice
повільний	slow
повний	full
повноцінний	full-fledged, full-contact
повсякденний	everyday
пов'язувати, пов'язати	to unite, connect, tie
погляд (на)	opinion (of, about), point of view (about)
погоджуватися, погодитися	to agree
подавати, подати	to serve, offer
подальший	next, future, subsequent
податки (*pl.*)	taxes
подія	event
подорож	trip, voyage
подробиця	detail, small thing or matter
подружжя (*n.*)	married couple
подяка	thanks, gratitude
поєднувати, поєднати	to combine
поживний	nutritious
позбавлений	deprived of
позбуватися, позбутися	to get rid of
позика	loan
показувати, показати	to show, display, exhibit, demonstrate
покоління (*n.*)	generation
покращувати, покращити	to improve
полегшувати, полегшити	to ease, make easy
положення (*n.*)	position, situation
помешкання (*n.*)	apartment
помилятися, помилитися	to be mistaken
поняття (*n.*)	idea, concept, notion
попередник	predecessor
порада	advice
поразка	defeat
порівнювати, порівняти	to compare
поріг	threshold
порожній	empty
порушення (*n.*)	violation
порядність (*f.*)	decency, respectability
посада	job post, position
посвідчення (*n.*)	licence; identification card

послідовник	follower
послуга	favour, service
послуги (*pl.*)	services
посміхатися, посміхнутися	to smile
постійний	stable, steady, constant
поступати, поступити	to enter (*university, college*)
поступатися, поступитися	renounce, give up
посуд	plates, dishes
посудомийна машина, посудомийка (*coll.*)	dishwasher
потрапляти, потрапити	to end up (*at some venue, place*)
потреба	need, necessity
потрібний	necessary, needful
потужний	powerful
походження (*n.*)	origin, ancestry
початківець	beginner
починати, почати	to begin, start
почуватися	to feel
почуття (*n.*)	feeling
пошук	search
поява	appearance, occurrence
пояснювати, пояснити	to explain
правда	truth
правдивий	true, real; truthful
правило	rule
право	right; *also:* law
прагнення (*n.*)	striving, aspiration, urge
пральна машина, пралька (*coll.*)	washing machine, washer
праска	clothes iron
працевлаштування (*n.*)	job placement
працьовитий	industrious, diligent
праця	work
предмет	subject
представник	representative
прибиральник	cleaner, janitor
приблизний	approximate
привабливий	attractive
приваблювати, привабити	to attract
привертати, привернути увагу	to draw attention
привітання (*n.*)	greeting, wish(es)
привітний	friendly, affable
пригадувати, пригадати	to remind; remember, recall
пригода	adventure

приділяти, приділити (*час, увагу*)	to devote (*time, attention*)
приємний	pleasant
признаватися, признатися	to confess
призначати, призначити побачення	to arrange a date
приймати, прийняти душ	to take a shower
приймати, прийняти участь	to take part in, participate
прикраси (*pl.*)	*here:* jewelry; decorations
приміщення (*n.*)	premise(s), room(s), apartment, quarters
примха	whim, caprice
припадати, припасти	to fall on
природа	nature
природжений	inborn, innate
присвячувати, присвятити	to dedicate, devote
прискорювати, прискорити	to accelerate, hasten
присутній	present
притаманний	characteristic (of), peculiar (to)
прихильник	supporter
причина	reason
пробне тренування	trial training session
пробувати, спробувати	to try, test, experiment; taste
провідний	leading
провулок	lane, alley
програвати, програти	to lose
прогулюватися, прогулятися	to go for a walk
продавати, продати	to sell
продовжувати, продовжити	to continue
промінь	ray
пропускати, пропустити	*here:* to skip; miss
проректор	vice-rector, vice-president (*of university*)
просити, попросити	to ask for, request
простий	simple
простір	(*open*) space
протилежний	opposite
профілактика	prophylactic, preventative measures
прохання (*n.*)	request, petition
пружина	spring (*of a spiral*)
прямолінійний	*here:* straightforward, sincere (*person*)
пустий	empty
путівка	tour package

Р

радити, порадити	to give advice
радісний	joyful, merry
радіти, зрадіти	to rejoice, to be pleased
рак	crayfish
рамка	frame
рана	wound
раптовий	sudden, unexpected
рахунок	bill; score (*in sports*); account
реклама	advertisement
ректор	rector, president (*of university*)
ремінь	belt
ремонт	repair, renovations
реферат	short research paper, report, essay
речення (*n.*)	sentence
речовина	matter, substance
ризикувати, ризикнути	to risk
риса	feature, trait
рівень	level
рідина	liquid
рідко (*adv.*)	seldom, rarely
рідний	own
різкий	sharp, harsh
різний	different
різниця	difference
різноманітний	wide-ranging, various
річ (*f.*)	thing, object
річка (*ріка*) (*dim.*)	river
рішення (*n.*)	decision
роботодавець	employer
розбавлений	diluted
розбитий	broken
розвага	entertainment, recreation
розвиватися, розвинутися	to develop
розвиток	development
розгалужений	multi-sided, multi-faceted
розглядати, розглянути	to examine, consider
роздавати, роздати	to give away, distribute
розділ	chapter
розділятися, розділитися	be divided, separated
розетка	socket, wall outlet
розіграш	lottery draw
розказувати, розказати	to tell, narrate
розкіш (*f.*)	luxury, comfort

розлад	disorder
розмаїття (n.)	array, multiplicity, range, variety
розминатися, розімнутися	to stretch
розмір	size
розміщений	placed, situated
розмова	conversation
розпач	despair
розповідати, розповісти	to tell, narrate
розпочинати, розпочати	to begin, start
розраховувати, розрахувати	to count on
розрізняти, розрізнити	to distinguish
розроблений	developed, engineered
розслідування (n.)	investigation, inquiry
розташовувати, розташувати	to set, place, locate, situate
розташований	located, situated
розум	mind, intellect
розуміти, зрозуміти	to understand
розумітися (impf.)	to know something well, to be an expert in something
розумний	clever, smart, intelligent
розходитися, розійтися	to part, go different ways
розчарований	disappointed, disillusioned, disenchanted
розширювати, розширити	to widen
рот	mouth
рука	hand, arm
рух	motion, movement
рухливий	lively, quick
рушник	towel
ряд	row, range

С

сад	garden, orchard
сало	lard
самозакоханий	egotistic, in love with oneself
самопожертва	self-sacrifice
самостійний	independent
сварливий	quarrelsome
свідок	witness
свідомість (f.)	consciousness
свіжий	fresh
світлина	photograph
світло	light
світлофор	stop lights

свобода	freedom
своєрідний	particular, unique
святий	saint, sacred
святковий	festive
свято	holiday, feast
село	village
середина	centre, middle
середній	middle, medium; average
середовище	environment
серце	heart
сесія	final exam period, series of final exams
сивина	greyness, grey hair
сила	strength, force, power
сильний	strong, powerful
сир	cheese
ситий	satiated, full
сідати, сісти	to take a seat, sit down
сік	juice
сільський	rural, rustic
сімейний	pertaining to a family
сім'я	family
скарга	complaint
скаржитися, поскаржитися	to complain
скеля	rock, cliff, crag, mountain
складати, скласти	here: to make, compose
складати, скласти іспити/ сесію	to take, to pass exams/final exams
складний	complicated, complex; hard, difficult
складність (f.)	difficulty
складові (частини) (pl.)	integral parts; components
скликАти, склИкати	to summon
скло	glass
склянка	drinking glass
сковорідка	frying pan
скорочення (n.)	abbreviation
скритний	reserved, reticent, secretive
скромний	modest
слава	glory, praise, fame
службовець	government employee
смажити, посмажити	to fry
смачний	tasty
сміливий	brave, courageous
сміятися, посміятися	to laugh

снідати, поснідати	to have breakfast
собор	cathedral
совість (f.)	conscience
соковитий	juicy, succulent
солідний	distinguished, respectable
сором'язливий	shy
сорочка	shirt
спадкоємець	successor, descendant, heir
спалах	flare, outburst
спалахувати, спалахнути	to flare, to burst into flames
спальня	bedroom
сперечатися, посперечатися	to dispute, to argue
спина	back
спиртне	alcohol
список	list
співбесіда	interview, job interview
співпадання (n.)	coincidence
спілкуватися, поспілкуватися	to converse
спільний	common, shared
сплетіння (n.)	interlacement, combination, interconnection
сподіватися (impf.)	to hope for, expect
споживати, спожити	to consume
спокій	peace, quiet, rest
спокійний	calm
споруда	construction, structure
спосіб життя	lifestyle
спостерігати, спостерегти	to observe
справедливий	just, fair
справжній	real, true
сприймати, сприйняти	to perceive
сприйматися, сприйнятися	to be perceived
сприятливий	favourable
спрямованість (f.)	direction
сп'яніння (n.)	alcohol intoxication
сріблястий	silvery, silver
срібний	(made) of silver
ставати, стати	to become
ставатися, статися	to happen
ставитися, поставитися	to treat, behave (toward), act (toward)
ставлення (n.)	attitude
стаж (роботи)	work experience, length of work
сталевий	(made) of steel
стан	state, condition

становити (impf.)	to be (about statistical information)
старанний	assiduous, diligent, attentive
старість (f.)	old age
старовинний	ancient, antique, archaic, old
старомодний	old-fashioned
стаття	article
стать (f.)	gender, biological sex
стаціонар	full-time (regular) studies
стверджувати, ствердити	to affirm, maintain, assert
створіння (n.)	creature
створювати, створити	to create
стегно	hip
стеля	ceiling
стерегтися, застерегтися	to beware, take care, be on one's guard
стіна	wall
столичний	capital, metropolitan
столярка	carpentry
сторінка	page
стосунки (pl.)	relationship(s)
стоянка	parking lot
страва	dish
стрибати, стрибнути	to jump
стрижка	haircut
стриманий	reserved
стріла, стрілка (dim.)	arrow; here sl.: date (between two people)
стрільба з лука	archery
стрічка	ribbon
стрункий	slim, well-shaped
суглоб	joint
суджений/суджена	destined, future (intended) husband/wife
сукня	dress
суміш (f.)	mixture; baby formula
сумлінний	conscientious
сумний	sad
сумувати, засумувати	to grieve, sorrow
суперечливість (f.)	contradiction
суперник	rival
супроводжувати, супроводити	to accompany
супротивник	opponent
сусід	neighbour
суспільство	society

сутінковий	shady, dusk, twilight
сучасний	contemporary
сушити, посушити	to dry
схильний	inclined, prone, disposed
сходи (*pl.*)	steps
схожий	similar, resembling
сягати, сягнути	to reach

Т

таємничий	mysterious, secretive
тарілка	plate
тварина	animal
твір	essay, composition
творчий	creative, artistic
текти, потекти	to flow, run, leak
телебачення (*n.*)	television
телятина	veal
темний	dark
терпіти, потерпіти	to endure, tolerate
тижневик	weekly periodical (*newspaper*)
тимчасовий	temporary
тиснути, потиснути	to press, put pressure on
тиснути, потиснути руку	to shake someone's hand
тихий	quiet, calm, peaceful
тіло	body
тішити, потішити	to please, gladden, make happy
тканина	fabric
тло	background
товариство	company, group (*of people, friends*), society; *also:* friendship
товщина	thickness
том	volume
торкатися, торкнутися	to touch, come into contact
точний	exact, precise
травлення (*n.*)	digestion
травма	trauma, injury
транслювати (*impf.*)	to broadcast
траплятися, трапитися	to happen, occur
тратити, потратити	to spend
тренажер	exercise machine
тривати, протривати	to last, go on, continue
тривога	fright, alarm, anxiety
тротуар	sidewalk
труднощі (*pl.*)	difficulties
туманний	foggy, misty; obscure

турбувати, потурбувати	to trouble, disturb
турбуватися, потурбуватися	to worry
тусуватися, потусуватися (*sl.*)	to gather, spend time
тягнути, потягнути	to pull, drag

У

увага	attention
уважний	attentive
удар	punch, kick
удача	luck
узвар	stewed dried fruit, compote
уклін	bow
улюблений	favourite
умивальник	sink
умова	condition
умовний	conditional
уникати, уникнути	to avoid
універ (*sl.*)	university
унікальний	unique
упорядкований	well-ordered, arranged, settled, regulated
уривок	excerpt
урізноманітнювати, урізноманітнити	to diversify
урочистий	festive
уряд	government
усамітнений	solitary, lonely
усвідомлення (*n.*)	realization
усвідомлювати, усвідомити	to realize, understand
усмішка	smile
успіх	success
успішний	successful
установа	institution, organization
усувати, усунути	to remove
утворений	formed, created
утримувати, утримати	to keep, maintain
утримуватися, утриматися	to restrain oneself from, abstain from
учасник	participant
участь (*f.*)	participation
учбовий	educational
уява	imagination
уявляти, уявити	to imagine
уявний	imaginary

Ф

факел	torch
фанат	fan
фантастичний	fantastic
фара	headlight
фарбування (п.)	colour (*hair service*)
фасад	façade, front
фасон	cut, style
фах	specialization, major
фахівець	specialist
фаховий	professional, specialized
федерація	federation
фестиваль	festival
фехтування (п.)	fencing
фігурне катання	figure skating
фізичний	physical
фіксувати, зафіксувати	*here:* to capture
філармонія	Symphony Hall
філологія	philology (*study of language and literature*)
фінансовий	financial
фінансувати, профінансувати	to finance
фірма	company, firm
фірмовий	pertaining to brand name
фітнес-зал	exercise room, weight room
фойє	foyer, lobby
фундамент	foundation, basis
фунікулер	funicular, incline
функціонувати, пофункціонувати	to function
функція	function

Х

хабар	bribe
халепа	trouble
хаотичний	chaotic
хапатися, вхопитися	to grasp at (*somebody/ something*)
характер	character
характеризувати, охарактеризувати	to characterize; describe, illustrate
харчовий	nutritional
харчування (п.)	nutrition
хвилина	minute
хвилюватися, похвилюватися	to worry, be concerned

хвіст	tail; *also sl.:* incomplete or overdue assignment
хвороба	illness
хист	aptitude, gift, ability (for)
хитрий	cunning
хімічний	chemical
хірургічний	surgical
хліб	bread
хлопець	boy
хлопчина (*coll.*)	lad
холестерин	cholesterol
холодильник	refrigerator
холодний	cold
хор	choir
хоробрий	brave
хотіти, захотіти	to want
хребет	spine
хрест	cross
худий	skinny
худнути, схуднути	to lose weight

Ц

цвинтар	cemetery
цегла	brick
цементувати, зацементувати	to cement
цензура	censorship
церемонія	ceremony
церква	church
церковний	ecclesiastical, clerical, pertaining to church
цигарка	cigarette
цикл	cycle
цирк	circus
цитата	quotation
цифра	digit
цікавий	interesting
цікавити, зацікавити	to interest (*someone/ something*)
цікавитися, зацікавитися	to be interested in (*someone/ something*)
цікавість (*f.*)	interest
цікаво (*adv.*)	interesting
цілеспрямовано (*adv.*)	with a goal in mind
цілий	whole, total, complete, entire, full
цілковитий	complete, solid, massive

цілодобово (*adv.*)	twenty-four hours a day
ціна	price
цінувати (*impf.*)	to value
цукерня	confectionery

ч

чайник (*sl.*)	dummy
чарівний	charming, magic, glamorous
чарівність (*f.*)	charm, glamour
час	time
часопис	newspaper, paper, gazette, periodical
частенько (*dim.*)	often
частина	part
частка	particle
чекати, почекати	to wait
чемно (*adv.*)	politely, courteously
чемпіонат	championship
черга	turn, course; line
черговий	next (*in turn*), usual
черевики (*pl.*)	shoes
черпак	ladle
чесний	honest
чесність (*f.*)	honesty
честь (*f.*)	honour
чинний	*here:* current
чисельний	numerous
число	number
чистий	clean
чистота	cleanliness
чіткий	clear
член	member
чоботи (*pl.*)	boots
чоло	forehead
чорнявий	dark-haired
чорт	devil
чортівня (*coll.*)	devils (*also:* nonsense)
чудо	wonder, miracle
чудовий	wonderful
чужий	foreign, other's, alien
чути, почути	to hear
чутки (*pl.*)	gossip
чутливий	sensitive
чутливість (*f.*)	sensitivity

чуттєвість (*f.*)	sensitivity, feeling, sensibility; touch
чуття (*n.*)	sense

Ш

шабля	sabre
шалений	crazy, mad, insane, senseless, frenzied
шампанське	champagne
шановний	respectable, honourable, venerable, dear (*in a letter*)
шанолюбний	one who likes respect, honour
шанс	chance
шанувальник	fan, admirer
шанувати, вшанувати	to honour, respect, esteem
шатен	person with chestnut hair
шафа	wardrobe
шахи (*pl.*)	chess`
швидкий	speedy, fast, quick
швидкість (*f.*)	speed
шевелюра (*sl.*)	hairstyle, dishevelled hair
шинок (*arch.*)	tavern, saloon, bar
широкий	wide, broad
ширпотреб (*abbrev.*)	mass-produced, shoddy goods
шия	neck
шкідливий	harmful
шкіра	skin; leather
шкіряний	(*made*) of leather
шкода (*as in:* Шкода!) (*int.*)	Too bad! It is a pity!
шкодити, пошкодити	to harm
шлюб	marriage
шлях	path
шматок	piece
шнур	cord, rope
шнурівки (*pl.*)	laces
шокувати (*impf.*)	to shock (*somebody*)
шосе	highway
шпаргалка	cheat sheet, crib note
шпора (*sl.*)	cheat sheet, crib note
шрифт	font
штанга	bar, crossbar
штекер	plug
штраф	fine, penalty
шукати, пошукати	to search
шумно (*adv.*)	noisy

Щ

щасливий	happy
щастя (*n.*)	happiness, good luck, fortune
щедрість (*f.*)	generosity
щирий	sincere, frank, candid
щирість (*f.*)	sincerity
щоденний	daily, everyday
щука	pike

Ю

юнак	youth
юний	young
юрба	crowd
юридичний (*факультет*)	faculty of law, law school

Я

яблуко	apple
явище	phenomenon
являти, явити (*собою*)	to be, represent, show, manifest, exhibit
яйце	egg
якісний	of good quality, qualitative
якість (*f.*)	quality
яскравий	bright
яструб	hawk
ящик	box, crate

Алфавітний покажчик граматичних структур

Алфавітний покажчик комунікативних функцій

Alphabetic index of grammatical structures